W0297728

Les
Hauts Lieux
de la Préhistoire
en France

Les Hauts Lieux de la Préhistoire en France
sous la direction de Jean-Philippe Rigaud

Les Hauts Lieux de la Littérature en France
Jean-Paul Clébert

Les Hauts Lieux de la Musique en France
Chantal Bauer

Les Hauts Lieux du Moyen Age en France
Éric Bournazel et Xavier Barral i Altet

sous la direction de Jean-Philippe Rigaud
Jean-Michel Geneste
José Gomez de Soto
Roger Joussaume
Jean-Philippe Rigaud

Les Hauts Lieux de la Préhistoire en France

LE VOYAGE CULTUREL
Bordas

Préparation, Correction: **MÉDIAMAX, PRO LIBRO, Anne CANTAL**
Révision et Index: **Laurence GIAUME**

Conception graphique et mise en pages: **Dominique GAURON**
Cartographie: **Gilles ALKAN**

Édition: **Nicole AMIOT**
Fabrication: **Sandrine ALLAIN**

Responsable d'édition: **Christian DORÉMUS**

Les Auteurs remercient les organismes, les laboratoires et les collègues qui les ont aidé dans la réalisation de cet ouvrage:

le musée des Antiquités nationales à Saint-Germain-en-Laye, le musée de l'Homme à Paris, le musée national de Préhistoire aux Eyzies, le musée du Périgord à Périgueux, tous les musées d'archéologie et leurs conservateurs,

les directions des Antiquités et le Centre National de Préhistoire,

les chercheurs du C.N.R.S. et de l'Université,

les archéologues des collectivités territoriales,

les archéologues amateurs

ainsi que tous les autres organismes et personnes qui ont spontanément apporté leur contribution.

Achevé d'imprimer par Maury-Imprimeur S.A.
en janvier 1990
© Bordas S.A., Paris, 1989
Dépôt légal 1re édition: septembre 1989
Dépôt légal janvier 1990
ISBN 2-04-018464-3

Toute représentation ou reproduction, intégrale ou partielle, faite sans le consentement de l'auteur ou de ses ayants droit ou ayants cause, est illicite (loi du 11 mars 1957, alinéa premier de l'article 40). Cette représentation ou reproduction, par quelque procédé que ce soit, constituerait une contrefaçon sanctionnée par les articles 425 et suivants du Code Pénal. La loi du 11 mars 1957 n'autorise, aux termes des alinéas 2 et 3 de l'article 41, que les copies ou reproductions strictement réservées à l'usage privé du copiste et non destinées à une utilisation collective, d'une part, et, d'autre part, que les analyses et les courtes citations dans un but d'exemple et d'illustration.

Sommaire

LE PANORAMA

LES HAUTS LIEUX DE LA PRÉHISTOIRE EN FRANCE

Nord et Bassin parisien

Champagne-Ardennes, Alsace et Lorraine

Bourgogne et Franche-Comté

Rhône-Alpes et Auvergne

Provence et Corse

Les Causses et le Languedoc

Les Pyrénées

Aquitaine, Poitou-Charentes, Limousin

Bretagne, Pays de Loire et Basse-Normandie

Avant-propos

Sélectionner, pour ce guide, une centaine de sites préhistoriques comportait de multiples difficultés.

Nous voulions, en premier lieu, respecter un certain équilibre entre la Préhistoire ancienne, celle des chasseurs-collecteurs du Paléolithique et du Mésolithique, et la Préhistoire récente qui vit se développer l'agriculture, le pastoralisme et les premières architectures. Sans parvenir à un équilibre parfait, sur la valeur duquel on peut d'ailleurs s'interroger, nous avons essayé de donner une image aussi exacte que possible de la considérable richesse archéologique de la France.

Nous voulions également montrer que ce patrimoine n'était pas concentré dans quelques régions privilégiées, mais qu'il était réparti, inégalement certes, sur tout notre territoire. Si la Bretagne, la Vendée, l'Aquitaine et les Pyrénées demeurent des régions primordiales par l'abondance de leurs sites, d'autres régions ne sont pas les déserts archéologiques que l'on pourrait croire. Nous avons tenté de donner une image aussi fidèle que possible de l'occupation du sol préhistorique.

Les liens profonds qui ont toujours existé entre l'homme et son milieu naturel nous ont également incités à ne pas suivre le découpage régional administratif de nos régions et à lui préférer des ensembles naturels, même si parfois ils ne sont pas très homogènes. Isoler les Pyrénées des Landes ou du Roussillon peut surprendre au même titre que rassembler l'Auvergne et les Alpes. Notre découpage a toutefois essayé de suivre les grandes provinces culturelles au risque de choquer les puristes.

Ce guide ayant pour but d'inviter le lecteur à se déplacer « sur le terrain », nous nous sommes attachés à sélectionner des sites présentant un intérêt évident. Le désir d'inciter le lecteur à se rendre sur des sites où l'on pouvait voir quelque chose nous a conduit, parfois, à éluder des localités, célèbres pour les familiers de la littérature archéologique, mais où il ne reste rien de visible. Visiter tel site éponyme d'une culture préhistorique ne suffit pas à donner de l'intérêt à la contemplation d'un champ de maïs. En contrepartie, nous avons indiqué les musées où sont conservés les vestiges de ces sites. Une exception toutefois a été faite pour Lascaux, mais comment ne pas en faire un haut lieu?

Enfin, nous avons volontairement omis des sites importants dont la protection contre les actes de vandalisme ne nous paraissait pas satisfaisante. Ces sites constituent une réserve archéologique pour les générations futures.

Espérons, malgré tout, que le lecteur pourra, devant ces hauts lieux, avoir une image fidèle de notre Préhistoire et des hommes qui l'ont faite.

Jean-Philippe RIGAUD

Le Panorama

Plus d'un million d'années : les premiers hommes en France

La Préhistoire est née de la curiosité de quelques esprits originaux et cultivés. Très rapidement, cette discipline, qui devait beaucoup à la paléontologie stratigraphique, trouva dans l'intelligentsia du début du XIXe siècle ses plus vifs défenseurs et ses plus âpres détracteurs. Malgré tout, l'évolution de la lignée humaine et la haute antiquité de ses derniers représentants finirent par s'imposer à un créationisme bien fatigué.

Des amateurs éclairés aux chercheurs scientifiques

Disposant de temps libre et de moyens personnels, la seconde génération des préhistoriens fut celle des amateurs éclairés qui multiplièrent les fouilles et participèrent, en créant de nombreuses sociétés locales ou nationales, à la mise en place des premières structures de l'archéologie préhistorique. Malheureusement, la qualité des fouilles était très inégale ; pour certains, elles ne correspondaient qu'à un agréable passe-temps, pour d'autres, elles répondaient à un esprit mercantile. Devant la menace qui pesait ainsi sur notre patrimoine préhistorique, une législation fut créée en 1941 et, en peu de temps, apparurent les premiers professionnels : enseignants, directeurs des antiquités et chercheurs de divers organismes.

L'archéologie préhistorique aujourd'hui

Actuellement, l'archéologie préhistorique en France est l'œuvre de l'action conjuguée de plusieurs ministères : le ministère de la Culture dont la mission consiste à contrôler la qualité scientifique des recherches, à les financer et à veiller à ce que les résultats en soient publiés, le ministère de la Recherche scientifique (C.N.R.S.) qui recrute des chercheurs et met à leur disposition des laboratoires, et le ministère de l'Éducation nationale dont la mission est l'enseignement et la formation des chercheurs. Avec le développement des grands travaux d'aménagement — autoroutes, aéroports, réseau ferroviaire ... —, les archéologues doivent faire face à de nouveaux risques de destruction des vestiges du passé; les lois ont été renforcées et, pour les mettre en œuvre, le ministère de la Culture a vu ses effectifs fortement augmenter. De même, certaines collectivités territoriales — régions, départements, villes — se sont assuré le concours d'archéologues destinés à réaliser, sous le contrôle du ministère de la Culture, des programmes archéologiques locaux. Mais cette intense «professionnalisation» de l'archéologie n'a pas éliminé les amateurs qui, bien souvent, sont encore associés aux travaux des professionnels.

Une activité pluridisciplinaire

Fille de la paléontologie stratigraphique, l'archéologie préhistorique s'est longtemps préoccupée de décrire et de classer les cultures matérielles préhistoriques dans une perspective chronologique. Mais, après la Seconde Guerre mondiale, le développement de méthodes issues des sciences naturelles et des sciences physico-chimiques appliquées à la Préhistoire fit progresser rapidement les connaissances sur l'homme préhistorique, la végétation et la faune qu'il côtoyait, les variations du climat, etc. L'archéologie préhistorique n'est plus une discipline issue de la géologie ou de la paléontologie, mais un ensemble complexe de méthodes mises en œuvre pour découvrir les éléments du comportement de nos ancêtres. La recherche des pièces de collection, des beaux objets — dont nos musées regorgent — n'est plus la motivation des préhistoriens, qui réunissent, par tous les moyens possibles, des indices sur le mode de vie préhistorique. Aux côtés des spécialistes des activités humaines (technologie du silex et de l'os, moyens de subsistance, organisation de l'habitat ...), collaborent l'archéozoologue, qui étudie l'importance de la contribution du milieu animal à l'alimentation de l'Homme, à sa protection et son armement, le paléobotaniste, qui recherche dans le sol les charbons de bois, les graines, les noyaux, les pollens qui aident à définir le milieu végétal et ce que l'Homme pouvait en tirer, le géologue qui, par l'analyse des sédiments, essaye de définir les conditions climatiques qui existaient alors, le physicien qui procède aux analyses des vestiges afin de leur donner un âge approximatif, etc. De plus en plus, l'archéologie préhistorique est l'œuvre d'équipes pluridisciplinaires.

Vers l'étude du comportement des hommes préhistoriques

La préoccupation des premiers préhistoriens était d'établir la haute antiquité de l'Homme, de distinguer dans ses outillages des éléments caractéristiques des cultures préhistoriques, de les placer dans le temps et de les localiser dans l'espace. Le cadre environnemental fut ensuite reconstitué, avec plus ou moins de précision. Au cours de ces dernières années, les préhistoriens ont plus orienté leurs recherches sur le comportement des hommes préhistoriques, leurs techniques, leurs pratiques alimentaires, leurs habitats et leur spiritualité. Pour cela, au développement

des méthodes scientifiques s'est joint celui des méthodes de fouille. En mettant au jour des vestiges, on détruit inévitablement le contexte dans lequel ils se trouvent. Les chercheurs savent que fouiller c'est détruire ; ils essayent donc de « détruire » le plus soigneusement possible, d'enregistrer le plus grand nombre d'observations de façon objective, de conserver intacts tous les vestiges et d'en faire l'analyse la plus complète. La mise en œuvre de méthodes aussi complexes, longues et méticuleuses, implique des fouilles plus lentes, où la recherche du spectaculaire cède le pas à l'analyse objective du moindre témoin de l'activité humaine.

Un patrimoine d'une richesse exceptionnelle

L'archéologie préhistorique française bénéficie d'une longue tradition de recherche. Pour avoir su intégrer les apports de domaines variés tels que les sciences naturelles, physico-chimiques ou sociales, au même titre que les travaux réalisés par les anthropologues américains ou les préhistoriens soviétiques, elle se place à un très haut niveau international.
En visitant ces hauts lieux de la Préhistoire, le lecteur pourra juger de l'extrême richesse de notre patrimoine préhistorique et de l'ampleur des travaux qu'il a suscité.

Les précurseurs

Il fallait bien accepter l'évidence ! Trouver sous plusieurs mètres de sédiments des objets en pierre taillée associés à des ossements d'animaux aujourd'hui disparus prouvait bien la contemporanéité de cette faune préhistorique avec l'homme qui les avait fabriqués. Au milieu du XIXe siècle, Jacques Boucher de Perthes entendait ainsi faire accepter l'idée de la haute antiquité de l'Homme.

A la recherche de l'« homme antédiluvien »

La découverte de silex et d'ossements d'éléphants à Hoxne (Suffolk), les travaux de Jouannet, Lartet et Christy en Périgord, de Tournal dans la grotte de Bize, ceux de Buckland dans la grotte de Paviland (Angleterre) confortèrent le point de vue de Boucher de Perthes et constituèrent les arguments qui ébranlèrent les convictions de ses détracteurs, parmi lesquels se trouvaient quelques célébrités scientifiques tels Cuvier et Élie de Beaumont.
Vers 1860, les propositions nouvelles de Darwin sur l'évolution se trouvaient vérifiées, et, peu à peu, s'imposa l'idée d'un homme primitif évoluant physiquement et intellectuellement selon un processus que l'on peut suivre à travers les témoignages de sa culture matérielle : les outils préhistoriques.
Aux côtés de Boucher de Perthes et de Jouannet vinrent se ranger plusieurs esprits curieux et brillants qui, par leurs écrits ou leurs découvertes, apportèrent les arguments sur lesquels se fonda l'histoire de l'homme préhistorique, l'« homme antédiluvien » comme on le désignait alors. Parmi ceux-ci, E. Lartet, avocat à Auch, paléontologue amateur, fouilla plusieurs grottes ariégeoises et péri-

François-Benit Vatar de Jouannet *(1765-1845), l'un des précurseurs des recherches préhistoriques en France, fit ses premières recherches en Périgord.*

Un préhistorien de renommée internationale : François Bordes (1919-1981).

André Leroi-Gourhan (1911-1986), sur le site magdalénien de Gonnersdorf.

gourdines en compagnie de son ami et collègue britannique H. Christy. Leurs noms sont associés à ceux de sites préhistoriques principaux : Pech de l'Azé, Combe Grenal, Le Moustier, Laugerie-Haute, La Madeleine, sur lesquels fut bâtie la chronologie de la préhistoire européenne. Vinrent ensuite des précurseurs tels que H. Audierne, M. Bourlon, H. Massénat, P. Girod, E. Rivière, R. Vaufrey, H. Begouen, D. Peyrony, P. Teilhard de Chardin, H. Breuil, M. Boule, L. Capitan, H. Martin, A. et J. Bouyssonie, qui contribuèrent à établir les bases de la science préhistorique.

Deux grands maîtres d'avant la Seconde Guerre mondiale

Denis Peyrony *(1869-1954) découvrit, avec H. Breuil, les grottes ornées de Font-de-Gaume, des Combarelles, de Bernifal et de Teyjat.*

En Périgord, D. Peyrony, un instituteur en poste aux Eyzies, reprit des fouilles soigneuses dans les grands sites de Laugerie, La Madeleine, La Ferrassie et bien d'autres encore. Il établit ainsi les grandes lignes de l'histoire des cultures préhistoriques qui sont encore en usage.
Autre personnalité marquante, l'abbé H. Breuil avait une connaissance détaillée de la préhistoire européenne. Auteur d'une synthèse magistrale des connaissances acquises pendant plus de 50 ans, on lui doit la classification des cultures matérielles du Paléolithique et l'étude fondamentale de l'art préhistorique qui le firent surnommer le « Pape de la Préhistoire ».

Le tournant des années 50

Depuis 1954 *Les archéologues utilisent couramment la méthode du carbone 14 pour dater des vestiges vieux de moins de 40 000 ans.*

Vers 1950, la science préhistorique prend une orientation nouvelle avec le brusque développement de méthodes relevant des sciences naturelles, physiques et chimiques. La géologie et la paléontologie restent les disciplines maîtresses, mais elles reçoivent les apports de nouvelles méthodes et de nouvelles techniques, comme par exemple la palynologie (étude des pollens fossiles), la pédologie (étude des sols fossiles), les méthodes radiométriques de datation (carbone 14, thermoluminescence...). Les analyses de laboratoire prennent une place importante : leur but principal est d'étudier l'environnement de l'homme préhistorique — climat, flore, faune — et d'en suivre l'évolution dans le temps. Les méthodes de fouille, considérablement améliorées, permettent d'observer et d'enregistrer avec grand détail les vestiges et les structures d'habitat. Cette période est marquée profondément par deux fortes personnalités scientifiques : F. Bordes et A. Leroi-Gourhan.

Les « patrons » d'une science nouvelle

François Bordes, après avoir fouillé plusieurs sites préhistoriques dans le nord et le sud-ouest de la France, affirme la chronologie du Paléolithique et fait faire des progrès immenses dans la connaissance des industries de l'homme de Néandertal. Il développa une méthode nouvelle d'analyse typologique (analyse morphologique et technologique des outils en silex) et quantitative (analyse statistique).
L'œuvre de F. Bordes, en grande partie consacrée au Paléolithique inférieur et moyen, a été étendue et appliquée au Paléolithique supérieur par Denise de Sonneville-Bordes.
Les travaux de André Leroi-Gourhan ont été plus marqués par l'étude ethnologique de l'homme préhistorique. C'est lui qui donna son essor, par une méthode de fouille appropriée, à l'analyse ethnologique des habitats préhistoriques en grotte (Arcy-sur-Cure) ou en plein air (Pincevent). On lui doit une analyse nouvelle de l'art préhistorique, qu'il considère comme révélateur du comportement des hommes.
L'action conjuguée de ces deux personnalités a formé tous ceux qui participent aujourd'hui à la recherche préhistorique aussi bien en France qu'à l'étranger. Leurs perspectives, différentes mais complémentaires, sont à l'origine de nombreux travaux dépassant souvent le cadre de la recherche préhistorique. Après avoir développé avec succès l'œuvre des premiers préhistoriens, ils ont largement contribué par leurs idées et leur enseignement à placer la préhistoire française au plus haut niveau international.

Genèse des grandes classifications

C'est à Christian Jürgensen Thomsen, conservateur des collections royales danoises, que l'on doit, dès 1816, le concept des trois âges de la Préhistoire et la définition des deux périodes des métaux, Bronze et Fer, antérieures à toute histoire écrite. C.J. Thomsen clarifiait, de fait, des notions déjà anciennes, même si l'on ne remonte pas aux spéculations d'Hésiode et de Lucrèce. Au XVIe siècle, les navigateurs qui exploraient le monde avaient rapporté en Europe, comme curiosités exotiques, nombre d'outils en pierre taillée ou polie. Au XVIIIe siècle, l'idée se faisait jour que les « pierres de foudre » ramassées en Europe n'étaient peut-être pas de simples curiosités naturelles, mais plutôt les produits de l'industrie humaine.
Le plus souvent, les grands noms de la science néolithique et protohistorique sont les mêmes que ceux de la science paléolithique. C'est, par exemple, G. de Mortillet qui proposa la première classification interne du Néolithique et de l'Âge du Bronze. Il ouvrit la voie, avec les schémas du Suédois Oscar Montelius et de l'Allemand Paul Reinecke, aux propositions chronologiques de Joseph Déchelette, établies au début du XXe siècle et restées acceptées jusqu'aux années 50.

Les glaciations et l'Homme

L'évolution biologique de la lignée humaine, le peuplement des milieux, le développement des civilisations, l'adaptation des outillages et les conceptions de l'habitat sont autant de domaines archéologiques dont l'interprétation est interdépendante du milieu naturel.

L'histoire climatique du Quaternaire

Il y a 18 000 ans, *la ligne de rivage des côtes françaises était à plus de 100 m au-dessous de son niveau actuel.*

Ce sont les glaciations de l'hémisphère Nord, qui ont débuté vers 2,4 millions d'années – c'est-à-dire avant le début du Quaternaire (aussi nommé Pléistocène), fixé vers 1,6 million d'années –, qui sont à l'origine des grands changements environnementaux.

Le Pléistocène supérieur (à partir de 700 000 ans) se caractérise par des cycles où alternent des phases glaciaires (glaciations) d'accumulation de calotte de glace arctique permanente, avec descente du front des eaux polaires en dessous de 50° de latitude nord (jusqu'à 43° nord en Atlantique) et abaissement du niveau des mers, et des phases de radoucissement climatique (interglaciaires). Ces alternances se sont succédé tous les 100 000 ans environ.

L'étude des pollens dans les sédiments a permis de reconstituer assez fidèlement ce qu'étaient les paysages végétaux au cours des fluctuations climatiques du Pléistocène. Les périodes de maximum glaciaire, aux paysages de taïga et de steppe peuplés de faunes arctiques (mammouth, renne, bœuf musqué, renard polaire), alternaient avec des épisodes tempérés, où le milieu se rabaissait progressivement en même temps que les espèces animales de climat clément se développaient (ours, cerf, sanglier, chevreuil, bovidé).

Chronologie des glaciations

La glaciation de Mindel a vu les premières civilisations du Paléolithique inférieur entre 800 000 et 600 000 ans. Lui a succédé l'interglaciaire de l'Holsteinien correspondant au Mindel-Riss de 600 000 à 450 000 ans. La glaciation de Riss entre 450 000 et

Contenu végétal des sédiments archéologiques

Si les sédiments sont intéressants pour eux-mêmes, leur contenu l'est tout autant. Il peut en effet présenter un panorama complet de ce qu'était le monde vivant quand le gisement s'est constitué. Tous les restes d'origine biologique sont susceptibles d'être présents et de fournir des renseignements sur l'environnement des hommes.

La palynologie *consiste en une étude microscopique des pollens fossiles captifs dans les sédiments.*

Macrorestes : *l'analyse des restes carbonisés, plus particulièrement celle des charbons de bois, permet d'appréhender les paléoenvironnements végétaux et leurs évolutions à une échelle régionale.*

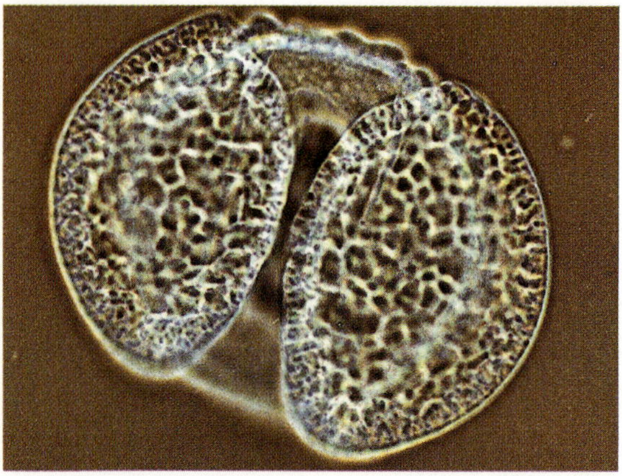

Grain de pollen d'épicea grossi environ 2000 fois.

Géologie des sédiments et reconstitution du milieu préhistorique

Les sédiments archéologiques résultent de l'action combinée de processus naturels et culturels. L'analyse de tels sédiments apporte des précisions sur la paléoclimatologie, la stratigraphie, les origines et l'évolution des sédiments, et le type d'implantation humaine.

Micromorphologie : *méthode d'étude des matériaux meubles, essentiellement axée sur l'étude au microscope polarisant de lames minces fabriquées à partir de prélèvements non perturbés imprégnés par des résines. L'étude de celles-ci permet de déterminer non seulement la nature, l'origine et les conditions de mise en place des sédiments, mais également les modifications anthropiques et naturelles subies postérieurement au dépôt.*

130 000 ans environ a servi de cadre à l'Acheuléen moyen et au début de l'expansion des Moustériens en Europe, qui seront bien installés dès l'interglaciaire Riss-Würm ou Eémien (125 000 à 80 000 ans environ), alors que la dernière glaciation de Würm peut être divisée en plusieurs phases. Au cours de ce dernier cycle glaciaire, qui voit s'éteindre le monde moustérien et apparaître avec l'homme moderne les civilisations complexes du Paléolithique supérieur, le maximum d'intensité glaciaire sera atteint entre 20 000 ans et 13 000 ans.

À partir de 10 000 ans, le climat se réchauffe uniformément avec une dernière remontée du niveau des océans, et l'ultime phase tempérée, ou Holocène, s'installe. Ce ne seront plus que de petites variations climatiques locales de courte durée qui affecteront les environnements.

L'action du climat est enregistrée directement sur les continents par la couverture végétale, la formation des sols, le modelé du terrain et l'adaptation des êtres vivants qui offrent une large gamme de possibilités de reconstitution des climats locaux. De très nombreuses disciplines participent à cette reconstitution ; elles sont directement appuyées par les méthodes d'établissement de la chronologie des événements.

Les glaciations *ont reçu les noms d'affluents du bassin du Danube : Günz, Mindel, Riss et Würm.*

Ci-contre : Tableau chronologique des cultures préhistoriques européennes.

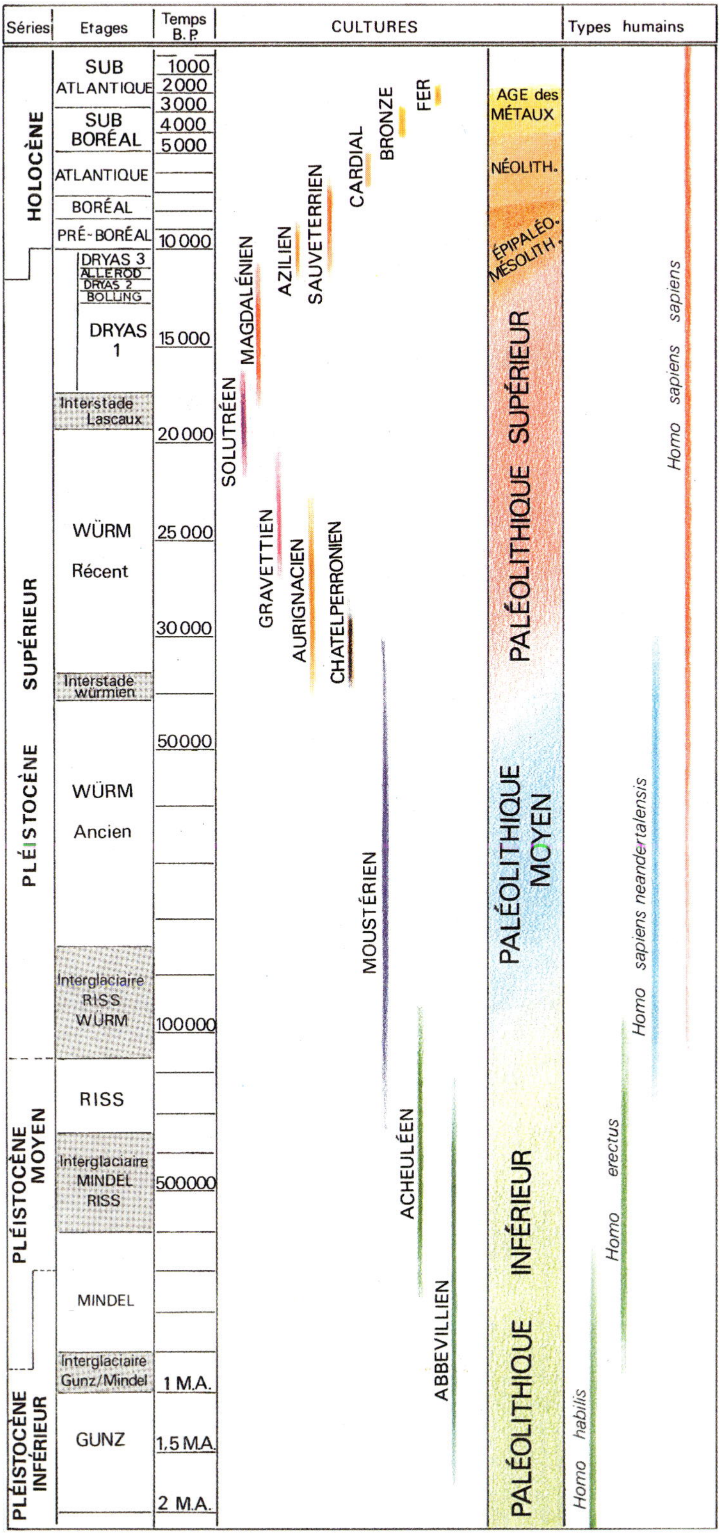

Séries
Etages
Temps B.P.
CULTURES
Types humains
HOLOCÈNE
PLÉISTOCÈNE SUPÉRIEUR
PLÉISTOCÈNE MOYEN
PLÉISTOCÈNE INFÉRIEUR
SUB ATLANTIQUE
SUB BORÉAL
ATLANTIQUE
BORÉAL
PRÉ-BORÉAL
DRYAS 3
ALLEROD
DRYAS 2
BOLLING
DRYAS 1
Interstade Lascaux
WÜRM Récent
Interstade würmien
WÜRM Ancien
Interglaciaire RISS WÜRM
RISS
Interglaciaire MINDEL RISS
MINDEL
Interglaciaire Gunz/Mindel
GUNZ
1000
2000
3000
4000
5000
10 000
15 000
20 000
25 000
30 000
50 000
100 000
500 000
1 M.A.
1,5 M.A.
2 M.A.
FER
BRONZE
CARDIAL
SAUVETERRIEN
AZILIEN
MAGDALÉNIEN
SOLUTRÉEN
GRAVETTIEN
AURIGNACIEN
CHATELPERRONIEN
MOUSTÉRIEN
ACHEULÉEN
ABBEVILLIEN
AGE des MÉTAUX
NÉOLITH.
ÉPIPALÉO. MÉSOLITH.
PALÉOLITHIQUE SUPÉRIEUR
PALÉOLITHIQUE MOYEN
PALÉOLITHIQUE INFÉRIEUR
Homo sapiens sapiens
Homo sapiens neandertalensis
Homo erectus
Homo habilis

La datation : techniques et méthodes

La datation relative permet de déterminer la position respective de deux événements du passé et l'intervalle de temps les séparant. Ainsi, l'étude de la succession stratigraphique de niveaux archéologiques constitue une datation relative de ces niveaux entre eux. Par opposition à l'expression « datation relative », la datation absolue permet la détermination quasi totale de l'intervalle de temps écoulé entre un événement du passé et l'instant présent.

Les méthodes de datation...

La plupart des techniques de datation sont fondées sur des phénomènes physiques ou physico-chimiques qui évoluent au cours du temps, la dendrochronologie, quant à elle, reposant sur un phénomène biologique.

Les techniques de datation absolue les plus usitées sont :

— le *paléomagnétisme*, qui s'appuie sur certaines inversions du champ magnétique terrestre pour obtenir des éléments de datation sur les dépôts quaternaires ;

— la *stratigraphie isotopique*, qui utilise des modifications de la composition isotopique de l'oxygène de l'eau océanique ou du carbone inorganique dissous dans cette eau pour retrouver la stratigraphie des sédiments marins quaternaires ;

— la *thermoluminescence*, qui permet de dater jusqu'à plusieurs centaines de milliers d'années des silex chauffés ;

— les *déséquilibres radioactifs* dans la famille de l'uranium, qui sont utilisés pour dater des événements entre 10 000 ans environ et 300 000 ans ;

— les *traces de fission*, qui permettent de dater des verres et minéraux contenant de faibles concentrations d'uranium ;

— la *datation potassium-argon*, qui est applicable à des matériaux d'origine volcanique riches en potassium, anciens de plus de 1 million d'années ;

— la *résonance paramagnétique électronique*, qui s'applique à la calcite (stalagmites), jusqu'à environ 1 million d'années.

La dendrochronologie

C'est une méthode de datation relative fondée sur l'analyse des cercles de croissance des arbres. L'épaisseur des cercles est fonction du climat (et notamment de la chaleur et de l'humidité). Les courbes des croissances annuelles des arbres d'une même région sont identiques et peuvent donc se superposer. En assemblant successivement des courbes d'arbres de plus en plus anciens, il est possible de construire, pour une région donnée, une courbe de référence unique qui servira pour dater l'année d'abattage de troncs d'âge inconnu.

La courbe de référence du chêne permet des datations à l'année près, remontant à plus de 4 000 ans avant J.-C., pour la Suisse, l'Allemagne et l'est de la France.

La thermoluminescence

La datation par thermoluminescence est une technique fondée sur les modifications que subit au cours du temps la répartition des électrons dans un cristal. Elle est applicable à des matériaux géologiques et archéologiques lorsque ces derniers sont chauffés à une température suffisante. Elle est donc employée couramment pour la datation de céramiques et de silex brûlés. Elle permet de donner, avec seulement une marge d'erreur d'environ 10 %, les âges de matériaux qui peuvent remonter à plusieurs centaines de milliers d'années. C'est la technique la plus couramment employée pour dater les sites de la fin du Paléolithique inférieur et surtout du Paléolithique moyen.

... et le carbone 14

Le radiocarbone permet de dater des vestiges organiques jusqu'à 40 000 ans, et même 70 000 ans, grâce aux nouvelles méthodes utilisées dans les accélérateurs.

Le carbone 14, élément constitutif de la matière vivante végétale et animale, naît d'abord dans l'atmosphère, sous l'action du rayonnement cosmique. Au moment de la mort de la plante ou de l'animal, son absorption cesse. Dès lors, la qualité de carbone 14 diminue régulièrement, car, comme tout radioélément, il perd la moitié de sa radioactivité au cours d'une période appelée demi-vie, qui est estimée à 5 568 ans dans le procédé de calcul des âges.

La mesure de la radioactivité du carbone 14 contenu dans les restes organiques de bois, d'os, de coquillages, etc., permet d'estimer leur âge avec une relative précision.

La méthode classique de mesure du carbone 14 est le comptage radioactif: le nombre d'électrons (rayonnement B), émis par les atomes de carbone 14 qui libèrent un électron chacun en se décomposant, permet de calculer à l'aide d'un compteur proportionnel la quantité totale de carbone 14 dans un échantillon.

Calibration des dates carbone 14

En principe, des dates carbone 14 sont données « B.P. », telles que les laboratoires de radiocarbone les livrent (B.P. = Before Present = avant 1950). La mention « B.C. » sans autre indication exprime un décalage de 1950 ans par rapport aux précédentes (B.C. = Before Christ).

La calibration d'une date obtenue par une méthode physique ou chimique permet de la situer par rapport à une échelle de temps mieux définie. Elle se pose pour toutes les méthodes de datation. Il a, en effet, été montré qu'il y avait souvent désaccord entre la date historique d'un événement connu et celle obtenue à partir de la mesure physique, lorsque des datations ont été réalisées sur des objets d'âge connu. Ce phénomène a été confirmé par de nombreuses études ; la calibration des dates radiocarbone est généralement faite par comparaison avec la dendrochronologie, qui permet de corriger des dates radiocarbone jusque vers 7 500 ans. Ainsi, une mesure de 4500 ± 50 B.P. correspond en fait à une date calibrée se situant entre 3485 et 2995 av. J.-C. (et non entre 2600 et 2500 av. J.-C.).

De l'*Homo erectus* à l'*Homo sapiens* : le Paléolithique

Le Paléolithique inférieur débute en Europe avec la conquête des zones tempérées par *Homo erectus*, qui s'est faite, à partir du berceau africain (Kenya, Éthiopie), en direction du Sud-Est asiatique, de l'Asie orientale, du continent indien et de l'Europe méridionale, au Pléistocène ancien, vers 1,5 million d'années.

Le Paléolithique

Le Paléolithique, du terme créé par J. Lubbock en 1865, désigne la période de l'histoire humaine caractérisée par une subsistance de cueillette, chasse et pêche, qui précède les premières productions de nourriture apparues au Proche-Orient, il y a 10 000 ans.

La chronologie du Paléolithique européen a été établie, en particulier à la suite de l'étude des substantiels gisements français, grâce aux travaux de E. Lartet dès 1863, de G. de Mortillet entre 1872 et 1883, enfin de H. Breuil, qui contribua dès le début de ce siècle à la définition de la séquence actuellement utilisée.

Outil archaïque sur galet : chooping-tool.

L'apparition de l'Homme en Europe

Les plus anciennes traces d'occupation humaine en grotte et en plein air ne semblent pas être bien antérieures à environ 900 000 ans. Dans ces sites, l'industrie en pierre, constituée d'éclats bruts ou sommairement retouchés, d'outils sur galets et de très rares et rudimentaires bifaces, côtoie les ossements, déchets alimentaires de la consommation des habitants, qui ignoraient l'usage du feu : ce sont les gisements de la grotte du Vallonnet (Roquebrune-Cap-Martin, Alpes-Maritimes), les stations à industries archaïques sur galets des hautes terrasses du Roussillon et de la Catalogne, le gisement de Soleilhac, au bord d'un lac résiduel dans le cratère d'un volcan du Massif central, la grotte de Sandalja (Yougoslavie) ou la grotte de Stránska Skála (Brno, Tchécoslovaquie).

Les civilisations de l'Acheuléen ancien, à partir de 700 000 ans, correspondent à l'établissement en Europe de groupes porteurs d'industries, où apparaissent les preuves véritables de bifaces tail-

Biface acheuléen.

L'homme fossile

La paléontologie humaine est une des branches les plus jeunes des sciences paléontologiques.

Traditionnellement, et dans un consensus à peu près général, les paléontologues s'accordent à reconnaître trois étapes principales dans l'évolution de l'Homme :

— celle des Australopithèques au Villafranchien et au Pléistocène inférieur ;

— celle des Archanthropes (Pithécanthropiens) au Pléistocène moyen ;

*— celle enfin de l'*Homo sapiens *au Pléistocène supérieur et à l'Holocène, groupe dans lequel on inclut aujourd'hui l'homme de Néandertal qui précède* Homo sapiens sapiens, *dont le type fossile le mieux connu est l'homme de Cro-Magnon.*

lés à partir de blocs de matière première, qui coexistent toujours avec un outillage sur galets et avec des outils réalisés sur des éclats obtenus à partir de nucléus occasionnels. Les contrées septentrionales de l'Europe sont pour la première fois conquises, pendant les périodes les plus chaudes, phases interglaciaires en général : des gisements de cette période sont connus dès 700 000 ans en Tchécoslovaquie, en Belgique, en Allemagne et en Angleterre.
Pendant les périodes glaciaires, il semble que les groupes humains d'*Homo erectus* se concentrent dans les régions méridionales, du fait certainement d'une incapacité technologique à s'adapter aux conditions climatiques rigoureuses (subsistance, habitat, vêtement).

Les premiers foyers

Les premiers habitats organisés d'*Homo erectus* apparaissent vers 450 000 ans avec, comme élément majeur, l'utilisation plus régulière du feu et parfois, comme à Lunel-Viel, Aldène, Port Pignot (France), Vertessölös (Hongrie) et Torre in Pietra (Italie), d'authentiques foyers aménagés entre des pierres et des galets, ou de possibles huttes, comme à Terra Amata. C'est à cette période que se développent de grands courants culturels, surtout sensibles au niveau des industries lithiques. Le débitage d'éclats qui servent de support à des outils, encoches, denticulés, racloirs, pointes à retouche souvent épaisse et écailleuse, est dominant dans des outillages, alors que dans d'autres il reste accessoire à côté des outils sur galets, sur blocs, et des bifaces grossiers et partiels.
À l'Acheuléen moyen, vers 400 000 ans et jusqu'à la fin de la période rissienne, vers 120 000 ans, les industries à bifaces vont connaître leur plein développement. Les bifaces sont taillés au percuteur tendre et leurs formes, minces et élancées, aux arêtes rectilignes, avec des pointes bien dégagées, sont bien caractéristiques.

Une lame
est un éclat dont la longueur est au moins supérieure au double de sa largeur.

Technologie du silex et diversification des outils

Cependant, au même moment, voire un peu avant, les hommes découvrent le débitage dit « Levallois », qui va autoriser une meilleure production d'outils sur éclats, naturellement tranchants, qui peuvent être obtenus en assez grande quantité à partir d'un bloc de matière première. Les outillages se diversifient et permettent aux hommes d'agir sur différents matériaux ; des technologies de l'os, du bois, des matières végétales et animales sont à mettre en relation avec ces développements. Les types d'outils sur éclats sont des racloirs, des grattoirs, des outils denticulés, des couteaux à dos et des bifaces soignés, minces, tranchants, spécialisés et de différentes tailles.
Les modes de vie et d'habitat de cette période sont assez mal connus, mais des sols d'habitats organisés ont été fouillés à Cagny-la-Garenne (Somme), à la grotte du Lazaret, à Nice, à Torralba et Ambrona (Espagne), à Torre in Pietra (Italie), à Hoxne (Grande-Bretagne) et à Bilzingsleben (R.D.A.).
Le Paléolithique moyen, avec les premières industries de la lignée

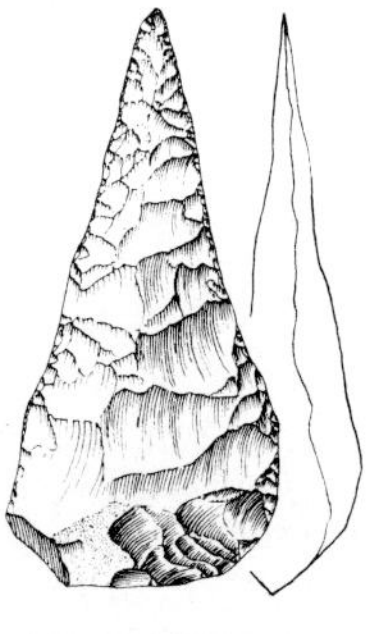

Biface micoquien. Dessin A. Turq, D.A.P.A.

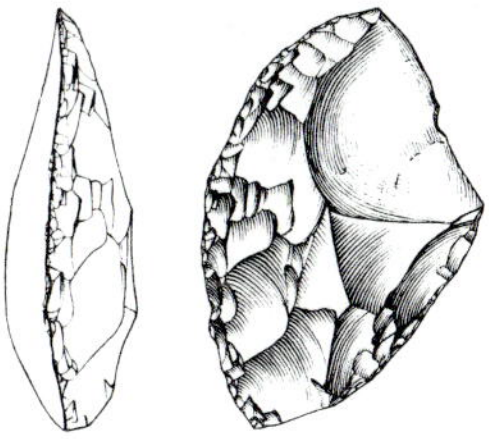

Racloir de type Quina. Grotte Vaufrey.
Dessin J.-G. Marcillaud, D.A.P.A.

Les fossiles directeurs

Certains objets en silex ou en os n'ont été fabriqués que pendant une courte période ou par un groupe culturel bien individualisé. Pour l'archéologue, ils ont, de ce fait, une signification chronologique ou culturelle bien précise. Ainsi, par exemple, un harpon à double rang de barbelures permet d'attribuer l'industrie dont il fait partie au Magdalénien supérieur.

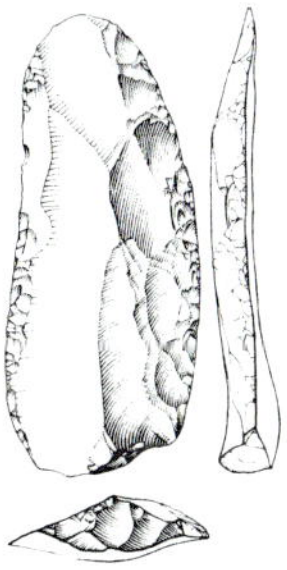

Racloir convexe.
Grotte Vaufrey.
Dessin
J.- G. Marcillaud,
D.A.P.A.

moustérienne, essentiellement façonnées à partir d'éclats — Levallois ou non —, comme le débitage de type Quina, par exemple, apparaissent dès 200 000 ans. Ces industries sont identiques à celles que l'homme de Néandertal, Moustérien véritable, façonne jusqu'à sa disparition. Les éclats, lames et pointes Levallois servent de support à des types d'outils variés et même à des bifaces de petite taille bien façonnés. Ce type de Moustérien rissien est bien connu, en France, dans les gisements de Biache-Saint-Vaast, La Chaise, Orgnac, la grotte Vaufrey, La Cotte de Saint-Brelade (îles Anglo-Normandes) et en Tchécoslovaquie, à Kúlna.
C'est dès la période rissienne que les industries moustériennes s'individualisent en plusieurs lignées définissables, selon des critères assez précis, faisant appel à la fois à leur technique de débitage, à la typologie de l'outillage façonné et au caractère stylistique de leur retouche (retouche Quina, par exemple). Ainsi, à la suite des travaux de F. Bordes et M. Bourgon, au début des années 50, il est devenu classique d'identifier le Moustérien de tradition acheuléenne, le Moustérien typique, le Moustérien Quina (de La Quina, site würmien de Charente), le Moustérien Ferrassie (de La Ferrassie, site würmien de Dordogne) et le Moustérien à denticulés.

L'*Homo sapiens sapiens* entre en scène

De très nombreux gisements attestent une organisation déjà complexe des activités dans les habitats. L'usage du feu est généralisé, mais pas forcément circonscrit à des foyers aménagés. La technologie du silex révèle des aptitudes évidentes à la conception d'outils et d'armes efficaces.
Brutalement, vers 35 000 ans, mais de manière insidieuse, sans doute par métissage avec de nouveaux venus, les *Homo sapiens sapiens*, le type physique néandertalien disparaît, alors que se font jour de nouvelles technologies et de nouvelles conceptions de l'outillage lithique et osseux: les hommes du Paléolithique supérieur reprennent à leur compte, en les exploitant systématiquement, les acquis technologiques, mais aussi peut-être culturels et sociaux, de leurs prédécesseurs. Le gisement de Saint-Césaire té-

Racloir en jaspe.

Pointe Levallois en jaspe.

moigne de ce moment clé du changement biologique et culturel, puisque c'est le squelette d'un individu typiquement néandertalien qui a été découvert au sein d'un niveau archéologique de Châtelperronien, l'industrie laminaire qui marque le début du Paléolithique supérieur en France.

Si les dernières industries moustériennes ont toujours eu pour auteur l'homme de Néandertal, certains outillages moustériens très tardifs, comme ceux du Châtelperronien, présentent de nombreux caractères novateurs : le débitage d'éclats pour fabriquer les outils est progressivement remplacé par le débitage des lames, ce qui donne un aspect plus élancé et léger à ces nouveaux objets. De même apparaissent de nouveaux types d'objets : grattoirs, burins, pointes de Châtelperron, etc., qui n'existaient auparavant que de façon exceptionnelle dans les outillages plus anciens. Enfin, les éléments de parure en os ou en dent animale font leur apparition. Le Moustérien final présente déjà, vers 35000 B.P., bien des caractères technologiques et typologiques du Paléolithique supérieur.

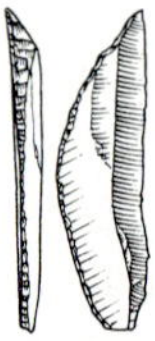

Pointe châtelperronienne. Dessin J.-G. Marcillaud, D.A.P.A.

Le Châtelperronien *correspond aux industries plus anciennement dénommées Périgordien inférieur ou Périgordien ancien.*

Les nouveaux venus : Aurignaciens et Gravettiens

Les premiers *Homo sapiens sapiens* (l'homme moderne) qui peuplent l'Europe de l'Ouest appartiennent à la culture aurignacienne (la grotte d'Aurignac, en Haute-Garonne, est le site éponyme), originaire semble-t-il d'Europe centrale. Les Aurignaciens côtoient pendant quelque temps les derniers Néandertaliens, qui finissent par disparaître. Pour fabriquer leurs outillages, ils connaissent le débitage laminaire, mais de nombreux composants de leurs outillages ont des morphologies totalement différentes de celles des outillages châtelperroniens. Ainsi, par exemple, les grattoirs aurignaciens sont souvent fabriqués sur de petits blocs mas-

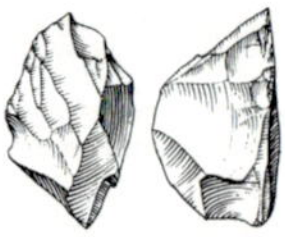

Grattoir caréné aurignacien. Dessin J.-G. Marcillaud, D.A.P.A.

Sagaies losangiques aurignaciennes.

« Dame à la capuche » de Brassempouy. Musée des Antiquités nationales, Saint-Germain-en-Laye.

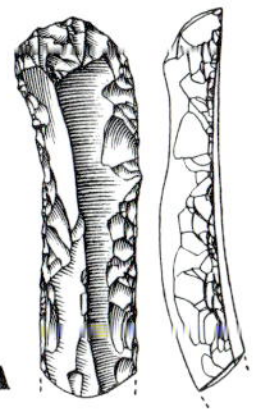

A

sifs de silex et leur forme rappelle celle d'une carène de navire renversée (grattoirs carénés). De tels objets sont pratiquement absents dans le Châtelperronien. Avec l'Aurignacien se développe une nouvelle technologie, celle de l'os : de nombreuses armatures de sagaie sont fabriquées à partir de fragments d'os façonnés par polissage. Ces objets constituent une amélioration importante de l'efficacité des armes de trait. Enfin, dans le domaine de la parure, les Aurignaciens ont manifesté un goût pour les éléments de collier : dents percées, perles d'os, coquillages, etc. L'art aurignacien, assez sommaire, se limite à des gravures profondes de têtes et d'avant-trains d'animaux frustes et gauches ou de symboles sexuels, vulves surtout.

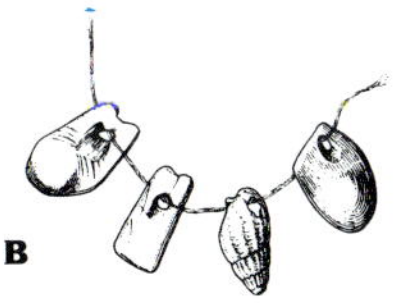

B

Vers 25000 B.P. arrivent d'Europe centrale de nouveaux groupes humains porteurs d'une culture nouvelle : le Gravettien (l'abri de La Gravette, en Dordogne, est le site éponyme). Ces nouveaux venus maîtrisent parfaitement la technique du débitage de lames et produisent un type particulier de pointe aiguë en silex, la « pointe de La Gravette ». Cette dernière caractérise la culture gravettienne. Les grattoirs carénés sont absents et l'outillage osseux moins abondant que dans les outillages aurignaciens. L'art gravettien affirme une plus grande sûreté d'exécution du tracé.

Les habitats gravettiens sont sous abri ou en plein air et montrent une organisation spatiale complexe avec des zones d'activités spécifiques : taille du silex, préparation culinaire, foyers structurés.

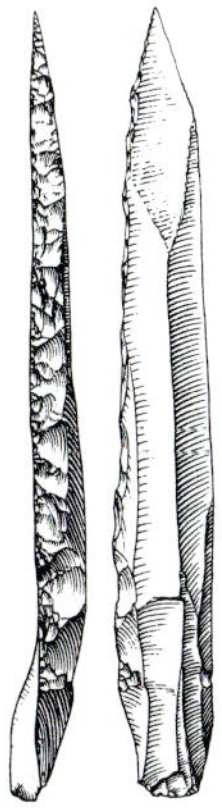

C

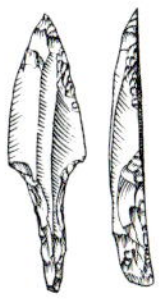

D

E

A. Lame aurignacienne.
B. Éléments de parure.
C. Pointe de La Gravette.
D. Pointe de La Font-Robert.
E. Burin de Noailles.
Dessins J.-G. Marcillaud et A. Turq/D.A.P.A.

Les Solutréens : une origine controversée

Ci-contre : Chronologies de l'Art du Paléolithique supérieur selon H. Breuil et A. Leroi-Gourhan.

Vers 20000 B.P., le Solutréen succède au Gravettien. Le site éponyme de cette culture est le gisement du Crot du Charnier à Solutré (Saône-et-Loire), mais le Solutréen s'est surtout développé dans la région franco-cantabrique, où il apparaît comme intrusif dans la séquence culturelle locale. Son origine obscure divise les préhistoriens. Pour certains, il a une origine lointaine : Europe centrale, Afrique du Nord ; pour d'autres, il est d'origine locale. Le Solutréen est avant tout caractérisé par une technique de retouche (retouche solutréenne plate et couvrante) des pièces supports (lames), pour élaborer des outils ou des pointes de projectiles.
L'art solutréen est exceptionnel. Les œuvres les plus marquantes sont des frises sculptées en demi-relief. L'habitat solutréen est mal connu, car l'élégance des objets a attiré longtemps les collectionneurs, qui détruisirent de nombreux sites. Vers 18000 B.P., le Solutréen disparaît brutalement de France, mais il semble avoir persisté un peu plus longtemps en Espagne. Les derniers Solutréens connurent leurs successeurs, les Badegouliens.

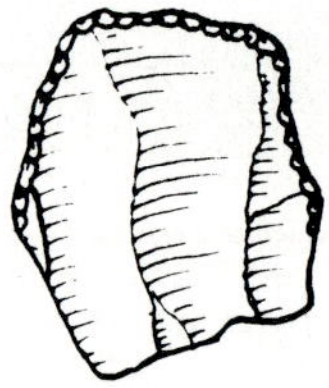

Raclette.

Le Magdalénien, dernière grande civilisation paléolithique

Considéré souvent comme « Magdalénien ancien » ou « inférieur », l'outillage badegoulien n'a plus les caractères du Solutréen. L'industrie de l'os connaît, par contre, un beau développement. Le Badegoulien a duré approximativement un millénaire. Il est suivi par le Magdalénien (le grand abri de La Madeleine en est le site éponyme). Mais les phases les plus anciennes de cette culture préhistorique ont été découvertes dans le gisement de Laugerie-Haute où il existe, au-dessus du Badegoulien (ex-Magdalénien I), un Magdalénien ancien dont l'outillage diffère de façon drastique de celui qui le précède.

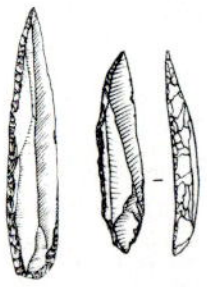

Pointes aziliennes. Dessin A. Turq, D.A.P.A.

Le Magdalénien voit se développer, avec un outillage commun à toutes les cultures du Paléolithique supérieur, de nombreux objets en silex de très petite taille (microlithes), ainsi qu'une belle industrie osseuse avec sagaies et harpons à un ou deux rangs de barbelures. Vers 14000 B.P., le Magdalénien se développe et couvre la quasi-totalité de l'Europe de l'Ouest.
L'art est en plein épanouissement et les habitats, qu'ils soient sous abri ou de plein air, révèlent une véritable organisation de l'espace habité et parcouru.

La fin des temps glaciaires et le Mésolithique

À la fin des temps glaciaires, vers 10000 B.P., apparaît l'Azilien (site éponyme : Le Mas-d'Azil), qui constitue un intermédiaire avec l'Épipaléolithique, au cours duquel les derniers chasseurs-collecteurs abandonnent peu à peu l'outillage et la technologie du Paléolithique.
Au Mésolithique, les industries se caractérisent par un changement du mode de débitage, les outils se microlithisent, ce qui correspond à une fonction particulière ; l'objet en silex devient de plus en plus un élément d'un système composite.

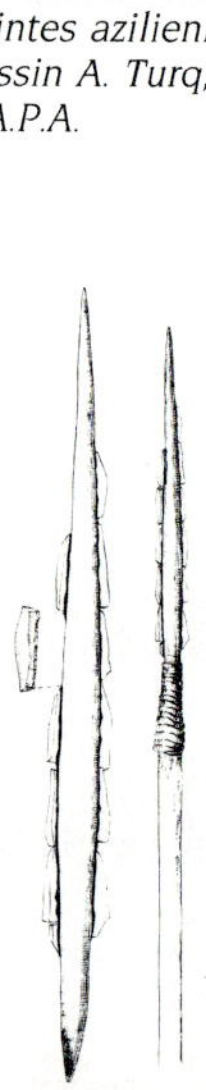

Pointe de projectile du Mésolithique, armée de microlithes géométriques.

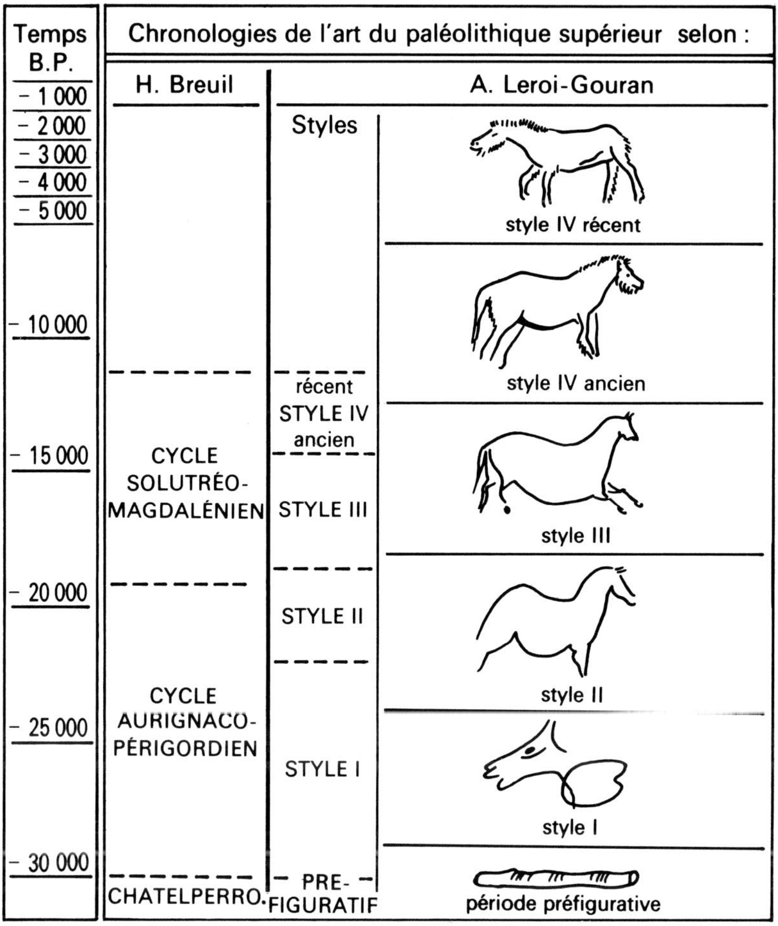

L'arc, une invention probablement paléolithique

Il n'y a pas de preuve directe de l'existence de l'arc avant la fin du Paléolithique. Les premiers témoignages résident dans quelques figurations rupestres de chasseurs à l'arc du Levant espagnol et des vestiges bien conservés dans les gisements mésolithiques de l'Europe du Nord et de l'Est : des flèches en bois encore munies de leurs armatures en silex et des arcs en orme, en if ou en frêne. Malgré tout, la multiplication des pointes en silex de petite taille dans le Périgordien supérieur, le Solutréen, et surtout le Magdalénien peut laisser croire qu'elles ont été emmanchées sur des fûts de petit diamètre tels que des flèches et lancées par des arcs. Il ne s'agit là que d'une hypothèse que les préhistoriens s'emploient actuellement à tester. Ce qui est certain, c'est qu'au Paléolithique supérieur, la variété des pointes de projectiles indique une grande diversité des armes de jet et de leurs techniques de lancer, ce qui est à mettre en rapport avec une adaptation des méthodes de chasse au type de gibier sélectionné.

La révolution néolithique

Il y a environ 12 000 ans, la Terre s'est réchauffée peu à peu, transformant le milieu naturel dans lequel se déplaçait l'homme. Jusqu'alors, celui-ci vivait aux dépens de la nature, prélevant directement sur elle ce qui était nécessaire à sa vie quotidienne par la chasse, la pêche et la cueillette. Progressivement, il devient producteur en domestiquant la nature environnante par l'agriculture et l'élevage.

Les premiers agriculteurs

Dès le XIe millénaire avant J.-C., on voit apparaître au Proche-Orient (Syrie-Palestine) de petits villages aux maisons rondes, regroupant quelque 200 habitants. Ceux-ci, les Natoufiens, exploitent, sans les cultiver, le blé et l'orge qui poussent ici à l'état naturel. Peu à peu ces céréales sont sélectionnées, domestiquées; il faut alors travailler la terre, semer les graines, faucher les épis et stocker la récolte. Cependant, la chasse reste encore un certain temps la source essentielle de viande dans la nourriture jusqu'au jour où les animaux, à leur tour, seront domestiqués, d'abord le mouton et la chèvre au IXe millénaire, puis le bœuf et le porc dans le courant du VIIe millénaire.

Le terme Néolithique *fut forgé en 1865 par J. Lubbock pour exprimer l'apparition de la technique de polissage de la pierre.*

La «révolution néolithique» s'accomplit lentement dans cette région du monde, et déjà, dès 8000 avant J.-C., l'oasis verdoyante de Jéricho, au nord de la mer Morte et à l'ouest du Jourdain, est une agglomération de 2 000 à 3 000 habitants couvrant une superficie de quatre hectares, entourée d'une muraille de près de 3 m d'épaisseur et de 6 à 7 m de hauteur.

En France, l'homme mésolithique, toujours prédateur, vit en petites communautés, de chasse (il a inventé l'arc), de pêche et de cueillette.

Deux courants de néolithisation pénètrent en France de proche en proche à partir du foyer proche-oriental. L'un d'eux, méditerranéen, atteint le Midi dès le début du VIe millénaire et la côte atlantique à la fin de ce même millénaire, où il se retrouve jusqu'en Vendée. Il se caractérise par une céramique décorée à la coquille de cardium, d'où le nom de «Cardial» donné à cette culture.

C'est un peu plus tard que le courant danubien, venu aussi du Proche-Orient et caractérisé par ses grandes et longues maisons trapézoïdales, atteindra le Bassin parisien et les côtes de la Manche, et poussera des pointes jusqu'en Centre-Ouest.

Une nouvelle économie

L'économie de production, qui définit le Néolithique, fait donc son apparition au cours du VIe millénaire avant J.-C. Il ne faut pas imaginer un ou deux peuples envahisseurs colonisant, par le sud et par le nord, les populations barbares en place, mais plutôt de petits groupes d'agriculteurs-éleveurs se propageant peu à peu parmi une population où déjà la collecte et le stockage avaient pris une grande place dans l'économie de subsistance. Pendant un certain temps, ces populations coexisteront, les unes empruntant

Pointe de flèche en silex.
Age du Bronze ancien armoricain.
Saint-Thégonnec (Finistère).

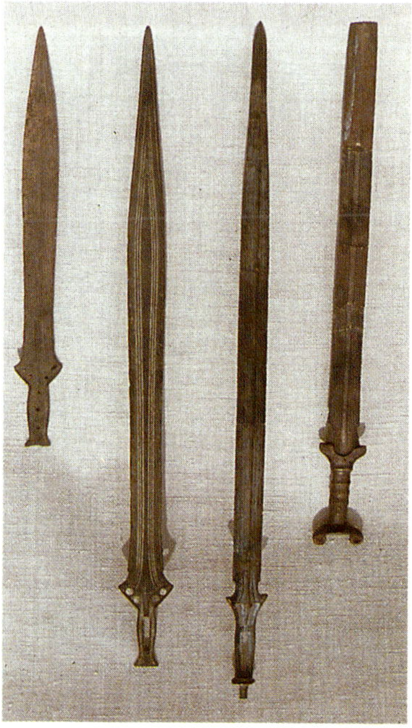

Épées de l'Age du Bronze.

aux autres quelques idées technologiques nouvelles. C'est ainsi qu'en Bretagne on voit apparaître le mouton parmi la faune des Mésolithiques de Téviec (Morbihan) : or cet animal n'a jamais existé à l'état sauvage dans cette région. Il y aurait donc eu à la fois colonisation (du territoire) et acculturation (des populations en place).

La néolithisation de l'Armorique pourrait être d'origine méridionale par le littoral du centre-ouest de la France. Ici les groupes à céramiques impressionnées abandonnent peu à peu ce type de décor pour n'utiliser que des céramiques à fond rond aux parois fines et non décorées. Ce sont eux qui instaureront le mégalithisme, véritable marqueur du Néolithique moyen atlantique, qui aura un grand développement au début du IVe millénaire avant J.-C.

Avec le Néolithique récent, à partir du milieu du IVe millénaire avant J.-C., les modes de vie changent encore, les sépultures collectives prennent un essor considérable, les enceintes de fossés deviennent imposantes en particulier dans l'ouest de la France.

L'apparition du métal

Les premiers objets en cuivre apparaissent dès la fin du IVe millénaire dans le Midi, et un peu plus tardivement ailleurs, au milieu des populations du Néolithique final qui utilisent toujours de nombreuses sépultures collectives et procèdent à des échanges à longue distance à travers un réseau « commercial » en pleine expansion : la diffusion des lames de silex du Grand-Pressigny, en Touraine, jusqu'aux Pays-Bas en est la meilleure illustration.

Les premiers objets de métal — perles martelées, petites lames de poignards — sont modestes. L'usage de l'or apparaît à peu près au même moment. Il semble bien que cette métallurgie soit issue d'une innovation locale autonome, indépendante des foyers du Proche-Orient qui avaient pratiqué l'art du métal avec succès dès le VIIe millénaire avant notre ère, par exemple à Catal Huyuk, en Anatolie. Au IIIe millénaire sont produits des objets d'un volume appréciable : haches plates, simples lames de métal imitant les lames de pierre des haches traditionnelles, poignards à languette. Les groupes à vases campaniformes paraissent, à ce moment, les vecteurs de la diffusion de cette métallurgie plus élaborée. Ces hommes, qui pratiquent la sépulture individuelle et habitent leurs propres villages, vivent à côté des populations autochtones. De leur progressive fusion au milieu de celles-ci devaient naître les différentes cultures régionales de l'Âge du Bronze ancien vers 2000 av. J.-C.

A l'origine des civilisations européennes

C'est à cette époque que les grandes entités transrégionales, appelées à subsister jusqu'à la fin de l'Âge du Bronze au VIIIe siècle avant J.-C., se mettent en place : monde atlantique, de la mer du Nord à l'Aquitaine ; monde continental, qui connaîtra, à partir de 1500, de profondes transformations sous l'influence de la civilisation des tumulus nord-alpins, puis de la culture Rhin-Suisse-France orientale à partir de 1200 ; monde méditerranéen, davantage lié aux cultures ibériques et italiques.
À partir du IXe siècle, la métallurgie du fer, par les deux voies qui avaient assuré la diffusion des savoirs néolithiques, se répand dans les civilisations du bronze, et le passage de l'Âge du Bronze à l'Âge du Fer s'effectue sans véritable rupture.

Naissance de l'espace domestique : l'habitat

La nécessité pour l'homme de se protéger du froid et des intempéries, surtout en période glaciaire, l'a conduit à rechercher des abris naturels et, s'il n'en trouvait pas, à en construire.

Les refuges naturels : grottes et abris-sous-roche

Très tôt, l'homme a su tirer partie du refuge offert par les cavernes, dont il occupe généralement le porche d'entrée, où pénètre la lumière du jour. La zone profonde et obscure n'est que très rarement utilisée et sa fréquentation est souvent liée, au Paléolithique supérieur du moins, à des activités artistiques et spirituelles.
En utilisant les grottes pour s'abriter, l'homme doit affronter d'autres mammifères — tels que l'ours, l'hyène ou le lion des cavernes —, ce qui l'incite bien souvent à préférer les abris-sous-roche, généralement moins fréquentés par ces carnivores. Un abri-sous-roche est constitué par un surplomb rocheux largement ouvert sur l'extérieur. Moins abrité du vent qu'une entrée de grotte,

Dans la grotte Vaufrey, *il y a plus de 200 000 ans, les hommes avaient organisé leurs activités autour des foyers.*

l'abri-sous-roche, par contre, lorsqu'il est orienté au sud, reçoit par rayonnement solaire beaucoup plus de chaleur.
Les plus anciens habitats sous abri, antérieurs à 100000 B.P., ne montrent pas une réelle organisation volontaire de l'espace. Il s'agit bien plus d'une utilisation intelligente de la disposition des lieux tenant compte, en particulier, des facilités de circulation et des courants d'air. Cette attitude n'a fait place à un véritable aménagement que bien plus tard, pendant le Paléolithique supérieur, où l'habitat est composé de zones d'activités variées et spécifiques, utilisées de façon répétitive pour y tailler le silex, dépecer les animaux tués, faire du feu, rejeter les déchets, etc. Ces occupations répétées des habitats sous abri, selon un rythme qui pouvait être saisonnier — pour la chasse ou la pêche des animaux migrateurs comme le renne ou le saumon —, ont provoqué parfois de très importantes accumulations de vestiges auxquels sont venus s'ajouter des fragments de roche tombant de la paroi sous l'effet du gel, de la terre apportée par le ruissellement des pluies, le tout contribuant au comblement de l'abri

Les premières constructions

Pour des raisons géologiques, certaines régions n'offrent pas ou très peu de refuges naturels telles les grandes plaines du nord de l'Europe. Les chasseurs paléolithiques ont donc été contraints de construire leur habitat. Ils emploient différentes techniques. Dans la grande plaine russe, vers 25000 B.P., ils utilisent des ossements de mammouth et de la terre pour édifier de véritables cabanes semi-enterrées. Dans le nord de l'Europe — Bassin parisien, Allemagne, Pologne —, les Magdaléniens, vers 10000-12000 B.P., construisent des tentes couvertes de peau. Ces habitats de plein air témoignent d'une véritable organisation de l'espace domestique autour d'un foyer comportant des aires d'activités : dépeçage, cuisine, fabrication d'outils en silex et en os, zones de repos, de circulation, d'accumulation de déchets. De tels habitats pouvaient constituer des campements regroupant plusieurs tentes. C'est une hypothèse que l'on peut envisager pour des sites comme Pincevent, Étiolles, Verberie ou Marsangis, dans le Bassin parisien, mais aussi dans la vallée

Formation et évolution d'un abri-sous-roche. Dessin J.-P. Lhomme, D.A.P.A., d'après F. Bordes.

de l'Isle en Dordogne où des structures caractérisées par des pavements de galets ont été mises au jour. Elles ont parfois des formes rectangulaires, mais demeurent dans l'ensemble de petites dimensions, suggérant dans ce cas bien plus un abri nocturne qu'une réelle habitation. La fréquentation d'un territoire par un groupe humain engendre également l'installation de camps éphémères relevant d'activités brèves : chasse, pêche, exploitation de gîtes à silex, pour lesquels il n'est pas nécessaire d'avoir un abri et qui ne laissent donc que très peu de vestiges pour le préhistorien.

Ci-contre : l'enceinte muraillée et le village de Boussargues. IIIe mil.

Le campement de chasseurs de rennes magdaléniens de Pincevent.
Dessin J.-P. Lhomme, D.A.P.A., d'après A. Leroi-Gourhan (1984).

Villages et cités

La fixation relative sur un territoire amène les populations à construire un habitat aujourd'hui bien connu dans le Néolithique ancien du Bassin parisien. Il est resté immuable au cours de la colonisation danubienne, avec ses longues maisons plus ou moins trapézoïdales ouvertes à l'est, qui atteignent parfois 40 m de longueur et qui devaient abriter une unité familiale élargie. Les murs sont constitués de clayonnages enduits de torchis et la maison est couverte d'un toit de chaume à double pente. Plusieurs maisons constituent le village, et souvent l'une d'entre elles, plus imposante, est considérée comme la maison commune. Plus tard, le village s'entourera d'une palissade, avec fossé et talus qui marquent un souci de protection.
Dans les régions humides, au bord des lacs du Jura, par exemple, les maisons ont un plancher rehaussé sur des pieux plantés dans le sol, mais pas nécessairement dans l'eau : ce sont les palafittes.
Dans le Midi, l'habitation est moins bien connue pour les périodes anciennes. L'occupation des grottes correspond fréquemment à des abris temporaires imposés par le système économique. Au Néolithique moyen, de grands villages apparaissent, protégés par une palissade ou implantés sur un éperon naturel.
Au Néolithique final, sur la garrigue au nord de Montpellier, de longues maisons à absides, construites en pierre sèche et couvertes d'un toit à double pente, marquent une adaptation locale à un milieu riche en pierre.

Boussargues, *dans l'Hérault, est l'un des villages néolithiques le mieux conservés.*

Les habitations n'ont pratiquement pas été retrouvées dans l'ouest de la France, où de nombreuses enceintes creusées dans les calcaires sont souvent très impressionnantes. Elles ne paraissent cependant pas avoir été systématiquement toutes habitées de manière permanente et, ici comme ailleurs, peuvent avoir eu des fonctions multiples (cimetière, marché, lieu de culte, de réunion, habitat définitif...).

Avec les civilisations du métal, l'habitat de hauteur connaît une grande faveur. Au IIIe millénaire, les éperons rocheux sont recherchés. Un barrage de pierre, formant parfois un rempart impressionnant, limite l'habitat du côté non protégé naturellement. Ce type de fortification, apparu dès le Néolithique moyen, restera utilisé jusqu'à la fin des Âges des Métaux. Les villages du plat pays coexistent avec les habitats de hauteur. Les milieux humides ne seront pas non plus délaissés.

Les habitats lacustres — les palafittes —, aux maisons érigées sur pieux de bois, ne sont, pas davantage qu'au Néolithique, nécessairement bâtis au-dessus de l'eau, mais plutôt sur des plages inondables.

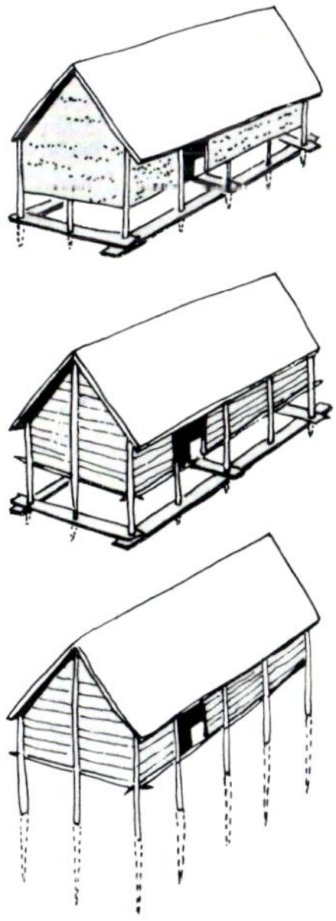

Habitats lacustres.

Les rituels de la mort

Les rites funéraires ne sont apparus qu'avec l'homme de Néandertal. Pour les périodes plus anciennes, il n'y a pas d'évidence de sépulture intentionnelle, et la fragmentation comme la dispersion des restes humains trouvés dans les grottes incitent certains préhistoriens à penser que l'homme n'a pas toujours été victorieux dans ses affrontements avec les grands carnivores cavernicoles ou ses semblables.

Les sépultures de La Ferrassie

Plusieurs gisements de la fin du Moustérien ont livré des structures que l'on peut interpréter comme des sépultures. Ainsi, par exemple, à La Ferrassie (Dordogne), les fouilles de D. Peyrony (de 1909 à 1921) ont mis au jour sept fosses contenant des restes de Néandertaliens : un adulte de 40-45 ans, une femme de 25 à 35 ans, deux enfants de 10 et 3 ans, deux nouveau-nés et un fœtus. Malheureusement, les méthodes de fouille de l'époque n'ont pas laissé de descriptions très précises de ces sépultures. On sait toutefois que les deux adultes étaient disposés tête à tête.

Au Moustier, un jeune Néandertalien de 18 ans était enterré, couché sur le côté, les jambes repliées, la tête reposant sur le bras droit. Mais la « qualité » des fouilles ne permet pas d'être plus précis sur cette découverte.

À La Chapelle-aux-Saints, un Néandertalien adulte avait les jambes repliées, le bras droit replié vers la tête, le bras gauche étendu. Au Régourdou, E. Bonifay rapporte une sépulture néandertalienne accompagnée de dépôts rituels d'ossements d'ours.

Malheureusement, les données sur les rites funéraires moustériens sont des plus imprécises, en raison de méthodes de fouille inadaptées. Toutefois, plusieurs constantes apparaissent à travers les descriptions laissées par les fouilleurs :

Le squelette néandertalien *du Régourdou est exposé au musée du Périgord.*

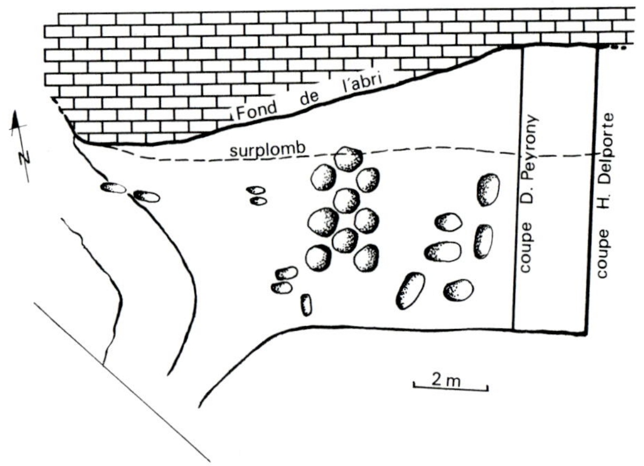

Plan des sépultures de La Ferrassie.
Dessin J.-P. Lhomme, D.A.P.A., d'après D. Peyrony.

— des fosses ont été creusées,
— les corps sont en position repliée (La Ferrassie et Le Moustier),
— les cadavres sont protégés par des dalles de pierres,
— les sépultures contiennent des ossements que l'on peut rapporter à des dépôts alimentaires votifs,
— des objets courants mais de belle facture ont été déposés près du corps.

Ces arguments semblent indiquer une probable spiritualité de l'homme de Néandertal.

Avec la venue de l'homme moderne (*Homo sapiens sapiens*), l'organisation des sépultures semble se préciser, malgré la qualité médiocre des renseignements laissés par les fouilleurs et leur grande subjectivité. Bien souvent, le simple fait de trouver un squelette portant une parure de coquillages suffisait pour évoquer un rituel mortuaire, mais, en fait, nous n'avons que très peu de bonnes descriptions de la position des corps, des structures, des fosses ou du matériel d'accompagnement.

Cro-Magnon devient célèbre

C'est le cas de la découverte de Cro-Magnon. Toutefois, certains éléments des rapports des fouilleurs de l'époque permettent de soutenir l'existence d'une sépulture. À Laugerie-Basse, à Chancelade, au Cap-Blanc, à Saint-Germain-la-Rivière (Gironde), le squelette était en position repliée, couché sur le côté gauche. À La Madeleine, allongé dans une fosse peu profonde, le squelette d'un enfant gisait légèrement incliné sur le côté gauche, les bras le long du corps. Le crâne reposait entre trois pierres dressées en demi-cercle. Des coquillages et des dents percées accompagnaient le corps qui avait été probablement recouvert d'une couche d'ocre rouge.

C'est à Saint-Germain-la-Rivière qu'a été découverte, en 1935, la sépulture la plus spectaculaire. Les fouilleurs trouvèrent autour d'un foyer des fragments de crâne de bœuf, de chevaux et des bois de renne, le tout reposant sur deux larges dalles calcaires supportées par quatre piliers calcaires entre lesquels se trouvait le squelette d'une femme de 20 à 25 ans. Le corps reposait sur le côté gauche, la tête à l'est, les pieds au niveau du bassin, le bras droit replié, la main posée sur le crâne.

La parure qui accompagnait la défunte se composait de coquillages, de 70 canines de renne et de cerf, dont certaines incisées. Une couche d'ocre recouvrait le tout.

Cette sépulture est une des plus complètes par ses attributs rituels. Une reconstitution, à partir des données de fouilles, a été réalisée au musée national de Préhistoire des Eyzies-de-Tayac.

Bien que l'on connaisse quelques probables sépultures aurignaciennes, les pratiques funéraires se sont surtout développées au Magdalénien. Pour des raisons qui restent à établir, il n'y a pratiquement pas de sépulture périgordienne.

Le mégalithisme : dolmens et menhirs

Très souvent considéré comme l'assemblage d'une dalle de pierre sur deux piliers également en pierre brute, le «dolmen» n'est en fait que le squelette d'un monument beaucoup plus complexe.

Un dolmen est généralement formé d'une chambre mégalithique (de *méga*, gros, et *lithos*, pierre) limitée par des dalles dressées (orthostates, piliers) et des murets en pierre sèche soutenant une ou plusieurs tables de pierre.

Il existe trois types fondamentaux de dolmens : le *dolmen à couloir* dont la chambre peut prendre des formes diverses (ronde, polygonale, quadrangulaire...) et ouvre sur l'extérieur par l'intermédiaire d'un couloir plus ou moins long, relativement bas et peu large ; le *dolmen en allée couverte* dans lequel le couloir et la chambre sont peu ou pas différenciés, et où la chambre, aux parois parallèles, devient très longue par rapport à sa largeur ; le *dolmen simple*, qui possède une chambre ouvrant directement sur l'extérieur du tumulus.

Le tumulus de terre ou de pierre (cairn) qui enveloppe le (ou les) dolmen(s) peut être rond, polygonal ou quadrangulaire, parfois très allongé. Il est limité par un mur bien construit en pierre sèche ou par des dalles dressées. Des restes humains (inhumation ou incinération, selon les régions) étaient déposés dans les chambres en nombre plus ou moins important et selon un rituel qu'il n'est pas toujours aisé de comprendre actuellement.

Le caractère funéraire de ces monuments n'est qu'un des aspects de leur fonction qui, par ailleurs, se modifie dans le temps et dans l'espace. Construits pour être vus de tous, ils apparaissent souvent comme le centre d'un territoire.

En Europe de l'Ouest, où ils se rencontrent depuis la Pologne et la Scandinavie jusqu'au sud de l'Espagne en passant par les îles Britanniques et la France, ils sont l'œuvre des populations agro-pastorales du Néolithique et ont été édifiés entre 4500 et 2500 avant J.-C.

Les menhirs, ou pierres dressées, ont eu des fonctions plus variées selon qu'ils étaient seuls ou groupés en lignes uniques ou multiples (alignements), ouvertes ou fermées (cromlech).

Certains menhirs *atteignent des dimensions gigantesques : plus de 20 m de long et plus de 300 t.*

La néolithisation dans le monde

Il ne faudrait pas croire que la néolithisation ne se soit produite que dans le « croissant fertile », d'où elle aurait rayonné sur le reste du monde. En effet, des tentatives de domestication du sol et des animaux ont été effectuées, parfois avec succès, dans d'autres pays. C'est ainsi que les premiers maïs cultivés apparaissent en méso-Amérique dès le début du Ve millénaire avant J.-C., que le millet puis le riz font leur apparition en Asie au courant de ce même millénaire, de manière tout à fait indépendante. Il y a donc eu plusieurs foyers de néolithisation.

L'un de ceux-ci paraît se situer au Sahara, dès le VIIe millénaire avant J.-C. Il faut se souvenir en effet que le Sahara n'eut pas toujours l'aspect de désert qu'on lui connaît aujourd'hui et qu'entre 7000 et 2000 avant J.-C. une phase humide permit le développement de grands lacs auprès desquels il faisait bon vivre. Noirs et Blancs en profitèrent pour se sédentariser, élever des troupeaux — tout en continuant à chasser et à pêcher —, pratiquer une culture embryonnaire et se livrer à la fabrication de la poterie et à l'élaboration d'un outillage en pierre polie.

Le monde des morts

Squelette reposant en position pliée sur le sol de la grotte de Foissac (Aveyron).

Le monde des morts et ses structures obéissent à des réalités complexes et aussi variées que les structures de la vie. Ainsi, les sépultures ou les groupes de sépultures (cimetières, nécropoles, tombes collectives) sont aussi complexes que les habitats.

L'archéologue étudie avec le maximum de précision la forme des sépultures, leur organisation dans l'espace, leur hiérarchie, leur structure et leur superstructure, ainsi que tout le mobilier funéraire d'accompagnement.

Cependant, l'étude des rites funéraires serait incomplète si l'on ne portait une attention particulière à l'élément essentiel de la sépulture, c'est-à-dire le cadavre lui-même, aussi bien dans le cas d'incinération que d'inhumation. Ces observations sont précieuses pour la connaissance des modes de sépulture (sépulture primaire ou secondaire), sur la position d'enfouissement, sur le colmatage ou non de la tombe. Mais l'anthropologie archéologique apporte également des données sur le vivant : stature moyenne, âge moyen, espérance de vie, état sanitaire, mode alimentaire, pathologie, pratiques médicales...

Les technologies

Une conquête primordiale : le feu

Les plus anciens sites occupés par les ancêtres de l'Homme n'ont pas livré d'éléments attestant l'usage du feu. Les sites africains de la vallée de l'Omo ou de la gorge d'Oldoway, de Kobi Fora ou Melka Kontouré, en sont dépourvus.

En Europe, le plus ancien site dans lequel furent trouvés des charbons est la grotte de l'Escale (Bouches-du-Rhône). L'âge de ce premier feu ne fait pas l'unanimité des préhistoriens ; on le situe entre le Mindel moyen et l'interglaciaire Mindel-Riss (400 — 300 000 ans).

À partir de la glaciation rissienne, les foyers sont un peu plus évidents et nombreux. On connaît des aires de combustion plus ou moins importantes dans des grottes occupées dès le début de l'avant-dernière glaciation (200 000 ans) (Pech de l'Azé et grotte Vaufrey, en Dordogne).

Au début de la dernière glaciation (Würm), avec le Moustérien, le nombre des foyers augmente rapidement, mais, bien souvent, il s'agit d'aires de combustion sans aménagements particuliers tels que cercles de pierres ou construction d'une sole. Ces perfectionnements semblent s'être développés surtout pendant le Paléolithique supérieur, où les foyers sont souvent réellement structurés, construits et dotés d'annexes telles que tas de pierres de chauffe, brise-vent, réflecteurs de chaleur, etc.

À lire :
Perlès C., La Préhistoire du feu, Masson.

Les arts du feu au Néolithique et à l'Age du Bronze : la poterie

La céramique, qui consiste à faire cuire de l'argile mélangée à un élément qui l'empêche d'éclater à la cuisson, est une découverte néolithique, résultat probable de l'observation d'une sole argileuse ayant supporté un foyer. Il existe cependant des populations néolithiques sans céramique.

L'art de la céramique à l'Âge du Bronze est largement issu des techniques de l'époque néolithique : la très belle qualité des pâtes des vases les plus fins n'est ni inférieure, ni supérieure à celle des meilleures productions du Néolithique moyen ou des vases campaniformes du Néolithique final. L'ornementation incisée tient

Le feu

L'utilisation du feu est multiple. C'est à l'évidence un moyen de chauffage appréciable, tout particulièrement en période glaciaire. Le feu est souvent évoqué comme protection contre les grands carnivores, mais il a certainement beaucoup participé aux pratiques alimentaires : cuisson, fumage, préparations culinaires diverses. C'est également un moyen d'éclairage, utilisé par certains artistes ou occupants des parties profondes des grottes. À Lascaux, par exemple, H. Breuil a signalé de petits foyers d'éclairage.

toujours une place prépondérante, mais d'autres techniques connaissent une certaine faveur : par exemple, une ornementation en creux, par enlèvement de pâte avec un couteau (excision) ou l'estampage avec une matrice, au Bronze moyen et au début du Bronze final, ou encore la peinture rouge à l'oxyde de fer et les motifs en lamelles d'étain collées, au Bronze final.

La métallurgie

Dès le VIIe millénaire avant J.-C., les premiers objets de métal apparaissent au Proche-Orient, sous forme de perles de cuivre et de plomb. Si les premières purent être produites par martelage de morceaux de cuivre natif, peut-être préalablement chauffé, les secondes supposent déjà un traitement du minerai, la galène, par la chaleur. En effet, l'art du métallurgiste est l'héritier de celui du potier : les fours à céramique, sans cesse améliorés, ont pu conduire au four à réduire les minerais ou à refondre les objets usés ou démodés. Dès le VIe millénaire, la réduction du minerai de cuivre est acquise au Proche-Orient. Au début du IIIe millénaire, la technique du bronze, c'est-à-dire celle de l'alliage à base de cuivre, est maîtrisée dans la même région.
Le métal ne sera connu que bien plus tard en Europe occidentale. Le cuivre n'apparaît qu'à la fin du IVe millénaire peut-être, au début du IIIe plus sûrement ; le bronze n'est produit que vers 2000 av. J.-C. Les premiers alliages sont de cuivre et d'arsenic, puis de cuivre et d'étain, auxquels, au Bronze final, s'ajoute le plomb. Les métallurgistes surent très tôt doser les composants de l'alliage selon l'aspect extérieur, plus ou moins jaune ou rouge, qu'ils entendaient donner aux objets, selon la qualité mécanique recherchée en fonction du type d'utilisation.

Un symbole de pouvoir

La possession du métal entraîna de profonds bouleversements sociaux, économiques et politiques : accroissement de puissance de ceux qui contrôlent les gîtes métallifères ou les routes du commerce nées de la nécessité du développement des réseaux d'échanges — car toutes les régions sont loin d'être pourvues en métaux ; émergence de nouvelles classes sociales liées au travail du métal ; et, déjà, phénomène de concurrence internationale.

L'archéologie et la céramique

L'un des grands intérêts de la céramique est que chaque groupe humain a tendance à marquer son identité à travers sa production céramique, tant par les formes que par le décor, la cuisson et la pâte. Cette production varie donc d'une région à l'autre et relativement rapidement dans le temps. C'est ainsi, par exemple, que les fonds plats n'apparaîtront dans le Bassin parisien, l'est et l'ouest de la France, qu'au Néolithique récent ; que c'est pratiquement uniquement sur la céramique que les préhistoriens se basent pour reconnaître une influence du « Chasséen » languedocien dans le reste de la France...

Four de potier de Sévrier sur le lac d'Annecy. Fin de l'Age du bronze.

Les techniques de taille du silex

Plus de 3 millions d'années séparent les premiers outils taillés d'Afrique de la hache polie néolithique : on peut cependant distinguer de grandes étapes conceptuelles et techniques.

D'une manière globale, il ne faut pas perdre de vue qu'un outil résume une finalité fonctionnelle, mais que sa génèse a nécessité la conjonction d'un projet conceptualisé qui correspond à un potentiel psychique donné, qui devra lui-même être servi par un équipement de notions techniques, et d'un corpus de gestes et de savoir-faire à leur tour fondés sur une expérience.

Bien souvent, de ce processus ne sera perçu que l'aspect purement technique, que l'on résume dans une chaîne opératoire. Celle-ci permet de décrire, d'une manière comparative, les étapes de la réalisation d'un outil assorties des moyens techniques nécessaires à sa production. Ainsi, il apparaît clairement que la chaîne opératoire de fabrication d'un galet aménagé, qui peut se résumer à un seul geste avec un seul type d'outil destiné à produire un seul tranchant dans une masse de matière unique mais choisie pour certaines qualités dès le départ, est moins complexe que celle d'un biface acheuléen. Celle-ci a nécessité une longue série de gestes hiérarchisés les uns par rapport aux autres, réalisés avec des outils différents en nature, en volume et en densité (percuteurs de roche dure, percuteurs en bois végétal ou animal), destinés à produire un outil plus performant et au tranchant largement développé. Ainsi de suite, en passant par l'éclat Levallois, produit à investissement technologique très évolué — puisque c'est déjà une production en série et assez standardisée conçue par les Néandertaliens — et jusqu'à l'aboutissement, au Paléolithique supérieur, au débitage laminaire qui, dès 35 000 ans, autorise la production en grandes séries de supports identiques, les lames, qui permettent une diversification de l'outillage. À ce moment, la multiplicité des gestes nécessaires, des outils employés et des connaissances implicites à la bonne gestion d'un débitage sont innombrables. En outre, certaines chaînes opératoires ne sont plus uniques : elles sont composites, car plusieurs processus de fabrication sur des matériaux différents s'emboîtent les uns dans les autres, lorsque l'outillage en silex intervient dans la fabrication d'objets en matières végétales et osseuses, eux-mêmes destinés à travailler à nouveau d'autres roches dures ou d'autres matériaux, etc.

Fabrication d'un galet aménagé. Dessin J.-P. Lhomme, D.A.P.A.

Débitage laminaire du Paléolithique supérieur. Dessin J.-P. Lhomme, D.A.P.A.

Une chaîne opératoire *est l'ensemble des processus de transformation de la matière première en outil.*

L'outillage osseux : de l'os à la sagaie

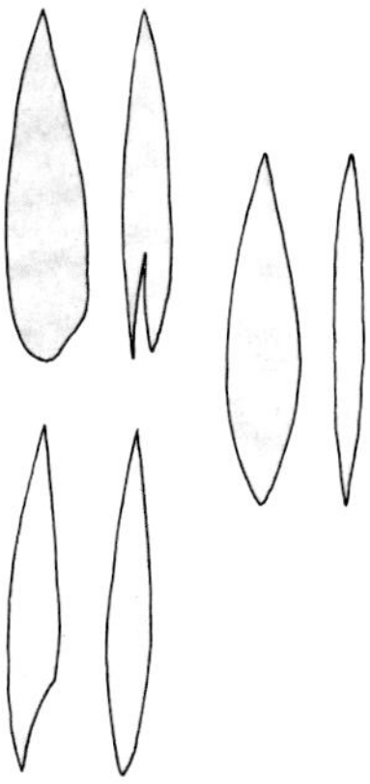

Sagaies en os et bois de cervidés.

Dans tous les sites paléolithiques, la présence d'ossements abandonnés au rang de déchets culinaires a toujours été pour les hommes une source potentielle d'instruments d'opportunité. Leur présence est attestée dans les outillages les plus anciens, lorsque certaines fractures ou aménagements revêtent un caractère suffisamment intentionnel qui doit toujours être séparé de l'action des grands carnivores : ours, hyènes, loups.

La technologie de l'os est en fait contemporaine des premiers bois travaillés du Paléolithique inférieur : pointes d'épieux façonnés en bois des sites d'Allemagne et d'Angleterre. Durant les temps moustériens, cet outillage demeure toujours très occasionnel et de rares ossements raclés ou appointés jalonnent tous ces ensembles technologiques. Un fait remarquable réside cependant sur des pièces osseuses, définies assez tôt comme des « retouchoirs » : ce sont des phalanges ou des fragments de diaphyses, souvent assez courts et portant des traces d'écrasement subparallèles, qui ont pu servir d'enclume ou de percuteur et être utilisés dans le travail des roches dures pour le façonnage de certains outils.

Dès le début du Paléolithique supérieur, l'os et le bois de cervidé sont l'objet d'une technologie nouvelle, avec le débitage de baguettes par sciage longitudinal. Ces baguettes sont destinées à la fabrication de pointes dont la morphologie et les dimensions varient selon les différentes cultures. Les modes d'emmanchement de ces pointes de projectiles en ont été le principal critère de variation. À partir des bases fendues, coniques ou losangiques de l'Aurignacien, on observe rapidement le passage à des bases en biseau simple ou double, qui seront très abondantes au Magdalénien. Dans cette culture, l'ivoire est fréquemment utilisé pour la confection des sagaies. Les harpons à simple puis à double rang de barbelures, avec parfois un renflement basilaire, jalonnent tout le Magdalénien et perdurent au-delà, jusqu'au Néolithique. À l'Azilien cependant, ils prennent des formes caractéristiques plates et élargies, avec une perforation basilaire en boutonnière.

L'aiguille à chas en os ou en bois de cervidé apparaît en même temps que le propulseur, dès le Solutréen. À la fin du Paléoli-

À lire :
Julien M., Les Harpons magdaléniens, *supplément à Gallia-Préhistoire, C.N.R.S.*

L'industrie osseuse : une matière première contraignante

Il paraît raisonnable de penser que l'utilisation et la transformation de l'os et de la pierre sont apparues simultanément au cours de l'évolution des Hominidés lorsque naquit l'idée de l'instrument. Mais si l'industrie de l'os est très ancienne, elle se poursuit bien après que l'homme eut abandonné l'utilisation de la pierre dans la fabrication de ses instruments. Il est vrai que l'os et les autres matières dures animales, ivoire, dentine, bois de cervidés, présentent des qualités appréciables : c'est une matière qui se travaille facilement, et qui résiste assez bien à l'usage. Cependant, la structure, la forme, la dimension de la matière première limitent la fabrication des objets en os.

thique, vers le Magdalénien, un foisonnement se fait jour dans la technologie des matières osseuses et de nombreux objets, outils, armes et ornements coexistent mais demeurent encore d'interprétation délicate : foënes, hameçons droits, flûtes, os cochés, os perforés...

Fabrication d'aiguilles à chas.

L'outillage néolithique en pierre et en os

Longtemps le Néolithique (de *néo*, nouvelle et *lithos*, pierre) fut caractérisé par le polissage de la pierre, et la hache polie fut le symbole de cette époque. On sait aujourd'hui que certaines populations ont connu un stade néolithique, c'est-à-dire basé sur la production (élevage, agriculture) sans pour autant connaître l'usage de la pierre polie. Il n'en reste pas moins que le polissage de la pierre fut une innovation néolithique à côté de tout un outillage en silex fait des traditionnels grattoirs, racloirs, perçoirs et autres lames et lamelles adaptés à différents usages, par l'intermédiaire ou non d'un manche (faucilles, couteaux, etc.)
Ce n'est qu'au cours de l'Âge du Bronze moyen que le métal, enfin vulgarisé, supplante définitivement la pierre pour la fabrication des outils et des armes, sans la faire totalement disparaître.
Les ossements d'animaux ont également servi à la confection d'outillage, aiguilles, poinçons, ciseaux, spatules... Bien des omoplates de bovidés ou de cervidés ont servi de pelles. Les bois de cervidés ont eu des usages multiples : différents types de gaines de haches, fourches et pics ou pioches.

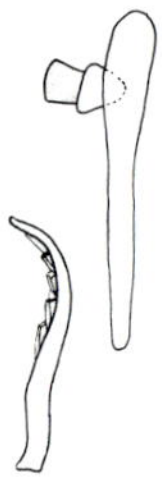

Hache polie emmanchée et faucille à éléments de silex.

Le travail du bois et le tissage

Il est plus difficile de connaître la part du bois dans la vie quotidienne des hommes du Néolithique. Il servait à la construction des maisons et des palissades, à la confection d'arcs, de flèches, de javelots. Les vases marines ou celles des lacs qui submergèrent les habitats ont permis la conservation de bien des objets en bois, nulle part recueillis ailleurs : récipients divers mais aussi embarcations, pirogues creusées dans un tronc d'arbre, bateaux plus élabo-

Des arcs
en orme, en if et en frêne ont pu être conservés dans certains lacs européens.

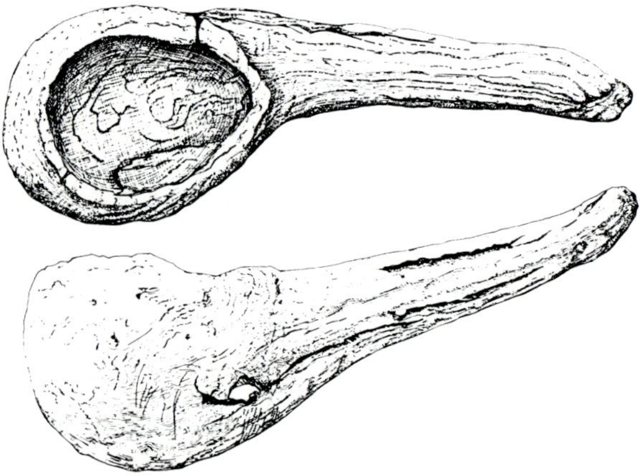

Louche en érable. Lac de Chalain. (D'après Baudais).

rés à l'Âge du Bronze. Avant l'invention de l'araire, qui date du Néolithique final, le bâton à fouir était seul utilisé pour retourner la terre. Avec elle fut connue la traction animale, puis la roue en bois (avant d'être aussi en métal) et le chariot, qui permit le transport de plus grandes quantités à plus longue distance.

Ces mêmes milieux humides conservateurs ont livré des restes de récipients divers en osier : paniers, mais aussi nasses pour la pêche qui nécessitait également l'emploi de filets dont quelques éléments ont été retrouvés, ainsi que des poids en pierre permettant de les lester.

Des éléments de métiers à tisser attestent que le tissage fut inventé au Néolithique, et l'on peut imaginer les vêtements de l'époque dont certains ont été retrouvés dans les tourbières de l'Europe du Nord.

Les modes de vie et de subsistance

Pour les périodes anciennes du Paléolithique, les notions d'économie sont forcément très ténues, du fait de la rareté des vestiges et des sols d'habitat bien conservés ayant pu correspondre à une occupation unique. Le plus souvent, les couches assez épaisses ont enregistré les passages successifs de nombreux groupes humains durant une période assez longue. Il est donc difficile d'en tirer profit de ce point de vue.

L'économie de subsistance au Paléolithique

Près de 150 brûloirs et lampes *ont été découverts dans la seule grotte de Lascaux.*

L'économie y était rudimentaire, de même que l'outillage — composé de types d'outils peu nombreux — qui n'était pas très spécialisé. Ce n'est qu'avec le véritable Acheuléen à bifaces que se font jour les tendances à la spécialisation des outillages et, par là même, des activités de subsistance. Les matières premières sont exploitées le plus souvent à partir des pierres et des galets présents sur les berges des cours d'eau ; elles ne font pas l'objet de déplacements lointains, tout au plus des blocs sont transportés dans le site d'habitat lui-même, s'il est proche.

Entre 200 000 ans et 100 000 ans, au sein des premières industries moustériennes, le comportement des groupes humains est déjà plus complexe ; plusieurs techniques de débitage, dont le Levallois, permettent la production d'une plus grande diversité de supports, adaptés à la réalisation de certains types d'outils destinés à des tâches précises. La matière première utilisée est dès lors l'objet d'une gestion très structurée ; souvent, elle est débitée sur les gîtes eux-mêmes ou à proximité et, seuls, les éclats Levallois les plus performants, les plus grands, les mieux adaptés sont transportés dans les habitats, parfois à des dizaines de kilomètres. Les Moustériens se déplacent avec un équipement d'outils mais aussi avec des réserves de matière première sous forme d'éclats non retouchés ; ces objets les accompagnaient au cours de longs déplacements, puisqu'il est possible de les identifier dans les gisements situés à des distances de l'ordre de 100 km de leur source géologique.

Au Paléolithique supérieur, *des silex ont été transportés sur des centaines de kilomètres dans les plaines d'Europe du Nord.*

Les Néandertaliens semblaient donc habitués à adapter précisé-

Cueillette, chasse, pêche

Les «chasseurs» du Paléolithique n'ont certainement pas eu à leur menu quotidien que le seul produit de leur chasse. Il paraît bien évident aujourd'hui que la part des produits de la cueillette qui entrait dans leur régime devait être considérable, surtout pendant les périodes tempérées.

Quant à la chasse, celle-ci n'apparaît de manière régulière et organisée qu'au Moustérien. On rencontre alors dans les gisements de grandes quantités d'ossements d'animaux d'une même espèce, abattus dans bien des cas sur place et accumulés souvent de façon massive.

Au Paléolithique, l'équipement de chasse est déjà complexe, avec une grande variété de pointes de projectiles et un instrument de lancer comme le propulseur. Les poissons sont fréquemment présents parmi les vestiges et des techniques de pêche assez élaborées devaient seules permettre la capture d'espèces aussi diverses que l'anguille, la truite, le saumon, le brochet, l'alose ou le gardon.

ment leurs besoins techniques aux ressources disponibles dans l'environnement, et même à anticiper des situations en fonction de leurs déplacements dans l'espace d'une région. L'organisation de leurs activités dans leurs habitats, mais aussi dans l'espace avoisinant, indique des populations aux modes de vie et de subsistance bien adaptés à leur environnement et à des ressources assez mobiles et fluctuantes.

L'économie au Néolithique et à l'Age du Bronze

Le Néolithique se caractérise par une économie de subsistance basée sur l'élevage et l'agriculture. Selon les régions et les époques, la primauté peut varier. C'est ainsi que, traditionnellement, le mouton est davantage élevé dans le midi de la France que dans le Bassin parisien, où le bœuf lui est préféré. Mais, alors que ce bétail est parqué dans des enclos à l'intérieur du village, le porc vit en semi-liberté, arpentant le village à la recherche de nourriture; véritable éboueur de l'époque, il gardera très longtemps ce statut.

La culture dans les champs, autour de l'habitat, se fait sur brûlis. Les terres sont vite usées et rapidement inexploitables. Au bout de 10 ou 15 ans, parfois moins, l'habitat est alors obligé de se déplacer. Un autre village est créé à quelques kilomètres de là, non loin d'un point d'eau, en un lieu protégé. On cultive le blé, l'orge, l'engrain ou le froment, ainsi que des légumineuses, tels les pois, les vesces, les lentilles, les féveroles ou les pois chiches, selon les régions.

Les poissons sont pêchés dans les rivières et les lacs à l'aide de nasses en osier et de filets, mais aussi à la ligne et, pourquoi pas, à l'arc. Au bord de la mer s'ajoute la collecte de coquillages.

Cette paysannerie qui se fixe dès le VIe millénaire sur le territoire de la France actuelle n'évoluera que peu jusqu'à l'ère industrielle,

Des traces de soc *de charrue préhistorique ont été observées dans le sol près de certains sites néolithiques.*

malgré quelques innovations, ou leur généralisation, à l'Âge du Bronze : outillage métallique, plus solide et/ou plus efficace : haches, faucilles ; araire, connue par les représentations rupestres des Alpes ; utilisation de véhicules de charge.

Les artistes : équipements et savoir-faire

L'éclairage des grottes

La réalisation des œuvres d'art pariétales impliquait une technologie multiple et variée. La présence, notamment à des distances considérables de l'entrée des grottes, de fresques admirables suppose que les artistes disposaient d'un éclairage suffisant obtenu à l'aide de foyers d'éclairage et grâce à des torches et des lampes. L'analyse des charbons de bois retrouvés sur le sol de certaines grottes ornées a montré que les hommes préhistoriques ont utilisé des torches faites de branches de genévrier ou d'autres résineux. Ils ont également réalisé des lampes à graisse, petites plaquettes de calcaire légèrement concaves dans lesquelles un bloc de graisse alimentait en fondant une mèche de mousse sèche ou une brindille. De telles lampes ont été trouvées en grand nombre dans la grotte de Lascaux ainsi qu'à La Mouthe (Les Eyzies), à Gabillou (Mussidan), et à Solvieux (Sourzac)...

Les colorants

L'ocre jaune naturelle *peut être transformée en ocre rouge simplement par chauffage.*

Les colorants utilisés sont tous d'origine naturelle. Le noir était généralement fourni par un oxyde de manganèse que l'on trouve dans le sol sous la forme de petits blocs. Le charbon de bois a également été utilisé. Les ocres jaunes ou rouges provenaient aussi des environs des grottes. À Lascaux, dans le sol des galeries, se trouvaient de véritables bancs d'ocre.

Ces colorants étaient appliqués sur les parois en frottant comme avec une craie, ou après avoir été pulvérisés, dilués ou non dans l'eau, avec un pinceau ou une touffe de poils. L'analyse de certaines peintures de Lascaux a révélé l'usage de colorants soufflés à l'aide d'un os creux d'oiseau ou d'un roseau, donnant ainsi un aspect velouté aux traits. Cette technique, combinée à l'usage d'un masque, a permis de rendre de façon très réaliste le bestiaire paléolithique.

Gravure, sculpture et modelage

La peinture ou le dessin n'ont pas été les seuls moyens d'expression artistique de l'homme préhistorique. La gravure, d'abord grossière et profonde, s'est affinée progressivement pour devenir, au Magdalénien, fine et précise. On observe dans de nombreuses grottes l'utilisation de la peinture et de la gravure sur une même figuration, à Lascaux, par exemple.

La sculpture est moins fréquente que la peinture ou la gravure. Il s'agit de représentations animales, en haut relief, sur des parois d'abris ou de grottes. Ainsi, à Cap-Blanc (Dordogne), on peut voir une magnifique frise de chevaux et de bisons. Une analyse détaillée de ces sculptures a montré qu'elles étaient probablement — du moins certaines — couvertes d'ocre.

Le modelage de l'argile a été pratiqué dans certaines grottes par les Magdaléniens. Au Tuc d'Audoubert, par exemple, trois bisons ont été représentés de cette façon.

Plusieurs pics *massifs en silex ont été trouvés au pied de la frise sculptée du Cap-Blanc.*

L'art mégalithique atlantique

Les piliers et les tables des dolmens de l'ouest de la France, depuis les Charentes jusqu'au nord de la Bretagne, s'ornent assez fréquemment de gravures et sculptures souvent énigmatiques. Comme au Portugal, cette décoration pouvait être complétée par de la peinture, mais ici aucune trace n'en subsiste. Quelques menhirs bretons sont également décorés. Il s'en trouve aussi en Bourgogne, mais, dans le Midi et en Corse, ce sont de véritables stèles qui ont été dressées à la fin du Néolithique et au début de l'Âge du Bronze.

De récents travaux de fouille ont montré que les différents groupes auteurs du mégalithisme armoricain n'ont pas vécu en parfaite harmonie avec leurs voisins ou leurs prédécesseurs, détruisant leurs symboles et réutilisant les pierres dans leurs propres constructions.

Des stèles ont également été découvertes en Bretagne. Non décorées, elles se trouvent en particulier dans les chambres des dolmens à couloir de Gaignoc. Une véritable statue-menhir est connue à Trévoux (Finistère); une autre, en morceaux, fut récupérée dans la masse du tumulus de Kerminé-en-Guidel (Morbihan).

Les gravures *du mont Bégo sont situées entre 2 000 et 2 500 m d'altitude.*

L'art de l'Age du Bronze

L'abandon du mégalithisme entraîna une quasi-disparition de l'art sur roches, sauf dans quelques rares régions.

Dans les Alpes, tant françaises qu'italiennes, se développe un art pariétal, concentré dans deux régions essentiellement: le mont Bégo et la Vallée des Merveilles en France, le Val Camonica en Italie. Il s'agit d'un art figuratif, montrant des symbolisations divines et des scènes agraires. Les roches gravées de spirales de Maurienne appartiennent peut-être également aux Âges des Métaux.

L'art des statues-menhirs connaît en Corse un prolongement pendant l'Âge du Bronze alors qu'elles ont disparu sur le continent. Certaines figurent des guerriers armés, héroïsés. Les plus récentes peuvent dater de l'Âge du Fer.

Une stèle trouvée à Buoux (Vaucluse), une autre de substantion (Hérault), se rattachent à un groupe d'œuvres connues dans la Péninsule ibérique, et là autrement plus abondantes. Elles s'ornent de figurations d'armes, de boucliers, de roues, de char, et datent de l'Âge du Bronze final.

À la même époque, un art figuratif en trois dimensions réapparaît. Il s'agit de modelages anthropomorphes et zoomorphes en terre cuite, et de figurines de bronze qui ont pu orner de luxueux instruments comme les broches à rôtir de la forêt de Compiègne, des dépôts de bronze de Challans en Vendée et de Notre-Dame d'Or dans la Vienne.

La société préhistorique

Au Paléolithique, l'émergence du comportement social

Les données qui peuvent concourir à l'établissement d'un cadre de l'organisation sociale sont très sommaires jusqu'au début du Paléolithique supérieur. Tout au plus peut-on dire à propos des sociétés moustériennes que se font jour des tendances à l'organisation des activités dans des habitats qui se structurent dans une zone de foyers et peut-être même dans l'espace géographique.
Au Paléolithique supérieur, la diffusion rapide, sur de grandes distances, de techniques, d'idées et de courants artistiques démontre l'existence d'échanges entre sociétés aux aires culturelles bien délimitées. La complexité des comportements technologiques, les pratiques collectives, la spécialisation des activités et des groupes, les pratiques rituelles, le symbolisme artistique et les rites funéraires sont autant de témoignages d'un substrat social structuré.

Au Néolithique, des sociétés pacifiques ou belliqueuses ?

Au Néolithique ancien, dans le Bassin parisien, la société paraît égalitaire et non belliqueuse. Dans un village non protégé d'une palissade, les maisons sont sensiblement toutes de même dimension, hormis l'une d'entre elles, plus grande, qui peut être la maison commune.
Plus tard, on voit apparaître les premiers camps dont certains forment de véritables enceintes fortifiées. Il y a concurrence et donc conflit pour un territoire, une récolte ou autre. Cette société ou plutôt ces sociétés sont-elles égalitaires ou hiérarchisées? Il y a plus de chance pour croire à la deuxième hypothèse.
Les sociétés néolithiques ont eu leurs croyances, tout aussi difficiles à appréhender. On connaît bien quelques statuettes d'argile, ici ou là, au Néolithique moyen, mais que reflètent-elles réellement?
Et la plupart des signes gravés sur les monuments mégalithiques nous sont incompréhensibles, même s'ils sont figuratifs.

Puissant de ce monde ou divinité ? « Le chef de tribu », Vallée des Merveilles (D'après J. Abélanet).

La société à l'Age du Bronze : vers la concentration du pouvoir

Le métal demeure longtemps, jusqu'au début du Bronze moyen vers 1500 av. J.-C., un produit de luxe et, partant, de prestige. La protection des routes du commerce et des artisans, la redistribution des objets finis assurent le pouvoir d'un petit nombre. Peut-on déjà différencier l'homme libre — le guerrier — d'une plèbe soumise? On manque encore d'arguments pour l'affirmer. En tout cas, la concentration du pouvoir est manifeste dès l'Âge du Bronze ancien.

Les Hauts Lieux

Nord et Bassin parisien

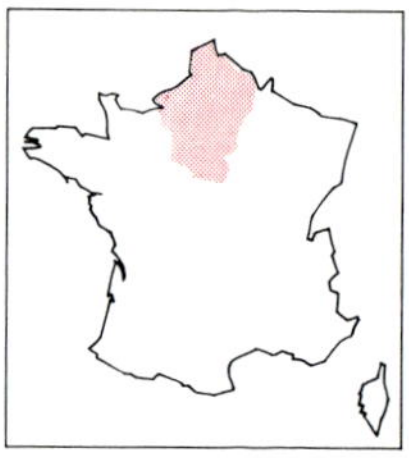

Les régions du Bassin parisien et des plaines du Nord ont fait partie d'une même unité géologique lorsque l'abaissement du niveau général de la mer a associé, au cours du Pléistocène, le Bassin parisien, le bassin de Londres et la plaine flamande.

Cette vaste cuvette de sédiments calcaires monotones, très inégalement relevée sur les bords, ainsi que les reliefs du vieux socle ardennais crayeux ont été recouverts de formations sableuses et argileuses au Tertiaire. Au Quaternaire enfin, une couverture limoneuse, mise en place par l'action éolienne au cours des épisodes froids, recouvre les paysages d'une épaisseur très variable.

Ces caractères géologiques ont déterminé le creusement de grandes vallées alluviales (Seine, Somme) et la formation d'un vaste système de terrasses fluviatiles dans les sédiments desquelles les vestiges paléontologiques et archéologiques ont été fossilisés. Ces conditions régionales de préservation et de datation favorables ont certainement joué un rôle déterminant dans l'apparition précoce des démarches scientifiques propres à l'étude de la Préhistoire avec les recherches de Jacques Boucher de Perthes. Entreprises sur le terrain des vallées de la Somme dès 1837, elles sont exposées actuellement au musée qui porte son nom à Abbeville.

L'implantation humaine paléolithique a certainement été favorisée par l'abondance des formations d'argile à silex qui a fourni aux hommes préhistoriques, sur les versants des plateaux, une inépuisable source de matières premières.

Les limons d'origine éolienne ont permis la conservation exceptionnelle de campements de la fin du Paléolithique supérieur, magdaléniens essentiellement, qui constituent les documents les plus remarquables de l'Ile-de-France (Pincevent, Étiolles, Verberie, Marsangy). D'excellents moulages des principaux sites sont visibles au musée régional de Préhistoire d'Ile-de-France, à Nemours.

A l'aube des sociétés de production, au Néolithique, l'aptitude essentiellement agricole des plaines limoneuses et des plateaux calcaires deviendra alors l'élément déterminant de l'implantation et du développement régional des communautés et des groupes culturels.

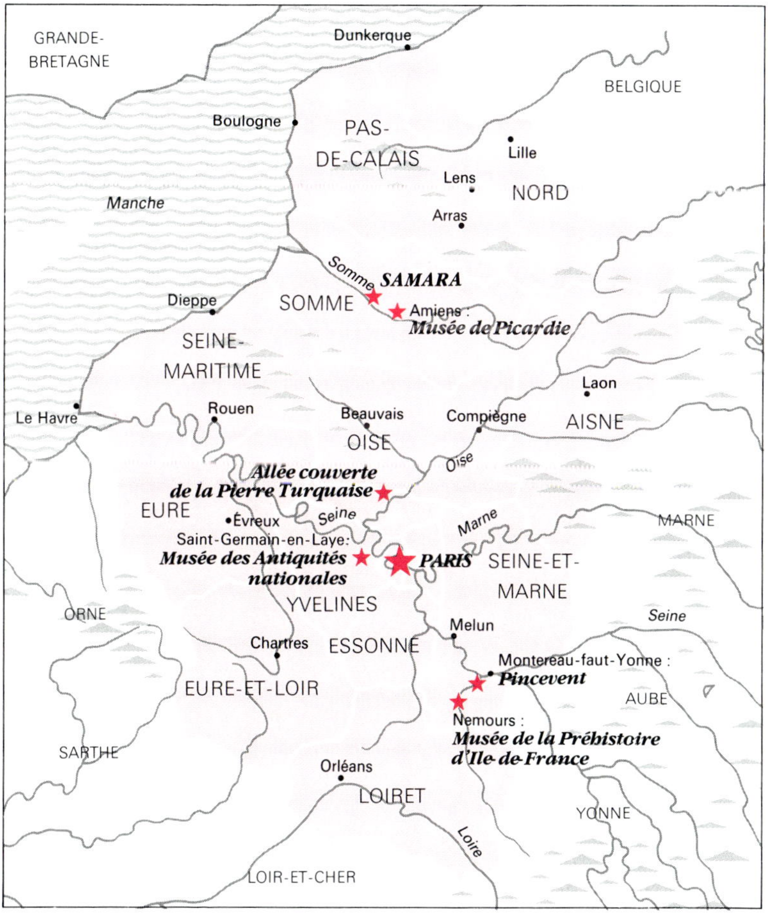

Nord et Bassin parisien.

Les habitats du Paléolithique inférieur et moyen dans le nord de la France

Les vestiges des habitats du Paléolithique inférieur et moyen du Nord de la France sont enfouis sous d'épaisses formations superficielles limoneuses. Les gisements sont assez étendus et situés à proximité des cours d'eau, parfois même dans les vallées, et près des talus crayeux dont le démantèlement libérait les rognons de silex.

Cagny-l'Épinette. *Sur ce site acheuléen du bassin de la Somme, âgé d'environ 400 000 ans, les artefacts de quelques niveaux sont conservés en place et une certaine organisation du matériel sur le sol peut être décelée, avec des zones à vestiges spécifiques dominants.*

Biache-Saint-Vaast. *Site de la phase ancienne du Paléolithique moyen, daté de 175 000 B.P. environ par la thermoluminescence sur silex brûlés, comporte plusieurs sols d'habitat jonchés de nombreux vestiges osseux et d'artefacts en silex. Les fragments d'un crâne humain attribuable à un pré-Néandertalien ont été découverts au sein d'un des niveaux. L'industrie sur éclats, sans bifaces, est rapportée à un Moustérien à débitage Levallois; nombreux racloirs et pointes moustériennes (Moustérien de type Ferrassie de F. Bordes).*

Séclin, *site plus récent du Paléolithique moyen, est remarquable par un débitage laminaire apparenté au Levallois, dont les niveaux ont été datés de 70 à 100 000 B.P.; seul le silex est préservé.*

L'organisation interne des habitats de ces périodes est bien moins évidente à appréhender que celle de sites du Paléolithique supérieur, en raison sans doute de la nature et de la situation des documents accessibles, mais aussi peut-être d'un comportement humain différent.

L'habitat magdalénien de Pincevent, dégagé sur de vastes surfaces, a livré des vestiges de foyers construits, d'amas de débitage, etc. témoignant du comportement de ses occupants.

AMIENS

Musée de Picardie

Riches collections du Paléolithique et du Néolithique

L'importance et la qualité des collections locales recueillies au XIXe siècle incitèrent la Société des Antiquaires de Picardie à faire édifier, de 1855 à 1869, un vaste bâtiment destiné à contenir son musée, qui fut offert à la ville en 1872.
Les salles d'archéologie ont été récemment réaménagées dans le sous-sol. Fort riches, elles comportent des séries lithiques du gisement classique de Saint-Acheul (site éponyme de l'Acheuléen) et de Cagny-la-Garenne, du Paléolithique moyen, ainsi que de très intéressantes collections néolithiques, où figure notamment la hache bipenne de Renancourt. Quant à l'Âge du Bronze, il est représenté par de nombreux objets, illustrant toutes les phases de la période: haches, épées, objets de parure, etc. Le dépôt du Plainseau est un des ensembles les plus représentatifs des civilisations atlantiques de la fin de l'Âge du Bronze.

Situation: *48, avenue de la République, 80000 Amiens (Somme).*

Biface de type abbevillien (Moulin Quignon à Abbeville). Collection P. Delestre.

Voir aussi: *Musée Boucher de Perthes 24, rue Gonthier-Patin, Abbeville (Somme). Une partie des collections de Jacques Boucher de Crèvecœur de Perthes y est conservée.*

LA CHAUSSÉE-TIRANCOURT

SAMARA

Images de l'habitat protohistorique

La Chaussée-Tirancourt est, à 15 km d'Amiens, un lieu privilégié de l'archéologie du nord de la France: le plateau porte un oppidum de l'époque gauloise, protégé par un rempart de terre et de pierre encore impressionnant. Le site avait été occupé déjà au Néolithique: une allée couverte enterrée, découverte fortuitement, a fait l'objet de fouilles remarquables dirigées par Claude Masset et Jean Leclerc, dans les années 70. Sa conservation n'a pu être assurée qu'au prix de son réenfouissement.
C'est au pied même de l'oppidum qu'a été établie la «Station d'Animation du Milieu et d'Archéologie de la Région d'Amiens» (sigle: SAMARA, qui est aussi le nom celtique de la Somme).

Écologie et archéologie

SAMARA est conçu, d'une part, comme un observatoire écologique du milieu naturel et, d'autre part, comme un vaste domaine archéologique, associant fouilles et vulgarisation de haute qualité : les reconstitutions, proposées en grandeur réelle, ont été établies à partir des données et des recherches les plus récentes, appuyées sur des études technologiques et des comparaisons ethnographiques.

Un sentier de découverte, qui relie les différentes reconstitutions, invite au voyage dans le temps : longue maison néolithique du VIe millénaire, maison ovale et ses annexes de l'Âge du Bronze final, première urbanisation au Ier siècle avant J.-C. Parallèlement, l'étude de l'évolution des techniques est montrée par le biais de démonstrations et d'expérimentations.

Une exposition permanente illustre l'évolution des antiques civilisations picardes. Conçue de façon résolument moderne, rompant avec la tradition classique de l'exposition-collection, elle se veut pont entre le passé et le présent.

Situation : *La Chaussée-Tirancourt, 80310 Picquigny (Somme).*

MONTEREAU-FAUT-YONNE

Pincevent

✩✩✩✩

Un campement de chasseurs magdaléniens

Sur la rive droite de la Seine, entre l'Yonne et le Loing, profitant d'un gué, les hommes magdaléniens viennent chasser le renne. Peu de temps après, ils abandonnent leur campement, laissant sur place leurs tentes, leurs outils et les reliefs de leurs repas. 10 000 ans plus tard, sur cet emplacement, la drague d'une gravière attaque les vestiges d'une partie du campement. Pour sauvegarder ce qu'il en reste, une vaste opération de sauvetage est alors entreprise sous la direction d'André Leroi-Gourhan, dont les élèves poursuivent les recherches.

Les chasseurs qui, à plusieurs reprises, occupent le site de Pincevent entre 11000 et 9000 avant notre ère, appartiennent à une population de tradition technique magdalénienne implantée dans l'ouest et le nord de

Un campement provisoire

Ces Magdaléniens s'abritent dans des constructions circulaires ou ovales d'environ 3 m de diamètre. L'analyse des vestiges et du sol, à la faveur de fouilles extrêmement soigneuses, permet de penser qu'il s'agit de tentes coniques couvertes de peaux. À l'entrée, un foyer, puis une aire, teintée d'ocre, comportant de très nombreux outils ; au fond, une zone ne contenant que très peu de vestiges. Le foyer, centre de l'espace habité, se présente sous la forme d'une cuvette dissymétrique bordée de pierres éclatées par le feu ; la cuvette contient des charbons, des os cassés et calcinés, des silex brûlés. La zone ocrée, où se trouvent les outils, est probablement l'aire de travail, et celle où il n'y a que très peu d'objets, l'aire de repos ; peut-être était-elle couverte d'une litière et de peaux. Vers l'extérieur, au-delà du foyer, se trouve une surface où ont été rejetés les os, silex, pierres brûlées et charbons.

Les tentes tournent généralement le dos aux vents dominants du sud-ouest. Il semble que plusieurs tentes ont été accolées, pour constituer une grande habitation comportant plusieurs foyers.

l'Europe. Les outils, les armes, les instruments qu'ils transportaient en venant à Pincevent sont fabriqués en os, en bois de renne ou en bois végétal, ainsi qu'en silex provenant de gîtes éloignés de plusieurs dizaines de kilomètres. En prospectant les gîtes à silex de la région, les préhistoriens ont pu ainsi localiser d'où étaient originaires les chasseurs de Pincevent.

Des chasseurs de rennes

Pendant leur séjour, les Magdaléniens fabriquent avec le silex des abords immédiats du campement des lames, des grattoirs, des perçoirs et des burins qu'ils utilisent pour couper la viande, le cuir ou le bois, ou gratter et percer le cuir des peaux, ou encore fabriquer des sagaies en bois de renne.
Les ossements d'animaux trouvés à l'occasion des fouilles montrent que les Magdaléniens se rendent à Pincevent pour chasser surtout le renne. Mais il y a également quelques ossements, rares, de chevaux, de mammouths, de loups et de lièvres. Les rennes sont chassés à partir du mois d'août jusqu'aux premiers froids, comme l'ont révélé les études des zoologues sur la croissance des dents. À cette période, les rennes effectuaient de longues migrations pour rejoindre leur habitat d'hiver et traversaient peut-être la Seine au gué de Pincevent, où les attendaient les chasseurs.

Situation : *77130 Montereau-faut-Yonne (Seine-et-Marne).*

NEMOURS

Musée régional de Préhistoire d'Ile-de-France

A travers l'Ile-de-France préhistorique

Ce musée, terminé en 1980, s'insère dans un paysage caractéristique de la forêt de Fontainebleau, ses bois et ses rochers, auxquels il s'assimile par sa structure cubique en béton brut. L'intérieur, spacieux et aéré, s'ouvre largement sur la forêt et sur les patios intérieurs où sont entretenus de petits espaces botaniques dont les espèces sauvages et cultivées évoquent des groupements végétaux caractéristiques des temps préhistoriques.
Un double circuit présente les milieux, les techniques et les éléments de la vie sociale du Paléolithique ancien à la période gallo-romaine.

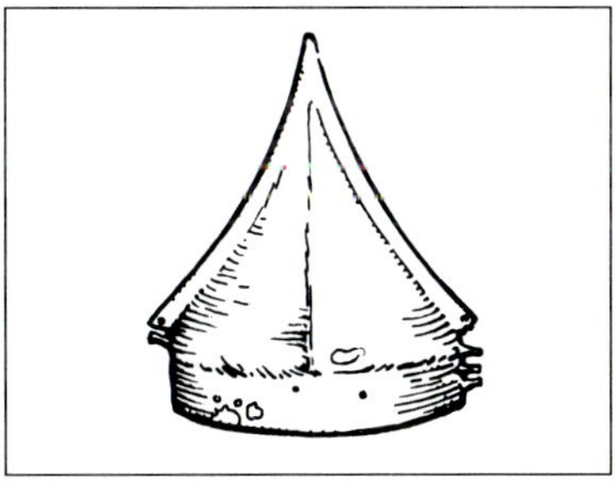

Casque de l'Age du Bronze final (IXe-VIIIe s. av. J.-C.). Musée de Nemours.

Des fouilles d'Étiolles aux chasseurs de Pincevent

Des reconstitutions de structures archéologiques jalonnent le parcours et constituent les points forts de l'exposition : le chantier de fouille d'Étiolles (Essonne), qui possède un amas de débitage de grandes lames de silex en cours de dégagement, est reconstitué sur près de 30 m². Un sol d'habitat magdalénien du gisement de Pincevent (Montereau-faut-Yonne, Seine-et-Marne), avec des foyers aménagés, des aires de débitage du silex et les vestiges de carcasses de rennes, occupe quelque 60 m². Une animation audiovisuelle évoque la vie des chasseurs de rennes de la fin du Paléolithique supérieur.

Les activités humaines au Néolithique

Parvenu au terme de son parcours paléolithique-mésolithique, le visiteur aborde la préhistoire récente par le site danubien de Marolles-sur-Seine, dont une maquette de maison est présentée, et le village à enceinte de Noyen. Les différentes activités de l'homme de l'époque néolithique sont évoquées, parallèlement à l'évolution de sa culture matérielle, jusqu'à l'apparition du premier métal dans la sépulture 2 de Marolles-sur-Seine : extraction du silex dans les mines, polissage (polissoir de Rumont, installé dans le patio), etc. Les rituels funéraires sont illustrés par une tombe de Noyen et les mobiliers d'allées couvertes classiques : Pierre Plate à Presles, Germigny-l'Évêque, Luzarches, Feigneux, Argenteuil.

Technologies des Ages des Métaux

La présentation de la technologie du bronze ouvre la salle consacrée aux Âges des Métaux. Un atelier expérimental, conçu et utilisé par Ph. Andrieux (voir : Archéodrome de Beaune) avec son four, ses tuyères et soufflets, ses produits et aussi ses résidus de fabrication, est juxtaposé au dépôt de Cannes-Écluse, stock d'objets de rebut destiné à la refonte, daté du Bronze final.

D'autres dépôts et des trouvailles isolées complètent la collection.

Les ensembles funéraires occupent une grande place dans la présentation : nécropoles des Gours-aux-lions à Marolles, dont la sépulture 5 est reconstituée au centre de la salle, de Gravon, Misy-sur-Yonne, Champagne-sur-Seine, Châtenay-sur-Seine. Comme pour les autres périodes, un patio botanique permet l'évocation des conditions climatiques de l'époque.

De très intéressantes collections des Âges du Fer, puis quelques séries de l'époque gallo-romaine, complètent ce voyage dans les origines de l'Ile-de-France.

Situation : *avenue de Stalingrad, 77140 Nemours (Seine-et-Marne).*

PARIS

Musée de l'Homme

Du musée d'Ethnographie du Trocadéro au musée de l'Homme

C'est dans le cadre de l'Exposition universelle de 1878 qu'il faut aller chercher l'origine de l'actuel musée de l'Homme. C'est en effet pour cette manifestation que fut prise la décision d'ouvrir un musée particulier, le « Muséum ethnographique des missions scientifiques », qui fut abrité dans une salle du palais de l'Industrie. L'année suivante, une partie du palais du Trocadéro est consacrée à la conservation de ces collections qui, avec l'adjonction des documents précédemment rassemblés dans le cabinet des Médailles de la Bibliothèque nationale, servirent de base au nouveau musée ethnographique.

Le musée d'Ethnographie du Trocadéro fut rattaché au Muséum d'histoire naturelle en 1928 et, plus particulièrement, à la chaire d'anthropologie de cet établissement. À cette période, grâce à un certain nombre de donateurs et à diverses institutions, les collections augmentèrent substantiellement. En 1937, le musée devient le musée de l'Homme avec Paul Rivet, américaniste de réputation mondiale, comme fondateur. Pour célébrer son cinquantenaire et, en même temps, rendre hommage à son fondateur, le musée de l'Homme a présenté en 1987 une remarquable exposition « Vie, pouvoir et mort dans l'ancien Pérou ». Actuelle-

ment, cette institution rassemble des collections d'une considérable richesse et héberge plusieurs laboratoires de préhistoire, d'anthropologie et d'ethnologie qui conservent et étudient la plupart des documents que, faute de réaménagements récents, les salles d'exposition ne sont pas toujours en mesure de présenter au public.
Pour l'heure, les galeries d'ethnologie d'Afrique noire, du Proche-Orient et de l'Afrique du Nord, de l'Europe, d'Asie, d'Océanie, d'Amérique, des peuples arctiques, ainsi que des expositions temporaires souvent organisées autour des thèmes de la Préhistoire, permettent un passionnant voyage parmi des documents souvent exceptionnels.

Situation : *Palais de Chaillot, place du Trocadéro, Paris 16ᵉ.*

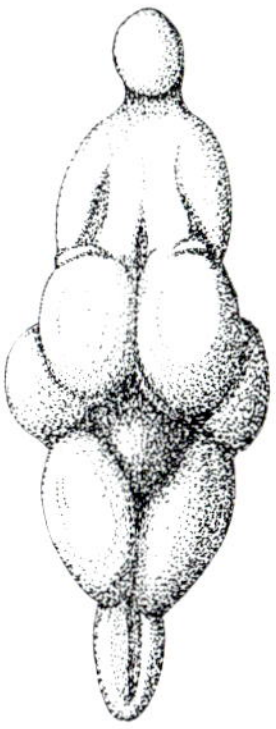

Vénus de Lespugue. Musée de l'Homme.

PARIS

Muséum d'histoire naturelle

Une fabuleuse arche de Noé

C'est dès 1626, à l'initiative de Guy de La Brosse, que fut créé le « Jardin royal des Plantes » qui sera ensuite développé par Buffon et donnera, en 1793, le Muséum d'histoire naturelle. Au cours de cette ancienne et longue genèse, cette institution a constitué des collections d'une richesse considérable dont une partie seulement est accessible au public. Parmi les plus remarquables galeries qu'il est possible de visiter, on doit signaler la salle des oiseaux, les galeries d'anatomie comparée et de paléontologie où l'on remarquera, parmi les grands mammifères du Quaternaire, le squelette du Mammouth de Sibérie, en partie naturalisé et datant du Paléolithique supérieur, un Grand Cerf des Tourbières ou Mégacéros, un *Elephas meridionalis*. La galerie botanique et la galerie de minéralogie et de géologie sont tout aussi remarquables mais concernent moins l'histoire naturelle de l'Homme.

Situation : *57, rue Cuvier ou 36, rue Geoffroy-Saint-Hilaire, Paris 5ᵉ.*

Musée des Antiquités nationales, St-Germain-en-Laye. Bâton perforé. Bois de renne. La Madeleine.

SAINT-GERMAIN-EN-LAYE

Musée des Antiquités nationales

Un périple à travers la France d'avant les Celtes

Le château de Saint-Germain-en-Laye, dont les parties les plus anciennes remontent au XIIe siècle, fut jusqu'à Louis XIV une des résidences préférées des rois de France. Napoléon III, par un décret du 8 novembre 1862, en fit le grand musée de l'archéologie française, sous le nom de « musée des Antiquités celtiques et gallo-romaines », inauguré le 12 mai 1867. Les premières collections furent constituées grâce aux dons de Jacques Boucher de Perthes et du roi du Danemark Frédéric VII, et aux produits des fouilles entreprises à Alésia sur l'ordre de Napoléon III, lors de la préparation de son « Histoire de Jules César ». Le civisme des archéologues français et une active politique d'achats ne tardèrent pas à en faire un des plus importants musées mondiaux d'archéologie.

Les collections ont été réorganisées de 1962 à 1984, avec un choix rigoureux des objets présentés, fondé tant sur l'intérêt scientifique que sur la valeur esthétique.

La disposition, tout en longueur, de la salle Préhistoire symbolise la permanence et la continuité de la lignée humaine et des cultures qui se sont succédé au cours du Paléolithique.

Salle I: le Paléolithique

Au début de la salle, les technologies sont évoquées sous une forme palethnologique à propos des divers types de vestiges et de matériaux utilisés et consommés par les hommes préhistoriques. À côté, une série de moulages évoque la présence de l'Homme à travers des traces qui constituent l'objet de la Préhistoire: piste d'empreintes de pieds de la grotte d'Aldène, paroi ornée de mains peintes de la grotte de Gargas et foyer de l'habitat magdalénien de Pincevent.

Une série de vitrines présente les industries et l'art du Paléolithique à travers d'abondants et prestigieux documents des gisements français.

Paléolithique inférieur

Les premières traces d'activités humaines ne sont attestées dans nos régions qu'à une époque assez tardive par rapport à leur ancienneté sur le continent africain, où leur apparition est estimée à 5 millions d'années. Ce sont d'abord des galets aménagés, puis les bifaces épais taillés au percuteur dur de l'Abbevillien du nord de la France et, enfin, ceux plus récents, symétriques et tranchants, de l'Acheuléen.

Paléolithique moyen

Les activités de l'homme de Néandertal, dont les restes ont été découverts dans plusieurs gisements célèbres (La Ferrassie, Dordogne; la Quina, Charente, ou La Chapelle-aux-Saints, Corrèze), sont illustrées par de belles séries d'outillages des différents types de Moustérien définis par F. Bordes.

Paléolithique supérieur

L'Aurignaco-Périgordien est représenté par de belles industries lithiques sur lames, par un outillage osseux remarquable surtout par sa diversité (sagaies aurignaciennes losangiques et à base fendue) et par l'apparition de la parure sous forme d'éléments de colliers naturels (dents et coquillages percés) et façonnés (pendeloques, perles, rondelles) en os, en bois de cervidé mais aussi en ivoire.

Les premières figurations humaines sont des statuettes souvent désignées sous le nom de « Vénus ». Plusieurs ont été trouvées dans les gisements périgourdins, et quelques-unes des plus significatives sont exposées, dont la célèbre figurine de Brassempouy, dite « La Dame à la capuche ».

La haute compétence technique des tailleurs de silex du Solutréen est sensible dans les industries de cette période, comme en témoignent un bel ensemble de feuilles de

laurier de grandes dimensions, dont une des pièces de la cache de Volgu (Saône-et-Loire), des feuilles de saule, ainsi que des pointes à cran dont la retouche est réalisée à la pression pour la première et unique fois au Paléolithique supérieur en Europe.
L'ensemble de sculptures du Roc de Sers (Charente), découvert dans un contexte du Solutréen supérieur, se compose de blocs ornés de figurations animales fort diverses, dont un oiseau et un bœuf musqué devant un homme.
La fin du Paléolithique supérieur peut se caractériser par le développement de l'art, qu'il s'agisse de l'art pariétal des grottes et des abris ornés ou de l'art mobilier qui orne les outils et les parures.
L'art pariétal est évoqué par l'ensemble de sculptures d'Angles-sur-l'Anglin (Vienne), qui porte des vestiges encore visibles de coloration à l'ocre rouge. Parmi une remarquable série d'œuvres d'art mobilier, on peut toutefois admirer les gravures sur os de la grotte de La Vache (Ariège) et les sculptures sur bois de renne de La Madeleine (Dordogne), notamment le bison se léchant et le cheval bondissant de Bruniquel (Tarn-et-Garonne) qui représente avec un grand dynamisme, à l'extrémité d'une baguette, l'animal s'élançant pattes antérieures repliées.
Les cultures de la fin du Paléolithique, épipaléolithiques et mésolithiques sont contemporaines de la disparition du renne et de l'installation des conditions climatiques tempérées que nous connaissons. Elles sont illustrées par des ensembles de l'Azilien, du Sauveterrien et du Tardenoisien.

Salle II : le Néolithique

Cette salle est consacrée à la période néolithique : les faciès culturels des différentes provinces françaises y sont évoqués. D'importantes séries proviennent de Bretagne, de l'Est, du Bassin parisien avec, en particulier, les mobiliers funéraires des hypogées et allées couvertes de la Seine-Oise-Marne, du Midi, de l'Ouest représenté par les enceintes à fossés du cycle Matignons-Peu-Richard et par le site éponyme d'Artenac. Quelques statues-menhirs méridionales permettent d'évoquer l'art lapidaire. La présentation de l'aurore de la métallurgie, au IIIe millénaire, est réalisée à partir de précieux objets de cuivre ou d'or et de beaux vases campaniformes.

Salle III : l'Age du Bronze

Dans une première vitrine, un choix rigoureux d'objets provenant de toutes les provinces de France permet de retracer l'évolution chronologique de l'Âge du Bronze.
Les vitrines suivantes sont consacrées à des présentations plus régionales : une collection illustre, par exemple, l'Âge du Bronze armoricain, avec ses dépôts et son originale Culture des Tumulus. Un grand nombre des objets ou ensembles les plus célèbres de l'Âge du Bronze français, considérés comme des classiques, y figurent, notamment le dépôt de l'Épineuse, à Alise-Sainte-Reine (Côte-d'Or), trouvé sous le Second Empire dans la plaine au pied du site d'Alésia, et qu'on crut gaulois à l'époque, des éléments issus des grands dépôts, tels ceux de Réallon (Hautes-Alpes) ou de Vénat (Charente). Les sites d'habitat sont également représentés. Des villages palafittes du lac du Bourget proviennent des céramiques, des bronzes, de très intéressantes figurines anthropomorphes et des fragments de roues de petits chars en terre cuite, de Videlles (Essonne), ou de Fort-Harrouard, à Sorel-Moussel (Eure-et-Loir), de beaux vases à décor excisé. Parmi les mobiliers funéraires, on remarque les urnes des nécropoles à incinération du Bronze final et l'étonnante parure, formée d'une défense de sanglier sertie dans une monture de bronze, d'une tombe de La Colombine à Champlay (Yonne). Une vitrine, enfin, est réservée à l'orfèvrerie. Elle regroupe la plus belle collection présentée en France, avec le cône d'Avanton (Vienne), les dépôts de Rongères (Allier) ou de Villeneuve-Saint-Vistre (Marne). Les cuirasses de bronze de Marmesse (Haute-Marne) marquent le passage à l'Âge du Fer.
La visite des salles consacrées à la Préhistoire française doit être complétée par celle des salles réservées aux Âges du Fer, à l'époque gallo-romaine et au haut Moyen Âge et par celle de la salle d'archéologie comparée. Cette dernière présente le contexte de l'archéologie française dans les cinq continents, des origines à l'époque des premiers contacts européens avec l'Amérique, l'Afrique noire et l'Océanie.

Situation : *Château de Saint-Germain, 78100 Saint-Germain-en-Laye (Yvelines).*

SAINT-MARTIN-DU-TERTRE

L'allée couverte de la Pierre Turquaise

Exemple d'architecture mégalithique spécifique du Bassin parisien

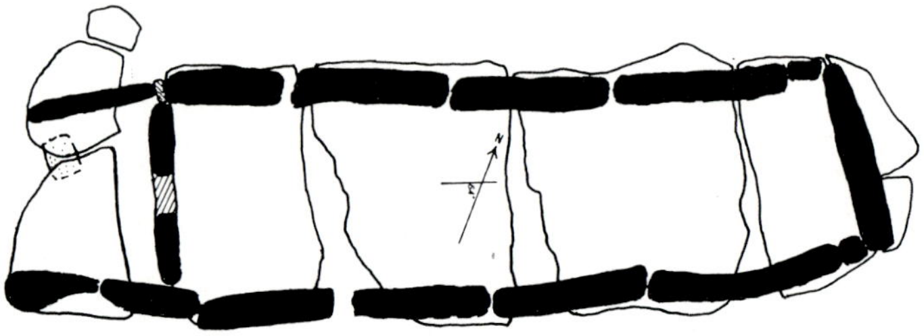

Dans la forêt domaniale de Carnelle, l'allée couverte de la Pierre Turquaise a été édifiée dans une tranchée, sur un coteau, à une altitude de 110 m. Elle ouvre vers la pente du terrain à l'ouest-sud-ouest.

Connue depuis très longtemps, elle servit au XVIIIe siècle de chenil princier, puis d'habitation à quelques bûcherons au début du XIXe. Sa restauration a été réalisée en 1970. Un autre dolmen existait autrefois à proximité, de même qu'un menhir, dalle de grès dépassant de 1,30 m au-dessus du sol.
L'allée couverte est constituée de deux parties, l'antichambre et la chambre, séparées par une porte formée de trois pierres (deux montants et un linteau) qui libèrent un espace de 0,60 m de large pour 0,80 m de haut. Un montage en bois ou une dalle de pierre devait fermer cette ouverture.
Enterrée jusqu'aux dalles de couverture, la Pierre Turquaise, constituée uniquement de blocs de grès de Fontainebleau, atteint 14,50 m de longueur, 4 m de largeur et 2,20 m de hauteur.
Intérieurement, la chambre mesure 10,60 m de long, de 2,50 m à 3 m de large et près de 2 m sous plafond. Les parois sont faites

Sépultures en fosse

Dans l'Oise, les hommes préhistoriques de la culture dite Seine-Oise-Marne ont conçu des hypogées, mais en aménageant un espace dans le sable compris entre deux bancs compacts.

Pendant la période du Néolithique final-Chalcolithique dans le Bassin parisien, un autre type de monument funéraire, plus proche du véritable dolmen et appelé sépulture en fosse, fut assez largement utilisé. Il s'agit d'un caveau de forme plus ou moins ovalaire aménagé sous une dalle, qui souvent était déjà à cet emplacement sur le sol. Les parois sont constituées de murettes en pierre sèche ou parfois de murettes et de petites dalles dressées en alternance.

Il faut ajouter à cela de nombreux monuments funéraires qui ont laissé des traces plus ou moins visibles.

d'une dalle au chevet et de quatre autres de chaque côté. Quatre grandes tables de pierre recouvrent cette chambre.

L'antichambre atteint près de 2,50 m de longueur et était recouverte d'une seule table, actuellement cassée.

On peut penser qu'un tumulus bas, aujourd'hui disparu, recouvrait le monument, dont la fouille intempestive n'a pas permis le dénombrement des squelettes qu'il contenait. Lors des travaux de réfection, ont été découvertes les gravures de deux seins et un collier sur le support nord de l'entrée, ainsi que sur l'autre, mais en plus atténuées.

Mégalithisme et coutumes funéraires au Néolithique final

Une allée couverte est normalement constituée de deux lignes parallèles de piliers dressés soutenant une couverture formée de dalles juxtaposées, l'allée pouvant atteindre 20 m de longueur. Les parois sont parfois montées en pierre sèche et la couverture pouvait être en bois, l'ensemble étant plus ou moins enterré dans une tranchée qui pouvait cacher complètement l'allée couverte.

L'antichambre, d'une longueur variant de 1,50 m à 2,50 m, d'une largeur sensiblement identique à celle de la chambre, présente souvent des décorations pariétales (déesse funéraire, paire de seins, haches emmanchées); elle ne recevait normalement aucune inhumation et contenait des offrandes collectives.

Le passage de l'antichambre à la chambre se fait par un rétrécissement pouvant se présenter sous différentes formes. La plus commune est constituée d'une dalle transversale, perforée dans son tiers inférieur d'un trou plus ou moins circulaire ou quadrangulaire, à angles arrondis. Du côté de l'antichambre, une feuillure sur le pourtour du «trou d'homme» indique qu'une fermeture hermétique venait s'y adapter (bouchon de pierre, ou porte en bois), maintenue en place grâce à des chevilles, probablement en bois, venant s'imbriquer dans des trous latéraux.

Parfois, comme dans l'allée couverte de l'usine Vivez à Argenteuil, une cellule terminale a été observée.

Nombreuses sont donc les ressemblances structurelles et décoratives qui existent entre les allées couvertes du Bassin parisien et celles de l'Armorique, au point qu'il faut envisager une filiation de l'une à l'autre, et probablement à partir de l'Armorique vers le Bassin parisien.

Situation: *Saint-Martin-du-Tertre, (Val-d'Oise).*

Fouilles par décapages successifs dans le site de Biache-Saint-Vaast.

Champagne-Ardennes, Alsace, Lorraine

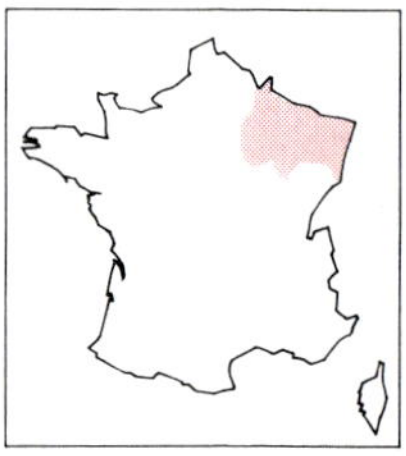

Champagne, Ardennes, Lorraine sont des régions de plateaux aux altitudes modérées — même si les Vosges introduisent une nuance montagneuse — assez largement ouvertes, comme l'Histoire n'a cessé de le montrer. La plaine d'Alsace unit cet ensemble à l'Allemagne du Sud-Ouest. Au cours des temps préhistoriques, les liaisons entre l'est et l'ouest du Rhin ne se sont jamais démenties.
Les sites ne manquent pas, mais peu sont accessibles au visiteur, soit du fait de leur fragilité, tels les hypogées néolithiques de la Marne, soit par suite de leur disparition au cours de grands travaux, par exemple lors de l'extraction des lœss

Champagne-Ardennes, Alsace, Lorraine.

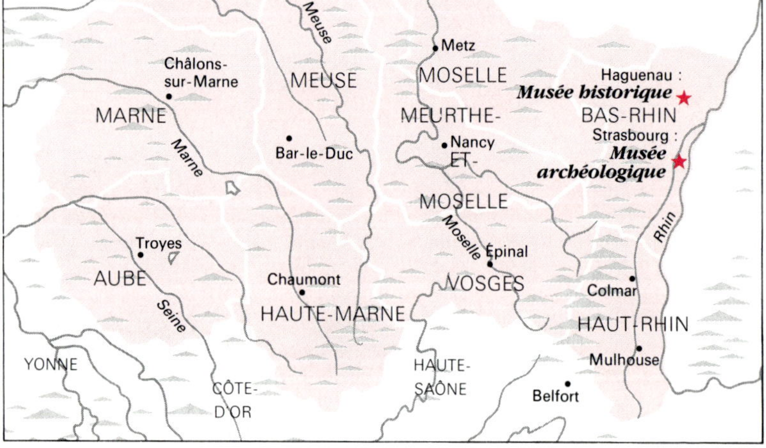

d'Alsace, soit encore par l'absence de vestiges tangibles au sol. Aussi, la richesse préhistorique de la région apparaît-elle essentiellement au travers de ses musées. Ceux qui sont présentés ici avec quelques détails ne doivent pas faire écran aux autres, nombreux, pourvus de très importantes collections.

HAGUENAU

Musée historique

Les Hunnenhübel de Haguenau

Haguenau est l'une des communes les plus étendues de France; dans l'immense forêt qui recouvre en effet une large part de son territoire sont regroupés, en certains endroits, des monticules peu élevés. Ces tumulus que les légendes alsaciennes désignaient, en dialecte local, sous le nom de *Hunnenhübel* («tombes de Huns») sont en fait des sépultures autrement plus anciennes, qui remontent à l'Âge du Bronze et aux Âges du Fer. Mais il fallut attendre les recherches des érudits du XIXe siècle pour l'apprendre.

Le pionnier des recherches archéologiques en forêt de Haguenau fut, en 1857, Maximilien de Ring, ancien administrateur de l'hôpital de Haguenau. Les tertres étaient alors tous considérés comme celtiques, faute de savoir encore distinguer les différentes étapes des Âges des Métaux. Mais c'est à Xavier Nessel qu'on doit l'essentiel des explorations des nécropoles: en quelque quarante années, de 1862 à 1899, il fouille près de 450 tumulus, nombre qui ferait frémir tout archéologue contemporain. Certes, bien des informations demandées actuellement à un site sont perdues (mais qui les recherchait à l'époque?), mais Nessel procédait avec méthode; il tenait des carnets de notes d'une grande précision, qui seront fort précieux quand, entre 1926 et 1930, Claude Schaeffer, qui s'illustrera plus tard par ses recherches au Proche-Orient et deviendra membre de l'Institut, publiera le catalogue des collections du musée de Haguenau. En effet, si Nessel n'avait donné aucune publication de ses recherches, il avait tenu à ce que le fruit de son labeur et ses collections, immenses et non limitées à l'archéologie, ne fussent pas dispersés: il les légua à la ville, dont il avait été maire de 1850 à 1902. En outre, il offrit le bâtiment néogothique qui est toujours le siège de la bibliothèque municipale et du musée.

Le mobilier funéraire

La présentation des collections préhistoriques, dans le sous-sol du musée, a été récemment modernisée. Des objets, disposés «en situation» sur des silhouettes — les sables de la forêt n'ont pratiquement jamais conservé de squelette —, évoquent les positions des objets sur le corps des défunts. La composition des vitrines a privilégié une démarche thématique permettant d'illustrer les différentes activités humaines grâce à leurs vestiges matériels. Le nombre et la variété des types d'objets sont considérables: bracelets en spirale ou massifs, épingles à vêtement, perforées pour les plus anciennes, puis moulurées, parures de jambes ornées de larges spirales, lames de poignard, haches en bronze. La poterie est représentée tant par des vases fins très décorés, notamment des tasses et des cruches portant un riche décor en creux, que par de grands récipients. Ces vases contenaient un viatique pour l'au-delà, mais certains, dans les tombes les plus récentes, renfermaient les cendres des morts désormais incinérés. Remarquable est la richesse des parures d'ambre, ornement particulièrement prisé, auquel une provenance fort lointaine — les rives de la Baltique — conférait une grande

Poteries. Age du Bronze.
Musée historique d'Haguenau.

valeur. Ces objets d'ambre prouvent que les populations de la région de Haguenau ne vivaient pas isolées, mais qu'elles participaient au contraire de réseaux d'échange à longue distance : une vitrine illustre ces relations avec les peuples contemporains vivant au-delà du Rhin.
Si les collections de l'Âge du Bronze sont très importantes, on ne doit pas pour autant négliger les autres séries préhistoriques, ni les mobiliers funéraires des Âges du Fer tout aussi abondants.

Situation : *Musée historique de Haguenau, 9, rue du Maréchal-Foch, 67500 Haguenau (Bas-Rhin).*

STRASBOURG

Musée archéologique

Des lœss quaternaires aux chars de l'Age du Fer

Auprès de leur cathédrale, les princes-évêques de la puissante famille des Rohan firent bâtir, au XVIIIe siècle, un somptueux château, maintenant partagé entre différents musées. Le Musée archéologique, installé dans les sous-sols, est l'héritier de l'une des plus vieilles collections publiques françaises, que l'érudit Jean-Daniel Schœpflin légua à sa ville à la fin du XVIIIe siècle. Déjà très important au cours du troisième quart du siècle dernier, il fut à peu près anéanti lors des bombardements du siège de 1870. Ce malheur ne découragea pas les Strasbourgeois : les collections furent reconstituées... pour être à nouveau endommagées lors de la Seconde Guerre mondiale. Soigneusement récupérés, leurs vestiges purent être, en grande partie, restaurés. L'accroissement constant des collections depuis la guerre a fait du Musée archéologique de Strasbourg le plus riche de France après celui des Antiquités nationales de Saint-Germain-en-Laye. Si l'archéologie gallo-romaine occupe une place prépondérante, la Préhistoire et la Protohistoire ne se trouvent pas pour autant réduites à la portion congrue et se voient consacrer plusieurs salles.

Les cultures préhistoriques en Alsace

Trois maquettes de maisons néolithiques ouvrent la partie de l'exposition consacrée à la Préhistoire. Une salle présente les cultures qui se sont succédé en Alsace —

Le gisement d'Achenheim

Ce gisement, constitué parmi d'importants dépôts de lœss, a été découvert dans des carrières d'exploitation pour la briquetterie. Il a livré des vestiges de faune quaternaire dont de nombreux ossements de mammouths.
Des traces d'activité humaine, attribuées à la période rissienne, ont été peu à peu mises au jour. Il s'agit essentiellement d'industries lithiques, éclats et outils, mais aussi de traces de foyer du Paléolithique moyen avec des fragments d'argile rubéfiés.

Les hypogées

Dans la Marne essentiellement on rencontre un type de sépultures collectives du Néolithique final qui n'appartient pas formellement au mégalithisme, mais qui en est une adaptation locale : les hypogées. Ce sont des grottes artificielles creusées de main d'homme dans le sous-sol tendre.

Les hypogées se composent fréquemment de trois parties : un couloir long de 4 à 9 m descend en pente plus ou moins prononcée vers une antichambre (appelée ici « antigrotte ») reliée à une chambre quadrangulaire par un trou d'homme très comparable à ceux des allées couvertes. La chambre est généralement rectangulaire à angles arrondis et peut être divisée en deux par des piliers latéraux. Des petites banquettes existent de part et d'autre du trou d'accès de l'entrée de la chambre et il arrive qu'une niche soit creusée dans la paroi à gauche de cette entrée. Un autre point de comparaison avec les allées couvertes tient dans la décoration de l'antigrotte où l'on trouve des déesses et des haches emmanchées.

Dans l'Aube, un ensemble de dolmens simples semblent relayer les hypogées et autres sépultures collectives, mais leur attribution culturelle est difficile à établir.

Danubien, Roessen-Grossgartach, Michelsberg — avec des vases ornés, à décor rubané puis poinçonné, de beaux outils en roche dure polie et perforée, des bracelets en pierre à perforation régulière mais contour externe irrégulier. Les sépultures occupent une place importante : dans l'une, provenant de la nécropole de Lingolsheim, on remarque un crâne deux fois trépané ; celle d'une femme et de son nouveau-né, à Achenheim, datant du Néolithique final, contenait un riche mobilier avec, entre autres, deux vases campaniformes.

Les Ages des Métaux

Cette salle possède de riches collections de pièces de métal et de céramique, qui permettent de suivre l'évolution des objets quotidiens au cours de cette période. Certains proviennent du sol même de Strasbourg et de ses environs, notamment des chenêts votifs et des poids de métier à tisser en terre cuite. Les plus belles séries de céramiques proviennent de cimetières, en particulier de celui de Schweighouse (Bronze moyen et début du Bronze final) ou de celui de Lingolsheim (du Bronze final). La boîte à fond ovoïde à décor excisé de Schweighouse appartient à un type très rare. De Lingolsheim, on remarque une figurine d'oiseau et un biberon en terre cuite. Une tombe à incinération de Geispolsheim (début du Bronze final) rassemble une coupe en bronze, un poignard et des bijoux déformés par le feu du bûcher funéraire.

Le char d'Ohnenheim

Char hallstattien d'Ohnenheim. VIIIe s. av. J.-C. Musée archéologique, Strasbourg.

Les collections de l'Âge du Fer ne sont pas moins remarquables que celles de l'Âge du Bronze. Le char de la tombe d'Ohnenheim, du tout début de la période (VIIe siècle avant notre ère), reconstituée en vraie grandeur grâce au mécénat des Pompes Funèbres strasbourgeoises, évoque les sépultures des aristocrates de l'époque.

Situation : *Château des Rohan, 2, place du Château, 67000 Strasbourg (Bas-Rhin).*

Bourgogne et Franche-Comté

Mosaïque de petits pays, la Bourgogne assure un passage aisé entre le Bassin parisien et le sillon Saône-Rhône. Ses grottes attirèrent les hommes du Paléolithique, ses riches terroirs les agriculteurs du Néolithique et de l'Age du Bronze.
Largement ouverts sur l'Alsace par la trouée de Belfort, les plateaux francs-comtois se prolongent à l'est par les zones plus rudes du Jura. Ces régions, coupées de vallées, constituèrent des terrains de parcours pour les éleveurs, tandis que les lacs fixèrent des villages d'agriculteurs.

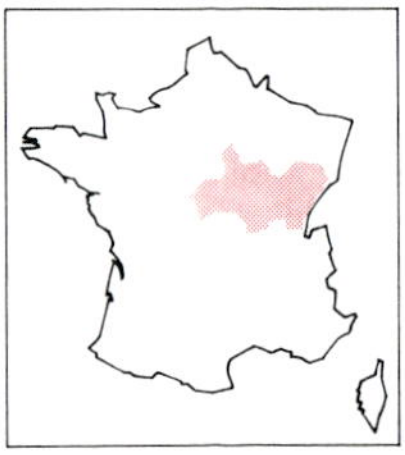

Les dolmens de Franche-Comté

P. Pétrequin et J.-F. Piningre répartissent en trois ensembles les monuments mégalithiques de Franche-Comté.

Les dolmens simples ont une chambre carrée et sont caractérisés par une dalle-hublot. C'est le type de Schwörstadt, dont l'extension géographique est strictement limitée de part et d'autre de la trouée de Belfort. Les onze monuments connus, datés de la première moitié du Néolithique final, font le trait d'union entre la civilisation de Seine-Oise-Marne à l'ouest, d'où ils sont originaires, et celle de Horgen à l'est.

Les dolmens à antennes (type d'Aillevans) sont plus récents (deuxième moitié du Néolithique final). Ce sont « des monuments simples à chambre carrée ou légèrement rectangulaire, avec dalle échancrée pour entrée, et vestibule court délimité par deux antennes verticales ». L'entourage de la tombe est fait d'un simple tumulus circulaire ou d'un empierrement trapézoïdal ; le type d'Aillevans dérive du type de Schwörstadt.

Le troisième type est formé de simples coffres sans couverture conservée.

Le type le plus ancien des dolmens franc-comtois, le type de Schwörstadt, apparaît dans l'ouest, au contact des allées couvertes et des dolmens simples de la Haute-Marne. Dans le type d'Aillevans, issu du précédent, la perforation circulaire ou ovalaire de l'entrée est remplacée par une échancrure en haut de la dalle. Une évolution particulière apparaîtra en Suisse (où le type à antennes existe), dans la région de Bâle. Une autre évolution régionale indépendante sera sensible vers la Haute-Marne et la Côte-d'Or.

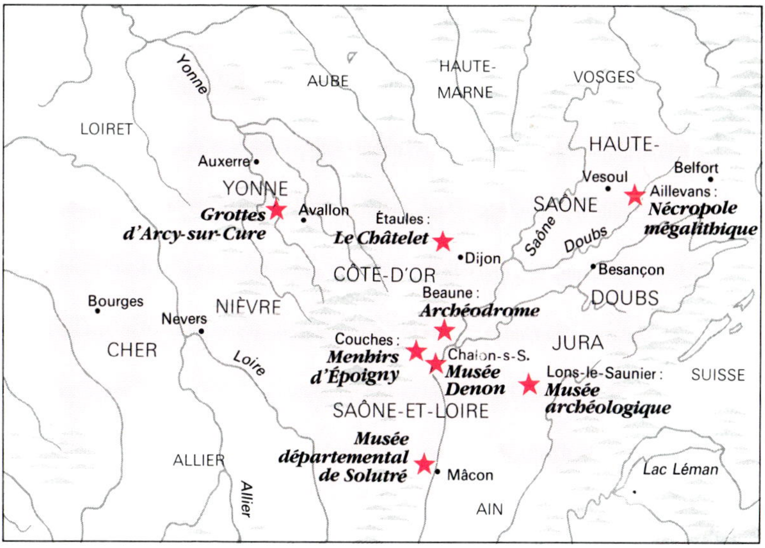

Bourgogne et Franche-Comté.

AILLEVANS

Les trois dolmens à « antennes »

Une nécropole mégalithique

À Aillevans, 3 dolmens à antennes sont distants de 300 à 600 m. Chaque chambre, de forme proche du carré, de 2 m de côté environ, est orientée est-ouest et comporte une dalle, échancrée dans le haut, qui donne à l'est sur un vestibule aussi large que la chambre limité par deux dalles dressées (les antennes) qui peuvent atteindre 1,20 m de longueur. Les dalles des antennes rejoignent le bord du tumulus qui, dans la première phase du dolmen I, était circulaire. Dans une deuxième phase, les tumulus se transforment pour devenir un empierrement trapézoïdal long de près de 20 m, et le dolmen I, à ce moment-là, est entouré d'une structure en bois. La chambre du dolmen a été creusée de 30 à 60 cm dans le sol et fut parfois dallée.

De nombreux ossements humains, souvent très fracturés, gisaient dans ces chambres : au moins 23 personnes dans le dolmen I et une centaine dans le dolmen II. Il y eut plusieurs phases d'utilisation séparées par un dépôt limoneux. Les corps étaient déposés entiers en position allongée, la tête le long de la paroi occidentale. Un matériel collectif était déposé dans les angles de l'édifice. Des offrandes alimentaires (porcs, moutons, bœufs) accompagnaient les morts. Des restes de chiens ont aussi été découverts.

Pour P. Pétrequin et J.-F. Piningre, qui étudièrent cette nécropole, les auteurs des dolmens d'Aillevans devaient être une population sédentaire qui évolua sans grands changements dans ses coutumes depuis le Néolithique final jusqu'au Bronze ancien.

Situation : *70110 Aillevans (Haute-Saône).*

Dolmen de Santoche.

ARCY-SUR-CURE

Les grottes de la vallée de la Cure

☆☆

Sur les traces d'André Leroi-Gourhan

La Cure, à sa sortie du massif du Morvan, a entaillé profondément les formations sédimentaires coralliennes où est creusé un vaste ensemble de cavités réparties sur plusieurs niveaux et sur plusieurs kilomètres. La plupart des grottes d'Arcy ont livré des vestiges préhistoriques allant du Paléolithique ancien au Gallo-Romain.

Les grottes le plus anciennement connues sont celles de l'Ours, du Trilobite et des Fées. Elles ont été fouillées par le marquis de Vibraye puis l'abbé Parot à la fin du siècle dernier.

Une nouvelle période de recherches débute en 1946 avec la découverte de gravures magdaléniennes dans la grotte du Cheval, explorée par André Leroi-Gourhan. Leur originalité est d'être gravées dans la pellicule argileuse brune qui recouvre les parois calcaires. C'est l'un des rares ensembles de gravures pariétales paléolithiques situés au nord de la Loire.

Les fouilles de Leroi-Gourhan s'étendent ultérieurement aux grottes de l'Hyène, du Loup, du Bison puis surtout à la galerie du Renne, découverte en 1947.

La grotte de l'Hyène livre deux ensembles d'industries. Le premier, dans un environnement de faune chaude composée d'hippopotame, de castor, de tortue grecque, contient une rare industrie sur éclats rapportée au type clactonien, industrie du Paléolithique inférieur caractérisée par un débitage d'éclats au percuteur dur et au talon épais. L'ensemble supérieur est constitué d'une séquence d'occupations moustériennes datant du Würm. Des restes humains appartenant à deux individus de type néandertalien y ont été découverts.

Fouilles dans la grotte de l'Hyène à Arcy-sur-Cure.

Le début du Paléolithique supérieur

À *la grotte du Renne*, découverte en 1949 par J. Emperaire, les fouilles se sont poursuivies sous la direction de Leroi-Gourhan, jusqu'en 1963. La grotte se compose d'une première salle assez haute prolongée par des diverticules dans l'un desquels (galerie Schœpflin) se trouvait encore un sol d'habitat moustérien, apparemment intact, jonché d'ossements, d'outils et de déchets de taille de silex. La succession des couches archéologiques fouillées dans la zone du porche débutait par une séquence de Moustérien (couches XIV à XI).

À part le niveau XIV, d'un type particulier et sans doute plus ancien, les niveaux moustériens se rapportent à un Moustérien à denticulés d'un type proche de celui de la grotte de l'Hyène. Un poinçon en os, fait assez rare pour être noté dans une industrie moustérienne, a été découvert dans la couche XI, la plus récente.

Les couches X à VIII constituent un des plus riches ensembles châtelperroniens qui soient. Les pointes de Châtelperron sont très abondantes, façonnées sur des lames et des lamelles et coexistent avec un bel assortiment d'outils connus au Paléolithique supérieur (burins et pièces esquillées), ainsi qu'avec un pourcentage important d'outils de type moustérien.

L'industrie osseuse est très développée avec des poinçons et des sagaies, souvent décorés et de facture exceptionnelle. La parure — pendeloques, dents percées — est variée et remarquable. De nombreux fragments d'ocre rouge portent des traces d'usages attestant des utilisations différentes mais fréquentes. Les vestiges semblent organisés sur le sol et des structures comme des foyers, des trous de poteau, des emplacements de huttes ont été décelées. Des dents humaines néandertaliennes ont été découvertes dans ces niveaux.

La couche VII est attribuée à l'Aurignacien, les couches VI à IV au Gravettien qui comporte une riche industrie osseuse, notamment de courtes sagaies en ivoire et un bâton percé décoré dans les niveaux VI à V. La dernière couche (IV) est attribuée à un Gravettien final.

Une partie des grottes d'Arcy se visite, soit avec accompagnement comme la grande grotte, soit plus communément à l'occasion de randonnées pédestres le long de la Cure.

Situation : *89650 Arcy-sur-Cure (Yonne).*

CHALON-SUR-SAÔNE

Musée Denon

Volgu : l'apogée d'une technique de taille du silex

Le musée Denon à Chalon-sur-Saône est l'hôte d'un exceptionnel ensemble de feuilles de laurier solutréennes. Ces treize ou quatorze pièces, toutes remarquables, ont été trouvées le 21 février 1874, lors du creusement du petit canal de l'Arroux près de la ferme de Volgu, à Rigny-sur-Arroux (Saône-et-Loire).

Il s'agit de longues pointes en forme de feuilles, taillées sur les deux faces, de dimensions que l'on peut qualifier de gigantesques, autant que l'on puisse en juger d'après les éléments entiers et aussi les fragments qui ont appartenu aux objets les plus grands de la série. Les plus remarquables mesurent 32 à 35 cm de longueur pour 6 à 9 mm d'épaisseur !

Taillées dans un silex régional, couleur de sardoine, par percussion directe avec un percuteur tendre (bois de renne, par exemple), elles témoignent de la grande maîtrise technique des artisans qui ont su amincir progressivement ces pièces par longs éclats très minces jusqu'à les rendre translucides. Une belle réplique expérimentale de ce type d'objet est exposée, avec ses phases successives de fabrication, au musée de Solutré.

La grande fragilité de ces objets peut laisser penser qu'ils n'eurent aucun rôle fonctionnel. Lors de leur découverte, ils étaient rassemblés côte à côte en un seul paquet enfoui sous un mètre de sédiment. Ces pièces remarquables ont été l'objet d'une attention particulière après leur fabrication, puisqu'elles semblent bien avoir été déposées intentionnellement dans une cache.

Des pièces de ce type, bien que moins spectaculaires, ont été trouvées dans d'autres gisements solutréens, que ce soit à Laugerie-Haute, au Pech-de-la-Boissière (Dordogne) ou à Solutré (Saône-et-Loire).

Situation : *place de l'Hôtel-de-Ville, 71100 Chalon-sur-Saône (Saône-et-Loire).*

Archéologie des fleuves

Le fond des fleuves recèle de nombreuses traces de la vie des hommes des Âges des Métaux : objets perdus lors de traversées, objets jetés en offrande aux divinités aquatiques, mais aussi objets provenant de villages installés sur les rives, qu'un déplacement du cours a détruits ou, parfois, submergés. Des traces de tels établissements ont été depuis peu reconnues dans le lit de la Saône. Les fouilles et les trouvailles des mariniers ont substantiellement enrichi le musée Denon, qui présente ainsi une des plus belles collections françaises de l'Âge du Bronze, riche de nombreuses épées, et d'un remarquable casque.

COUCHES

Les menhirs d'Époigny

Le plateau aux sept menhirs décorés

À 12 km du camp néolithique de Chassey (site éponyme du Chasséen) et à une altitude de 462 m, le plateau d'Époigny, au carrefour de deux voies anciennes, devait supporter, selon la légende, sept menhirs.

Trois d'entre eux gisaient à la surface des champs, deux autres furent retrouvés par sondage à la tige métallique et un sixième a été découvert en 1984 lors des travaux de réérection.

Le plus grand, le menhir n° 1, est une dalle de granit longue de 7,30 m qui approche les 27 tonnes. Redressé au hasard — sa fosse de fondation n'ayant pas été retrouvée —, il dépasse la surface du sol de 5,60 m. Il présente plusieurs gravures qu'a étudiées L. Lagrost. Tout d'abord un trait en creux qui souligne le sommet, puis une représentation anthropomorphe et quatre cupules au-dessus d'une représentation de hache emmanchée. Dans son tiers supérieur, la face est s'orne d'une cupule avec cercle concentrique.

Le menhir n° 2 atteint 5,85 m de longueur. Il était abattu sur place et la fouille a permis de retrouver son calage et des vestiges archéologiques dont certains remontent au Néolithique.

Le menhir n° 3, enfoui sous 10 cm de terre, mesure 5,80 m. Lui aussi gisait sur place et possède quelques cupules, ainsi que d'autres traits encore indéchiffrés.

Ces trois monuments ont été redressés à quelque distance de leur emplacement initial. Il ne faut donc pas chercher à étudier une quelconque orientation privilégiée dans leur état actuel.

Le menhir n° 4, enterré, qui paraît avoir été

Les menhirs décorés de Bourgogne

Le département de la Saône-et-Loire compte une vingtaine de sites à menhirs et sépultures mégalithiques. Ces dernières, faites de caissons en grosses pierres recouverts par des tumulus, forment un ensemble situé sur les plateaux calcaires au sud de la Côte-d'Or et débordant légèrement en Saône-et-Loire.

Les menhirs, beaucoup plus nombreux, sont implantés au nord et à l'est du département. Souvent groupés, comme ceux d'Époigny, ils occupent généralement des rebords de plateaux, jamais des sommets.

Si quelques gravures ont été depuis longtemps signalées, bien d'autres n'ont été que récemment mises en évidence, grâce aux patientes recherches de L. Lagrost.

Outre les menhirs d'Époigny, il faut signaler quatre autres cas.

***Le menhir de Saint-Micaud,** long de 6,35 m, présente près de son sommet une gravure serpentiforme et une série de signes plus confus qu'une lumière rasante permet de préciser: V, crosses, gravure rectangulaire avec crochets sommitaux et saillies latérales qui rappellent les idoles en écusson, et au-dessous, un personnage très stylisé aux bras levés.*

***Le menhir de Massy** au hameau des Ublaies, au bord de la route D 980, n'atteint que 2,50 m de hauteur. Le milieu d'une des faces est occupé par une nouvelle idole en écusson parfaitement réalisée. On y voit aussi une petite crosse à gauche. La pierre est fichée près d'un col, carrefour de voies antiques.*

***Le menhir de La Chapelle-sous-Brancion** est un bloc de grès haut de 4,50 m, connu sous le nom de Pierre Levée. De nos jours, une croix le surmonte et des «cérémonies druidiques» y sont encore pratiquées à chaque solstice d'été! Une gravure en trident orne une de ses faces. Tombé en 1942, le monument a été redressé en 1958.*

***Le menhir de Tazilly,** récemment redressé, sur la limite départementale de la Nièvre et de la Saône-et-Loire, présente la gravure d'un cercle.*

Cet art mégalithique bourguignon est assez troublant. Certains de ses éléments se retrouvent dans les gravures chalcolithiques du Midi méditerranéen. D'autres sont peut-être plus récentes (orants...). D'autres enfin, et particulièrement celles du menhir de Massy, ont de très fortes affinités avec les idoles en écusson du Néolithique moyen de Bretagne. On sait que ce symbole a évolué au cours des temps jusque dans les allées couvertes du Bassin parisien. Il semble donc qu'il ait atteint la Bourgogne, mais à quelle époque? Une même remarque peut être formulée à propos du serpentiforme de Saint-Micaud, connu également en Bretagne, si ce n'est le trident caudal, qui peut être une modification plus tardive.

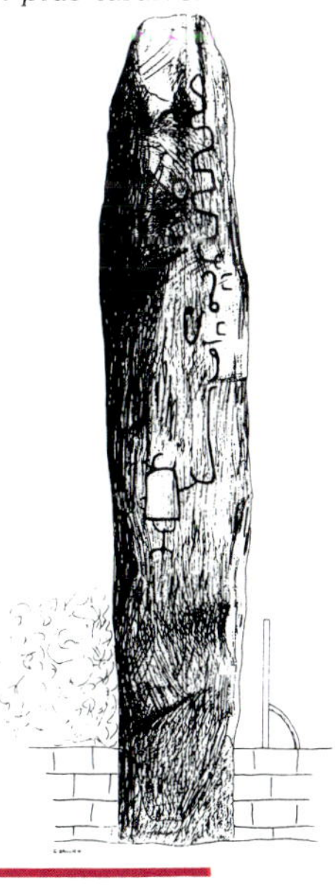

Menhir gravé de Saint-Micaud (d'après L. Lagrost).

cassé, mesure 2 m de longueur. Le n° 5 atteint pratiquement 4 m et le n° 6, découvert lors des travaux de réérection du 1, mesure 5,60 m de long. Quant au septième, il aurait été placé sous le pont de Vigny, dans le bourg. Les menhirs 4, 5 et 6 n'ont pas été redressés mais déposés sur le champ.

Situation: *71490 Couches (Saône-et-Loire).*

ÉTAULES

Le Châtelet

Une place forte aux remparts superposés, du Néolithique à l'Age du Fer

À une douzaine de kilomètres de Dijon, surplombant la vallée du Suzon qu'ils verrouillent, se dressent les éperons rocheux de la Fontaine au Chat à Val-Suzon et du Châtelet à Étaules. Sur chacun d'eux, profitant d'une situation stratégique quasi inexpugnable, du cours d'eau et de la présence de nombreuses sources pérennes, les hommes du Néolithique et de la Protohistoire ont installé des forteresses en barrant au moyen d'un rempart le côté des plateaux non protégé par les abrupts.

Le rempart du Châtelet d'Étaules a connu cinq phases de construction. Le premier barrage fut édifié au cours du Néolithique moyen en accumulant de gros blocs. Des cabanes prenaient appui contre le parement interne de la construction. Le second rempart, du Néolithique final, englobait le premier par un apport de plaquettes de calcaire; une palissade paraît l'avoir surmonté. Dans la troisième construction, vers 1100 av. J.-C., au Bronze final, on voit apparaître l'usage d'armer le rempart d'un poutrage interne. Le quatrième système défensif, de la fin du Bronze final, vers 800 av. J.-C., est une colossale construction, élevée au-dessus des ruines des précédentes défenses, mettant en œuvre pierres et poutres. Enfin, au tout début de l'Âge du Fer, vers 700 av. J.-C., la partie supérieure du rempart dut être réparée. Une palissade de bois compléta alors la défense.

Un tronçon du barrage a été fouillé; les vestiges conservés des ouvrages successifs y ont été dégagés et restaurés.

Situation: *21121 Étaules (Côte-d'Or).*

Coupe schématique du barrage.
1. Rempart néolithique. — 2. Rempart du Bronze final repris au Hallstatt ancien. — 3. Rempart du Hallstatt moyen et final. Les structures de pierre conservées jusqu'à nos jours sont représentées hachurées; en traits interrompus est indiqué le profil supposé de la fortification à la fin du Premier Age du Fer

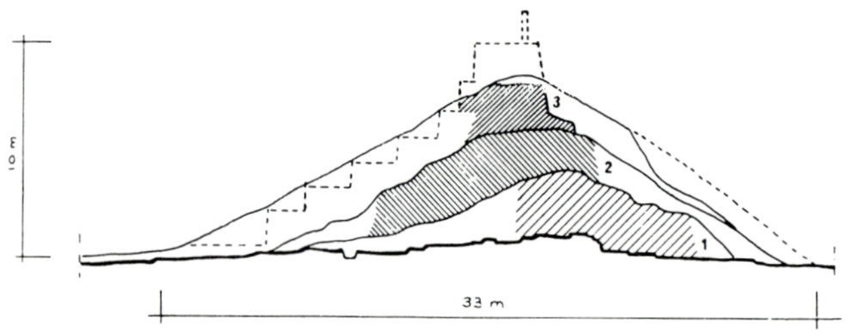

Le Châtelet d'Étaules.

LONS-LE-SAUNIER

Musée archéologique

Les hommes des lacs du Néolithique (IVe-IIIe millénaire)

Dès 1835, les premières trouvailles — du moins les premières dont le souvenir nous soit parvenu — dans le lac de Clairvaux suscitèrent l'intérêt des curieux. Mais ce n'est qu'à partir de 1870 qu'un érudit, le maître de forges J. Le Mire, identifie les pièces de bois émergeant de la vase de Clairvaux comme des vestiges de ces « stations lacustres » qui, à l'époque, passionnaient tant le monde savant. La même année, une sécheresse estivale inhabituelle permet les premières fouilles. Déjà les difficultés inhérentes à la conservation des objets en matières périssables en milieu sec, mais bien préservées par le séjour aquatique, apparaissent : rapidement, les bois et autres produits végétaux s'altèrent ou, même, se détruisent.
En 1899, à l'instigation de la Société d'émulation du Jura, des fouilles sont conduites dans le but d'enrichir le musée de Lons-le-Saunier. D'autres fouilles sont encore menées avant la Première Guerre mondiale, tant pour enrichir divers musées que pour alimenter le commerce des antiquités... Ce n'est qu'à partir de 1970 qu'ont lieu de nouvelles fouilles ; la méthode et l'esprit de recherche prennent enfin la place du goût de la collection.
L'existence des stations du lac de Chalain n'est connue qu'à partir de 1888, et véritablement révélée en 1904 seulement, par suite d'une considérable baisse des eaux du lac, conséquence de travaux destinés à régulariser le cours de l'Ain.

Les pirogues monoxyles

Cette année-là, la découverte de pirogues monoxyles frappe les imaginations. L'une est apportée au musée de Lons-Le-Saunier, où un traitement destiné à assurer sa survie est entrepris avec succès : elle s'est conservée sans dommage majeur jusqu'à nos jours. De même, les autres objets en matières périssables subissent un traitement qui évite le gâchis survenu avec les objets de Clairvaux. En outre, le conservateur, L. A. Girardot, réalise des moulages en plâtre, qui préservent l'aspect primitif des

La pirogue de Chalain (Age du Bronze) au moment de sa découverte.

pièces difficiles à traiter, et des plaques photographiques, qui restent encore de précieux documents d'étude.

Malgré des conditions de récolte qui ne peuvent satisfaire le chercheur actuel, les collections néolithiques conservées au musée de Lons-Le-Saunier présentent, de par leur richesse, un intérêt considérable, et les recherches modernes permettent de jeter sur elles un éclairage renouvelé, tandis qu'elles apportent, parallèlement, les informations non fournies par ces dernières.

Une conservation exceptionnelle

Les deux séquences chronologiques couvertes par les occupations des deux lacs, complémentaires, s'étalent du Néolithique moyen au Bronze ancien. Les collections comprennent des céramiques, des outils lithiques et en bois de cerf, des objets de bois, de la vannerie, des textiles, des parures en matières diverses.

Si les objets en roche ou en céramique sont connus par ailleurs grâce aux fouilles en milieu terrestre, les pièces en matières périssables possèdent peu d'équivalents dans les collections françaises. Elles montrent bien la grande capacité de l'homme du Néolithique à tirer parti du milieu environnant. Dans les bois de cerf, il taille des gaines pour emmancher les outils (dont les lames de pierre des haches), des outils tranchants, des sortes de harpons, des pendeloques, des épingles; la résine lui permet d'assujettir solidement les pointes de flèche en silex à leur hampe; du bois, il tire des manches, des arcs, des récipients comme des bols ou des tasses, des louches, des flotteurs pour les filets, des batteurs sans doute destinés à la fabrication des fromages, des peignes; vanneries, tissus, cordelettes complètent l'inventaire. Des pièces remarquables, connues par les documents, ne se sont pas conservées jusqu'à nous: ainsi, un fragment d'essieu et un joug, parmi les plus anciens d'Europe, datant probablement de la fin du Néolithique ou du tout début de l'Âge du Bronze. Quant à la pirogue de Chalain, une récente datation dendrochronologique rejette l'attribution au Néolithique et conclut à une fabrication durant le Bronze final, vers 950 av. J.-C.

Ces remarquables collections lacustres ne doivent pas faire négliger les pièces protohistoriques de l'Âge du Bronze et de l'Âge du Fer. De la première période, on note le dépôt de Publy, qui possède des garnitures métalliques de char, daté vers 1200 av. J.-C., et des éléments de celui de Larnaud, un des plus célèbres du Bronze final. La petite amphore en bronze de Conliège, importée d'Étrurie, trouvée dans une tombe princière du premier Âge du Fer, est remarquable.

Le musée est en cours d'aménagement. Les collections archéologiques sont présentées sous forme d'expositions temporaires, la pirogue de Chalain est installée dans la salle audiovisuelle.

Situation: *39000 Lons-le-Saunier (Jura).*

MEURSAULT

Archéodrome de Beaune

Revivre la Préhistoire

Lors des débuts de son aménagement en 1978, l'Archéodrome de Beaune offrait une formule documentaire encore inédite en France : reconstitution en grandeur réelle de sites archéologiques, expérimentation des technologies du passé. Le succès remporté auprès du public ne tarda pas à montrer la justesse de ces choix.

D'un immense hall présentant une exposition d'initiation à l'archéologie, des origines à l'époque gallo-romaine, on passe au parc archéologique, où ont été reconstitués un campement magdalénien de plein air avec tentes et ateliers de taille du silex inspiré du site de Pincevent, une maison et un grenier néolithiques, dont la fouille de Charmoy a fourni le modèle, une cabane néolithique adossée à un rempart, bâtie d'après les données du camp de Myard. Un tumulus, une maison gauloise, l'évocation du siège d'Alésia, des restitutions d'établissements gallo-romains complètent ce voyage à travers le temps.

Les démonstrations techniques, réalisées par des archéologues, spécialistes réputés, présentent la taille de la pierre, le travail des peaux et de l'os, la métallurgie, la céramique. Comme les restitutions architecturales, elles contribuent à combattre les idées reçues.

Situation : *Autoroute A6, aire de Beaune-Tailly, 21190 Meursault (Côte-d'Or).*

SOLUTRÉ

Musée départemental

Le Crot du Charnier, site éponyme du Solutréen

Implanté sous la roche de Solutré elle-même, le musée domine un vaste panorama qui s'étend des coteaux de Pouilly-Fuissé à la vallée de la Saône et aux Alpes.

La venue à Solutré sera certainement pour le visiteur indissociable des intérêts majeurs rassemblés dans le site bourguignon. Ici, en effet, se conjuguent le gisement éponyme d'une culture de la préhistoire européenne et Pouilly-Fuissé, le cœur du grand vignoble mâconnais.

Le pied de la Roche est constitué d'un vaste gisement préhistorique qui a été occupé successivement pendant plus de 25 000 ans par les chasseurs des quatre grandes cultures du Paléolithique supérieur : Aurignaciens, Périgordiens, Solutréens et Magdaléniens. L'abondance des ossements de chevaux a déterminé le nom du gisement dès les premières fouilles : le Crot du Charnier a été découvert en septembre 1866 par A. Arcelin, qui entreprit les premières recherches avec H. de Ferry. Ils firent rapidement appel à Édouard Lartet pour les aider à identifier le matériel découvert, car ce dernier avait déjà fouillé avec H. Christy, à partir de 1863, dans la région des Eyzies à Laugerie-Haute, Gorge d'Enfer et à Badegoule des couches archéologiques de l'« Âge du Renne » caractérisées, elles aussi, par de longues pointes lancéolées. Ce n'est que vers 1872 que le terme Solutréen vint en usage, à la suite d'une série de congrès internationaux, manifestations scientifiques

Vue de la roche de Solutré sous la neige. Le gisement préhistorique se situe au pied de la falaise.

et publications qui contribuèrent, comme celle de Gabriel de Mortillet, en 1868, à préciser la chronologie et les caractéristiques de cette phase culturelle du Paléolithique supérieur.

Le «Magma» de chevaux

Le Crot du Charnier a participé à la définition du Solutréen, daté de 20000 à 16000 B.P., qui se caractérise par un apogée de la taille du silex, avec des objets aussi élaborés que les feuilles de laurier, les feuilles de saule et les pointes à cran.
Le gisement, très vaste, a été l'objet de fouilles jusqu'en 1927 et, plus récemment, de 1968 à 1977. Il s'étale au pied de l'escarpement, au niveau même du musée. L'occupation humaine y débute avec une discrète phase moustérienne, suivie par une occupation aurignacienne plus dense, vers 30000 B.P. Enfin, une industrie du Périgordien supérieur à pointes de La Font-Robert et à pointes de La Gravette associée à de nombreux ossements de chevaux précède les niveaux solutréens. Ces derniers sont toujours mêlés à des ossements et les industries qu'ils renferment correspondent aux phases moyenne et récente de cette culture. Le sommet de la séquence paléolithique est caractérisé par une couche de Magdalénien.
Au musée, la disposition de ces niveaux archéologiques sur la pente au pied de la falaise est explicitée par une grande coupe, qui précède l'exposition du contenu paléontologique et technologique de chacun des ensembles archéologiques présents à Solutré. L'outillage solutréen se compose surtout d'armatures de projectiles en silex —

diverses pointes à cran, feuilles de saule retouchées à la pression et feuilles de laurier en silex variés et même en cristal de roche — ainsi que d'outils en os, sagaies et poinçons.
Après avoir remarqué la nature particulièrement compacte et la richesse du niveau solutréen, où les outils en silex et en bois de renne sont étroitement mêlés aux carcasses de chevaux et de rennes pour constituer ce que les premiers chercheurs dénommèrent le « Magma », on peut s'attarder devant le panorama du site et de la Roche que l'on peut contempler depuis les baies aménagées dans la paroi et la couverture du bâtiment.

Des cultures d'il y a 20 000 ans

Plusieurs maquettes reconstituent ce que pouvait être l'agencement des activités humaines dans ce campement solutréen. Ces images, très détaillées dans les domaines de la chasse, de l'outillage et du vêtement, précisent le degré d'évolution technologique que la recherche préhistorique actuelle permet d'attribuer à ces cultures d'il y a 20 000 ans... De même, le sort est réglé à cette légende qui, au début du siècle, voyait dans le Magma du Crot du Charnier le résultat d'une technique de chasse qui consistait à pousser des hardes de chevaux sauvages jusqu'au bord du précipice, d'où ils se jetaient dans le vide pour aller se fracasser au sol... La réalité était sans doute toute différente et l'on a lieu de penser que chaque carcasse de cheval ou de renne abandonnée dans le gisement a fait l'objet d'un autre type de chasse, puis d'une série de transformations et d'exploitations en prévision de sa consommation immédiate ou de son éventuelle conservation.

Le Solutréen : une culture énigmatique

Dans le dernier espace du musée ont été rassemblées des œuvres majeures de l'expression artistique solutréenne : sculptures animalières du Roc-de-Sers (Charente) qui ont pu constituer une frise de chevaux, bovidés, bouquetins, etc., disposée dans le gisement, grand bloc sculpté de bovidés du Fourneau-du-Diable (Dordogne) et, émergeant de la pénombre, une reconstitution de la paroi peinte de la grotte de la Tête du Lion à Bidon qui paraît contemporaine d'un niveau d'occupation présent au pied de la paroi et daté de 21650 ± 800 B.P. à partir de charbons de bois.
Les esprits curieux pourront retourner aux toutes premières vitrines pour détailler à volonté le mécanisme du débitage de lames à la percussion directe et observer les dernières phases de la fabrication d'une feuille de laurier expérimentale que les gestes de l'artisan ont dégagée progressivement de sa gangue minérale.

Voir aussi : *avant de quitter le lieu pour l'autre étape solutréenne de la région, qui conduit aux merveilleuses feuilles de laurier de Volgu du musée Denon, pourquoi ne pas escalader la roche de Solutré pour prendre la mesure de ce magnifique site naturel ?*

Situation : *71960 Solutré-Pouilly (Saône-et-Loire).*

L'extension géographique du Solutréen

Si le Solutréen n'a duré que trois millénaires environ, il est resté bien localisé dans l'espace. En dehors d'un épicentre dans le Sud-Ouest, entre les Pyrénées et la Loire, et d'un foyer rhodanien qui va de Solutré jusqu'au delta du Rhône mais ne le déborde jamais vers l'est, sa distribution n'a atteint que l'Espagne cantabrique et l'Espagne méditerranéenne où se sont développés des faciès régionaux très particuliers dus à la présence de pointes à bases concaves et de petites pointes à pédoncules et ailerons qui semblent être des armatures de projectiles. C'est aussi au Solutréen qu'apparaissent pour la première fois des inventions technologiques en matière osseuse (bois de renne, ivoire) comme l'aiguille à chas et le propulseur.

Rhône-Alpes et Auvergne

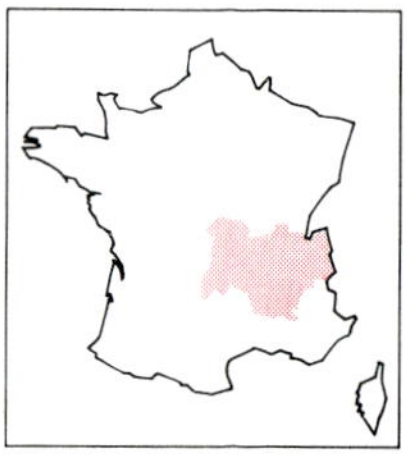

Le centre-est de la France, du Massif central aux Alpes, est constitué de régions extrêmement diverses en raison de leur histoire géologique, variée et mouvementée.
L'Auvergne est un vieux socle de roches cristallines, disloqué maintes fois par les contrecoups des plissements pyrénéen et alpin. Certaines zones affaissées ont rapidement été comblées par des dépôts lacustres. Au début de l'ère tertiaire, des éruptions volcaniques se manifestent, d'abord dans les zones d'affaissement puis sur le socle cristallin fissuré. Vers la fin du Tertiaire, le volcanisme s'accentue et provoque la formation des massifs du Cantal et du Mont-Dore. Un peu plus tard, pendant le Quaternaire récent, l'activité volcanique cesse, après la formation de la chaîne des Puys.
A l'est de l'Auvergne, le sillon rhodanien est un vaste bassin sédimentaire qui s'est comblé peu à peu jusqu'au Quaternaire récent. Plus à l'est, les formations sédimentaires ont subi le plissement alpin qui donne à cette région une architecture complexe et très accidentée, caractérisant les Alpes.
Les massifs du Cantal et du Mont-Dore donnent naissance à plusieurs rivières importantes (Dordogne, Vézère) qui se dirigent vers l'ouest en traversant le plateau limousin. Plus au sud, les monts de l'Aubrac alimentent le Lot. Dans les deux bassins sédimentaires de la Limagne et du Forez naissent l'Allier et la Loire qui drainent le sud du Bassin parisien.
Les monts du Lyonnais et du Vivarais dominent en corniche le couloir rhodanien et la région calcaire de l'Ardèche.
A l'est du Rhône, les paysages calcaires du Jura méridional, des bordures des lacs d'Annecy et du Bourget alternent avec les massifs cristallins du Mont-Blanc, de Belledonne, du Pelvoux et du Mercantour.

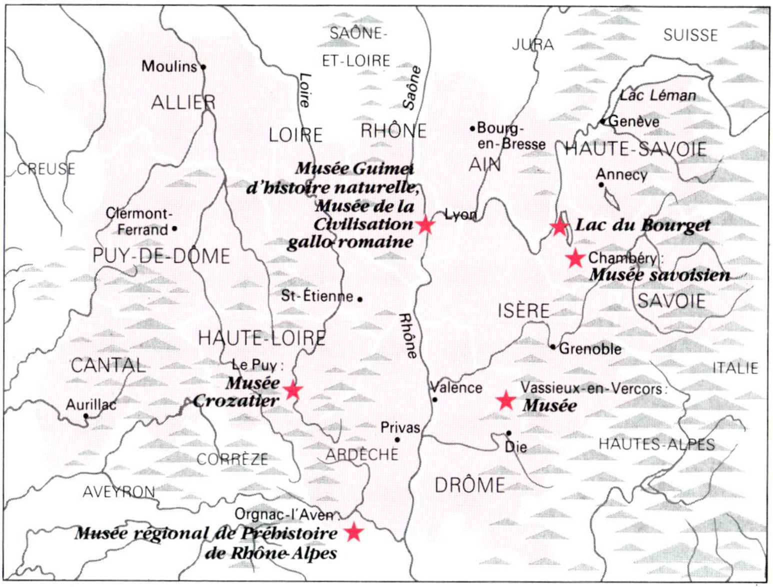

Rhône-Alpes et Auvergne.

Quelques rivières majeures provenant de cette région alimentent le Rhône, en particulier, la Drôme, et l'Isère.

Plusieurs facteurs ont déterminé l'occupation préhistorique de ces régions. En premier lieu, l'altitude, qui délimite d'immenses territoires difficilement accessibles ou exploitables en période de froid intense. Les voies de communication ont également joué un rôle important dans le peuplement préhistorique du Centre-Est. Les nombreuses vallées ont été autant d'accès à des territoires rendus plus hospitaliers par une amélioration climatique importante.

On peut toutefois distinguer plusieurs foyers de peuplement préhistorique. Les plus anciennes occupations humaines connues en France sont auvergnates. Notons le gisement de Soleihac à Blanzac où, sur les rives d'un très ancien lac, des hommes installèrent leur campement, il y a 900 000 ans.

Pendant le Paléolithique moyen, le peuplement des régions de basse montagne s'intensifie, à la faveur d'améliorations climatiques saisonnières et de périodes plus clémentes, pour parvenir au Paléolithique supérieur à une occupation plus généralisée. Dans les vallées et les régions de moyenne altitude, et principalement dans les régions calcaires riches en grottes et abris-sous-roche, telle l'Ardèche, se développèrent des foyers de population denses.

AIX-LES-BAINS

Lac du Bourget

Sous les eaux, des villages de l'Age du Bronze

L'hiver 1853-1854 fut l'un des plus froids du siècle. La faiblesse des précipitations ayant entraîné une baisse considérable du niveau des eaux des lacs de Suisse, les riverains des lacs de Zurich prirent conscience de l'importance d'une véritable forêt de pieux de bois pointant de la vase sous les eaux, dont on connaissait déjà l'existence, et de l'abondance des étranges objets qu'on recueillait. Alerté, un savant, Ferdinand Keller, estima que ces pieux étaient les vestiges de supports de plates-formes destinées à supporter des maisons, analogues à celles que l'exploration du monde faisait découvrir à la même époque. Dans son rapport, publié dès 1854, il lançait l'idée des «cités lacustres», les «palafittes». Partout où se trouvaient des lacs ou des tourbières, les érudits amateurs d'archéologie se mirent à la recherche de semblables établissements. On ne tarda pas à en trouver, à partir de 1860, immergés au large des rives du lac du Bourget.

Des «pêcheurs d'antiquités» aux fouilles scientifiques

Les premiers chercheurs, A. Perrin, L. Rabut, le duc de Chaulnes, le comte Costa de Beauregard, et bien d'autres, se livrèrent à la pêche aux antiquités lacustres, qui allèrent enrichir les collections privées et aussi les musées, surtout celui de Chambéry et celui des Antiquités nationales de Saint-Germain-en-Laye. Ces récoltes, sans doute sous-tendues d'excellentes intentions, mais de fait véritable gaspillage scientifique, se poursuivirent jusqu'au début du siècle et conduisirent à l'épuisement des stations les moins profondes. Des fouilles scientifiques furent conduites seulement à partir de 1952, sous l'impulsion de R. Laurent. Plus question désormais de «pêcher les antiquités»; il s'agit de récolter des informations de tous ordres, botaniques, géologiques, faunistiques, palynologiques, etc., et d'effectuer des levers topographiques.

Le touriste qui flâne en pédalo ou en bateau sur les eaux du lac ignore souvent qu'il navigue au-dessus de villages vieux de près de 3 000 ans (ils furent abandonnés au IXe siècle avant notre ère). Par la route, en quittant Aix-les-Bains en direction du nord, on rencontre les stations de Mémard, de Grésine (dans la baie du même nom), de Châtillon (dans une petite baie à l'extrémité du lac), et, en longeant la berge vers le sud, de Conjux et de Charsignan; puis, en revenant vers Aix-les-Bains, celles des Filets et du Saut de la Pucelle, près du port.

Le mythe des cités lacustres

Qu'on ne s'imagine pas ces villages perchés sur des plates-formes reliées à la terre par des passerelles. Les recherches récentes ont montré au contraire qu'ils étaient bâtis sur la terre ferme, sur des plages parfois marécageuses, inondables en période de hautes eaux, ou sur des buttes émergeant de l'eau.

Où voir d'autres objets des lacs?

De nombreux musées français possèdent des collections provenant du lac du Bourget. Le Centre de documentation sur la préhistoire alpine en a entrepris l'inventaire. Des pièces intéressantes sont exposées au musée des Antiquités nationales à Saint-Germain-en-Laye. Si l'on s'intéresse aux palafittes des lacs alpestres, on pourra également visiter le château-musée d'Annecy (Haute-Savoie), qui conserve des collections issues du lac.

Depuis l'Âge du Bronze, le climat s'est modifié, est devenu un peu plus humide, pour que les restes des villages se trouvent actuellement ennoyés sous quelques mètres d'eau. Les maisons, rectangulaires, disposées le long de rues rectilignes, étaient entourées de palissades. Ces établissements étaient le siège de multiples activités.

Situation : *Lac du Bourget, 73100 Aix-les-Bains (Savoie).*

CHAMBÉRY

Musée savoisien

Les objets du lac du Bourget

Le musée, installé dans l'ancien couvent des franciscains, réserve une salle entière aux stations du lac du Bourget. Les objets y sont présentés de façon attrayante et très didactique. Il n'est nulle part aussi aisé d'appréhender la vie des hommes de l'Âge du Bronze : la vase du lac, en effet, a conservé de nombreux objets très évocateurs, qui, en milieu terrestre, se fussent détruits : objets en bois, tissus, graines, par exemple.

L'agriculture est évoquée par des faucilles de bronze, des haches destinées à la déforestation, mais aussi par des meules, et des graines conservées nous apprennent qu'on cultivait blé, orge, millet, fèves. Des fragments de galettes ont même été retrouvés. Pêche et chasse complétaient l'alimentation, comme en témoignent les pointes de flèche, les hameçons en bronze et quelques débris de filets.

Les artisans savaient allier goût et habileté. Les potiers fabriquaient des vases aux formes élégantes, parfois peints, voire ornés de lamelles d'étain. De l'activité des tisserands subsistent des fusaïoles (volants de fuseaux), des poids de métier. Celle des fondeurs de bronze est illustrée par une superbe collection de tuyères de soufflets de fours et de moules en pierre. Enfin, des armes — épées, pointes de lance —, des pièces d'équipement de chevaux rappellent l'existence des guerriers, tandis que des roues de chars en modèle réduit et des figurines de terre cuite évoquent les pratiques du culte.

Situation : *Musée savoisien, square de Lannoy-de-Bissy, 73000 Chambéry (Savoie).*

Musée de la Civilisation gallo-romaine, Lyon. Char de La Côte-Saint-André.

Les premiers peuplements de la France

La préhistoire auvergnate est exposée au musée crozatier (le Puy-Velay) où elle coexiste avec des collections variées allant de la minéralogie à la peinture. On remarquera particulièrement les périodes anciennes du Paléolithique régional allant du Moustérien au Paléolithique supérieur. Au pied des volcans d'Auvergne, certains sites les plus anciens du très vieux Paléolithique dateraient de plus d'un million d'années. Ils se situent dans la région d'Issoire (Puy-de-Dôme), dans la vallée de l'Allier (sites de Blassac, Saint-Eble, Senèze, Fix-Saint-Geneys) et dans le bassin du Puy (sites de Sinzelles, Rochelambert, Nolhac, Soleilhac et Ceyssaguet).

LYON

Musée de la Civilisation gallo-romaine

Char rituel

Le musée, établi dans un bâtiment moderne inséré dans une colline au milieu des restes antiques de la prestigieuse capitale des Trois Gaules, consacre sa première salle à la Protohistoire, source du monde antique.

Dans l'importante collection de l'Âge du Bronze figure le riche dépôt de Vernaison (Rhône), un des ensembles clés pour l'étude de la transition du Bronze moyen au Bronze final, vers 1300 av. J.-C. Haches, lames de poignards et d'épées, bracelets, épingles et objets de toutes sortes offrent un bon panorama des productions bronzières de l'époque.

Les éléments métalliques d'un char trouvé sous un tumulus à La Côte-Saint-André (Isère) appartiennent aux tout débuts du premier Âge du Fer. Le véhicule, à quatre roues en bronze coulées d'une seule pièce, chefs-d'œuvre de fonderie, portait une situle (seau) et un bassin en feuille de bronze, utilisés probablement au cours de cérémonies : rites de pluie? Procession de bénédiction avec une eau lustrale? La présentation actuelle évoque un véhicule muni de deux paires de roues, mais il semble que trois roues furent découvertes alignées, la quatrième se trouvant en avant. Des différences entre l'une des roues et les trois autres confirmeraient cet aspect, pour nous inhabituel, du char.

Situation : *17, rue Cléberg, 69000 Lyon 5e (Rhône).*

Musée Guimet d'histoire naturelle

Faunes disparues

Lors de la naissance de la science préhistorique, Lyon connut une place éminente, avec la personnalité d'Ernest Chantre, dont les études sur l'Âge du Bronze et l'Âge du Fer de la région rhodanienne sont encore utiles de nos jours. Quant à l'industriel Émile Guimet, passionné d'ethnographie et d'histoire des religions, il rassembla des collections considérables, à l'origine de deux musées qui portent son nom, l'un à Paris, l'autre à Lyon.

Le musée Guimet comporte, à côté des célèbres sections égyptologique, asiatique et ethnographique, des salles réservées à la Préhistoire, tant régionale que pour l'ensemble de la France; les pièces exposées sont intéressantes et variées.

La galerie de zoologie présente des squelettes d'animaux quaternaires, d'espèces disparues, tel celui d'un éléphant fossile.

Situation : *28, boulevard des Belges, 69000 Lyon 6e (Rhône).*

ORGNAC-L'AVEN

Musée interrégional de la Préhistoire

Entre Ardèche et Rhône, un grand musée dans la garrigue

Face aux monts du Vivarais, blotti au sein de la garrigue des plateaux de l'Ardèche, le tout nouveau musée d'Orgnac-l'Aven s'insère remarquablement dans un paysage sauvage.
Le contenu du musée régional de Préhistoire de Rhône-Alpes illustre avec clarté et dynamisme les richesses archéologiques d'une région où les découvertes sont concentrées dans ce milieu privilégié que sont les contreforts calcaires des plateaux et des gorges de l'Ardèche. La floraison de petits musées locaux atteste bien de cette prodigalité, que ce soit à Soyons ou à Bidon, villages agréables des environs, à quelques dizaines de minutes d'Orgnac, par des routes pittoresques. L'intérieur de la vaste structure, ordonnée autour d'un patio, est très accueillant et l'on y circule dans beaucoup d'espace. D'emblée, le nombre des reconstitutions d'habitats, de monuments et même d'instruments incite le visiteur à entrer dans le processus de la connaissance détaillée des faits et techniques préhistoriques.

Un campement d'*Homo erectus* dans un aven

Dans la première salle, le visiteur découvre un ensemble de documents relatifs aux plus anciens occupants de la région. Trois moulages du site acheuléen de Mattecarlingue Orgnac 3 (Orgnac-l'Aven) illustrent le mode de vie d'*Homo erectus*: une colonne stratigraphique de 4 m de haut du remplissage sédimentaire du gisement, une reconstitution d'un campement acheuléen daté de 350 000 ans avant notre ère et le moulage d'une partie du sol archéologique prémoustérien jonché de déchets de taille de silex vieux de 100 000 ans. Les industries en silex de ces périodes sont présentées dans les vitrines de cette salle consacrée au Paléolithique inférieur et moyen. On y remarque la morphologie très particulière des bifaces et hachereaux des niveaux inférieurs d'Orgnac 3, taillés sur du silex en plaquette. L'activité de l'homme de Néandertal est évoquée grâce à la reconstitution du spectaculaire abri des Pêcheurs, cavité exiguë dont le sol n'est qu'une accumulation d'outils de silex et d'éléments de carcasses de hyènes, bouquetins, loups, renards, cerfs et poissons.

Gravures, peintures et art mobilier

Au Paléolithique supérieur, les Solutréens et les Magdaléniens ont peint et gravé les parois des grottes des gorges de l'Ardèche. Ils ont aussi laissé de très beaux témoignages d'art mobilier sur os et bois de renne.
Dans la pénombre d'un espace évoquant ce milieu souterrain, on peut découvrir les facsimilés des gravures de la grotte Chabot, de Ebbou, du Colombier I et II et la fresque peinte de la Tête du Lion, à Bidon.

Le Mésolithique et le Néolithique

Ces périodes sont abondamment documentées par une multitude d'instruments et de beaux moulages de sites et de monuments. Pour la période néolithique, on peut s'attarder sur :

— l'habitat du Cardial, de la grotte d'Oulen à Labastide-de-Virac (4600 B.C.) et sur la sépulture de l'abri Vésignié, à Saint-Marcel-d'Ardèche ;

— les silos et dépotoirs d'un village de la fin du Néolithique du site des Bruyères (4200 B.C.), à Saint-Julien-de-Peyrolas ;

— l'émouvante reconstitution de l'entrée de la grotte sépulcrale de l'Aven de Meunier à Saint-Marcel-d'Ardèche, où étaient érigées trois statues-menhirs — un mode d'expression religieux et artistique spécifique au sud-est de la France ;

— les trois phases d'utilisation en sépulture d'un dolmen.

L'Âge du Bronze enfin, avec ses fines céramiques décorées, est illustré par deux autres reconstitutions : le dépôt de vases de Saint-Martin-d'Ardèche et le dépôt d'objets et d'armes en bronze de Salavas. Un programme de documents audiovisuels et de conférences sur la Préhistoire régionale est présenté dans une salle de projection.

La création d'un parc archéologique associé au musée, en projet, l'agrémentera de nouvelles réalisations d'habitats et de monuments mégalithiques et servira de cadre à des expérimentations archéologiques.

Situation : *07150 Orgnac-l'Aven (Ardèche).*

Vue générale du chantier de l'Aven d'Orgnac.

Orgnac-l'Aven. Panneau peint de la grotte de la Tête du Lion à Bidon.

VASSIEUX-EN-VERCORS

Musée du site

Un atelier de taille néolithique

Découvert en 1970 au cours de prospections archéologiques sur les plateaux méridionaux du Vercors, l'atelier de Vassieux fit connaître, dans la région alpine, une technique de taille rappelant celle usitée au Grand-Pressigny. Un excellent silex permettait, comme en Touraine, de tirer de longues lames de nucléus du type « livre de beurre ». L'étude du matériel archéologique recueilli pendant plusieurs campagnes de fouilles et de la diffusion des produits de l'atelier sont en cours.

Les bâtiments du musée protègent une vaste surface de l'atelier, dont 86 m^2 ont été laissés en place, après un premier décapage limité, et peuvent être ainsi présentés dans l'état que laissèrent les derniers artisans.
À l'extérieur, des maisons néolithiques ont été reconstituées. Des animations (démonstrations de taille du silex, notamment) sont proposées au public.

Situation : *26420 Vassieux-en-Vercors (Isère).*

Provence et Corse

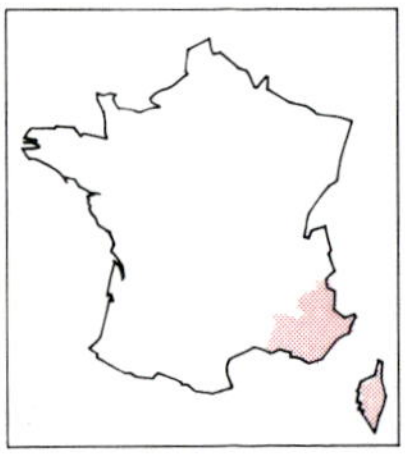

Au pied des Alpes, les régions littorales de la Côte d'Azur devaient très tôt paraître accueillantes à l'Homme, qui s'établit sur ses plages dès le Paléolithique inférieur. Bien plus tard, les pasteurs du Néolithique débutant devaient rechercher les grottes et abris, nombreux dans la région.
Les toutes premières navigations ont peut-être conduit, dès le Paléolithique, les hommes à s'installer en Corse. Rien n'est sûr encore, de beaucoup s'en faut, mais à l'époque mésolithique, c'était chose faite. Un certain isolement, quelque peu rompu malgré tout par des contacts maritimes véhiculant des influences extérieures, en particulier d'Italie, assura le développement de cultures originales pendant le Néolithique et les Ages des Métaux.

ARLES

Les hypogées

Des chambres funéraires taillées dans le roc

Les célèbres hypogées d'Arles-Fontvieille sont au nombre de cinq: La Source, Boussias, Arnaud-Yvaren, Coutignargues, sur le plateau du Castellet, et enfin la grotte des Fées, ou Épée de Roland, sur la montagne de Cordes.
Quatre d'entre eux sont entièrement creusés dans le roc, alors que Coutignargues, bien taillé dans la molasse miocène, a des parois construites en pierre sèche. D'ailleurs, ce dernier monument n'atteint que 14 m de long, alors que le plus grand, l'Épée de Roland, mesure 42 m de long. Tous sont recouverts de grosses dalles et enfouis dans un tumulus rond ou ovale.

La grotte des Fées

Elle présente une chambre trapézoïdale longue de 25 m, précédée d'une antichambre sur laquelle se greffent deux alvéoles latérales. Un couloir en escalier permet d'y accéder. Le passage du couloir à l'antichambre et de celle-ci à la chambre se fait par une porte de four taillée dans la roche.
Le matériel archéologique recueilli dans ces monuments est semblable à celui des dolmens qui présentent, en outre, la même orientation, et rattache les hypogées au Chalcolithique régional. Leur origine serait à

Provence et Corse.

recherche dans les îles de la Méditerranée, peut-être aux Baléares ou en Sardaigne. G. Sauzade note les ressemblances formelles qui existent entre un monument comme Coutignargues et les dolmens à chambre allongée de Provence, tel le dolmen des Gavots à Orgon (Bouches-du-Rhône), et pense qu'il y a filiation de l'un à l'autre.

D'autres hypogées sont connus dans la basse vallée et le delta du Rhône, en particulier celui de Perpétairi, à Mollans (Drôme) et celui des Crottes, à Roaix (Vaucluse).

Situation: *13200 Arles (Bouches-du-Rhône) et sa région.*

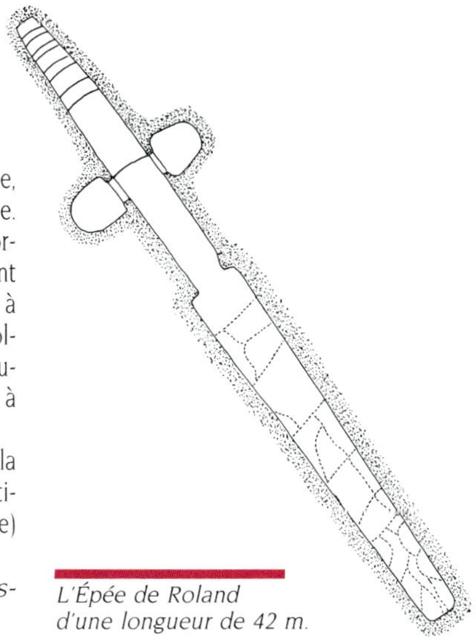

L'Épée de Roland d'une longueur de 42 m.

Les statues-menhirs

Une statue *est un ouvrage de sculpture en ronde bosse représentant en entier un être vivant.*

Un menhir *est une pierre allongée dressée verticalement.*

Une stèle *est un monolithe qui porte une inscription, des ornements sculptés; les «statues-menhirs» du sud-est de la France, qui ont toutes un rapport direct avec la représentation humaine plus ou moins complète, plus ou moins stylisée, ne sont ni réellement des statues, ni réellement des menhirs, mais souvent des stèles et même, plus exactement, des stèles anthropomorphes.*

Les préhistoriens s'accordent à reconnaître trois groupes (un rouergat, un languedocien et un provençal) qu'ils situent chronologiquement au Néolithique final/Chalcolithique (IIIe millénaire avant J.-C.) et qui forment un ensemble approchant 170 statues-menhirs reconnues.

Le **groupe rouergat,** *à lui seul, compte plus de la moitié de cet ensemble réparti sur l'Aveyron (une cinquantaine), le Tarn (une trentaine) et quelques-unes dans l'ouest de l'Hérault. Elles occupent une région montagneuse à une altitude moyenne de 600 m. Leur taille varie de 0,80 m à 4,50 m, mais la moyenne se situe seulement à 1,50 m. Il s'agit de dalles peu épaisses, bien régularisées, qui figurent des personnages sculptés en ronde bosse. Le visage, parfois absent, est peu marqué. Des traits sous les yeux sont peut-être les traces de scarifications, de tatouages ou de peinture. Le personnage est parfois vêtu d'une cape maintenue par une ceinture à laquelle s'accrochent les jambes, comme s'il était assis.*

Les statues féminines se reconnaissent à leurs seins, leur longue chevelure, leur collier. Les statues masculines portent un arc, une hache et/ou un objet énigmatique accroché parfois à un baudrier. Cet objet trouvé à quelques exemplaires dans les dolmens régionaux permet de bien dater ces statues-menhirs trouvées isolées, renversées, lors des labours.

Il arrive que des statues-menhirs masculines aient été «féminisées» par adjonction de nouveaux attributs et disparition d'autres. L'inverse n'existe pas.

Le **groupe languedocien** *s'étale de l'est de l'Hérault au Gard et à l'Ardèche, en majorité dans la garrigue, à faible altitude. La représentation humaine se limite au buste et parfois seulement au visage, quand ce n'est pas uniquement au T que forme la*

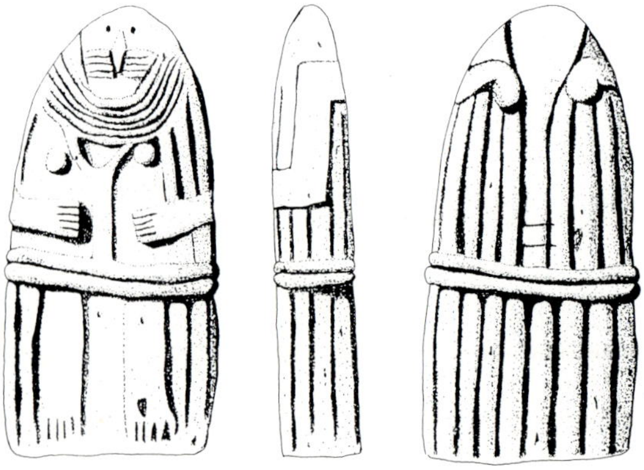

Statue-menhir de Saint-Sernin-sur-Rance.

Stèle I de la Lombarde à Puyvert.

du midi de la France

ligne des sourcils avec celle du nez. Les bras peuvent être représentés et certaines statues sont côtelées. Il arrive qu'une paire de seins soit figurée et on retrouve, comme dans le groupe rouergat, des haches, des arcs et, aussi, l'énigmatique objet.

Le **groupe provençal** compte environ 35 éléments découverts, brisés pour la plupart, dans les plaines intérieures de la Provence occidentale presque exclusivement. Il se subdivise en deux sous-groupes.

Le premier type, limité au comtat Venaissin, est en forme de borne à base plate : la figuration humaine est réalisée par des courbes, accompagnées de nombreuses cupules.

Les stèles du deuxième type sont trapézoïdales, à base plus ou moins pointue. Un bandeau au décor géométrique à base de chevrons borde la partie haute de la stèle et dégage ainsi une face quadrangulaire en creux où seuls le nez et les yeux sont marqués. On les retrouve essentiellement dans les plaines de la Durance et de Trets.

Dans les trois groupes, la plupart des stèles ont été trouvées enfouies dans le sol, sans relation avec une occupation préhistorique. Parfois, quelques objets aux alentours ou leur réemploi dans des monuments connus aident à la datation. Mais la fonction est toujours délicate à déterminer. Seule la stèle de Montaïon à Sanilhac (Gard) faisait partie d'un ensemble constitué d'un tas de pierres, d'une autre stèle sans décor et de trois autres petites dalles dressées. Peut-être s'agissait-il d'un lieu de culte. Ailleurs, l'association avec des habitats et des milieux sépulcraux paraît assurée. Mais nous conviendrons avec A. d'Anna que « nous entrons alors dans les délicates questions touchant au cercle des mythes, de la magie, de la religion. Culte des chefs, des ancêtres, ou représentations de dieux bienveillants ? Déesses protectrices des morts et gardiennes de la forêt ? Ce sont des domaines difficilement accessibles pour l'archéologue qui — prudent — se réfugie derrière le mutisme des objets ».

Les statues-menhirs ne sont pas l'apanage des seules régions considérées ici et il faudra se référer pour une plus ample connaissance à celles, peu nombreuses, de la Bretagne et celles, beaucoup plus nombreuses, mais aussi plus tardives, de la Corse.

Filitosa.
Monument central.

AVIGNON

Musée Calvet

Le musée des stèles anthropomorphes

Le musée Calvet, dans un élégant hôtel particulier du XVIIIe siècle, présente le panorama le plus complet que l'on puisse trouver de l'archéologie préhistorique du Languedoc. Les collections de Préhistoire sont exposées sur deux niveaux, dans une perspective chronologique, site par site. Dès le début, une carte de la région, bien illustrée, localise les gisements connus lors de sa conception, avec une multitude de renseignements archéologiques.

Le Paléolithique inférieur

Période représentée essentiellement par les industries du Sablon et de la grotte du Vallonnet.

Le Paléolithique moyen

Cette période est beaucoup mieux fournie, avec une série d'industries de gisements locaux célèbres qui mettent bien en évidence la variété de ces assemblages à débitage Levallois, comme le Bau de l'Aubesier, ou non Levallois, comme à la Baume des Peyrards.

Le Paléolithique supérieur de la région

Il est très diversifié, avec certaines caractéristiques régionales dans la composition typologique des ensembles industriels, mais aussi dans la qualité et la nature des sites d'habitat fouillés : Chinchon, Soubeyras, La Combette... Dans l'abri de Chinchon, une séquence bien détaillée a livré de l'Épigravettien, un faciès local contemporain du Magdalénien où s'observe une proportion parfois élevée de pièces à dos : les microgravettes (d'où son nom), du Magdalénien supérieur à harpons et de l'Azilien avec de petits harpons plats à boutonnière et à un rang de barbelures.

L'Épipaléolithique

Il est représenté par des ensembles bien documentés. Le mot désigne des cultures qui se différencient du Mésolithique par le maintien d'une économie de prédateurs fondée sur la chasse, la pêche, la cueillette, alors que d'autres groupes se développent vers le Néolithique ou même les premières métallurgies. Les systèmes de débitage y sont encore orientés dans le sens d'une production laminaire à la percussion et dans l'utilisation d'une gamme d'outils de type paléolithique ; c'est le cas de l'Azilien.

Le Néolithique

La profusion des sites des périodes du Néolithique et la grande variété des faciès locaux identifiés sont sensibles dès cette partie de l'exposition grâce à la grande diversité des cultures matérielles présentées. Le rôle de la typologie des formes de céramique dans la classification des groupes culturels est évident. L'anthropologie physique des populations néolithiques est abordée, ainsi que leurs pratiques funéraires. La visite s'achève sur l'exposition du plus grand ensemble de stèles anthropomorphes (statues-menhirs) chalcolithiques du sud-est de la France.

Situation : *65, rue Joseph-Vernet, 84007 Avignon (Vaucluse).*

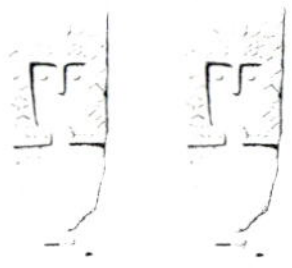

BICCHISANO

Le dolmen de Settiva

Les « missionnaires de la religion mégalithique » atteignent la Corse...

Le dolmen de Settiva est de forme quadrangulaire, presque carrée, d'environ 1,70 m de côté à l'intérieur de la chambre dallée. Un couloir, ou vestibule, est limité par deux pierres dressées de part et d'autre de l'entrée, elle-même faite de deux dalles échancrées à la base.
Un cercle de pierres marque la périphérie du tumulus-plate-forme, dont on ignore la hauteur primitive; il est toutefois coupé au sud par une façade rectiligne (légèrement concave) au-devant de laquelle trois menhirs avaient été plantés à quelques mètres de distance. Celui de 2,25 m de long fut redressé, un autre, long de 4 m, est toujours couché.
La façade légèrement concave et l'existence de ces menhirs situés de la sorte conduisent à des rapprochements avec les « tombes des Géants » de Sardaigne.
Le dolmen de Settiva contenait un mobilier relativement abondant, malheureusement assez peu caractérisé. Il s'agit d'une vingtaine de tasses tronconiques à anse en ruban, posées sur le dallage de base, qui peuvent appartenir à l'Âge du Bronze dans le IIe millénaire avant J.-C. Au-dessus, des ossements humains, appartenant à au moins cinq individus, sont en partie brûlés.

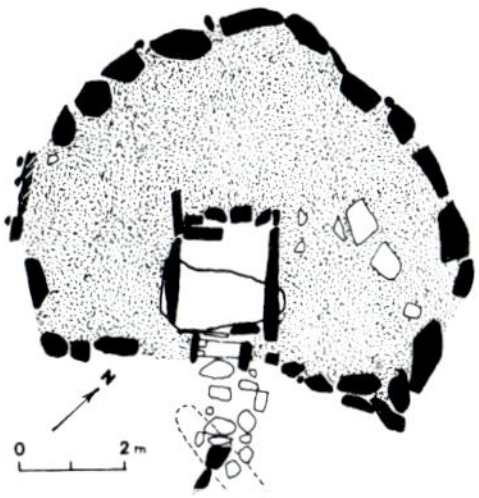

Dolmen de Settiva (d'après R. Grojean).

Situation : *20140 Petreto-Bicchisano (Corse-du-Sud).*

CABASSE

Dolmen de La Boussière

Des ossements carbonisés dans un dolmen

Construit au sommet d'une colline, le dolmen de La Boussière fut fouillé par G. Bérard en 1950. Sa chambre rectangulaire a des parois latérales faites de murets en pierre sèche, une dalle de chevet et deux dalles dressées qui délimitent un passage rétréci au niveau de la porte. Elle est dallée, de même que le couloir bordé de gros blocs. Le dolmen est inclus dans un tumulus rond de 6 m de diamètre, limité par des dalles dressées, hautes de 0,70 m, non jointives.
Dans le remplissage de la chambre, le niveau supérieur, épais de 25 cm, contenait les ossements de trois ou quatre individus, sur un dallage qui recouvrait un deuxième niveau de 14 cm d'épaisseur. Dans cette deuxième couche se trouvaient de nombreux ossements très fracturés ayant subi l'action du feu, avec quelques vestiges archéologiques dont une pointe de flèche. La troisième couche était également séparée de la deuxième par un dallage. Elle n'avait

Les monuments mégalithiques

Les monuments mégalithiques de la Corse se répartissent en coffres de pierre, dolmens et menhirs. Ces derniers peuvent être groupés en alignements plus ou moins considérables. C'est ainsi que les sept alignements de Palagghiu (Sartène) comptent 258 pierres dressées. Un coffre chalcolithique fut découvert à proximité.

Le mégalithisme en Corse est surtout un phénomène méridional, et la région de Sartène est le centre qu'il faut visiter. G. Camps décompte 46 dolmens et 18 coffres dans l'ensemble de l'île, dont 86 % se situent au sud. 25 alignements sont, en grande majorité, concentrés dans le Sartenais.

L'étude du mégalithisme de Corse fut l'œuvre de R. Grosjean, qui a établi une séquence chronologique en trois phases.

La phase la plus ancienne daterait du Néolithique récent (fin IVe-début du IIIe millénaire avant J.-C.). Elle est caractérisée par des coffres qui peuvent être enterrés jusqu'à 2 m de profondeur et marqués en surface par un cercle de pierres et un menhir. Certains coffres atteignent jusqu'à 3 m de longueur ; ils sont formés de parois monolithiques en granit et souvent placés au sommet d'éminences naturelles peu marquées. D'autres coffres n'étaient qu'à demi enterrés ; il en est certains qui furent édifiés à la surface du sol, et pendant longtemps. Il semble que peu à peu le coffre soit sorti de terre, pour devenir le dolmen dans une phase plus tardive. Mais tout cela reste très subjectif, par manque de données chronologiques précises.

À cette période, dite Mégalithique I par R. Grosjean, succède une phase de construction aérienne de coffres et dolmens, avec l'apparition d'alignements de menhirs. Les dolmens ont des dalles de couverture et des piliers souvent bien régularisés et des rainures d'encastrement se voient sur certains orthostates.

L'un des plus beaux monuments de cette époque est celui de Fontanaccia (Sartène) sur le plateau de Cauria, si riche en monuments mégalithiques, avec les alignements de Stantari et les

Dolmen de Fontanaccia, Sartène.

de la Corse

Alignements de Palagghiu.

restes proches du dolmen de Rinaghin. La chambre atteint 2,60 m de long, 1,60 m de large et une hauteur de 1,80 m sous plafond, celui-ci étant fait d'une dalle longue de 3,40 m et large de 2,30 m. Un menhir, actuellement cassé, semble être en rapport avec le monument. Certains dolmens présentent une échancrure, sorte de hublot, à la partie supérieure de l'entrée de la chambre (dolmens de Cardiccia et de Tavau).

Dans cette phase apparaissent les alignements de pierres dressées qui évolueront avec le temps pour devenir anthropomorphes puis armées, véritables statues-menhirs.

La troisième période mégalithique corse daterait du Bronze moyen. Elle est marquée par le développement considérable d'un art statuaire monumental dont les prémices se reconnaissent dans le caractère anthropomorphe de certains menhirs de la phase précédente.

Si cette chronologie du mégalithisme corse relève d'une grande logique, elle est loin d'être assurée, et les chercheurs actuels ont tendance à rejeter l'idée des « missionnaires de la religion mégalithique », mythe qui a fait son chemin un certain temps, remplacé souvent de nos jours par une « génération spontanée » guère plus satisfaisante.

Les dolmens bas-rhodaniens

Y. Chevalier regroupe sous l'appellation de «dolmens bas-rhodaniens» un ensemble de dolmens à couloir à chambre quadrangulaire généralement axiale, ouverts à l'ouest. Les parois latérales des chambres sont en pierre sèche; les dalles du fond et de l'entrée sont engagées de part et d'autre dans le tumulus. La longueur moyenne de la chambre est de 2,10 m (mais peut dépasser 7 m), la largeur et la hauteur de 1,70 m.

Comme dans les dolmens languedociens, la chambre peut être précédée d'une antichambre. Le couloir est toujours en pierre sèche à l'ouest du Rhône, plus mégalithique en Provence. Les tumulus paraissent circulaires.

Les dolmens bas-rhodaniens occupent une vaste zone de part et d'autre de la vallée du Rhône, depuis le nord du département du Gard, le sud de l'Ardèche et les garrigues de l'Hérault, jusqu'à la région de Brignoles-Grasse, en Provence. Le dolmen du Pouget (Hérault) entre parfaitement dans cette catégorie.

que 12 cm d'épaisseur. Les ossements très fragmentés appartenaient pour la plupart à des crânes et des maxillaires et étaient accompagnés du matériel archéologique suivant: 8 pointes de flèche, 1 poignard, 1 grande lampe et 49 perles. Un nouveau dallage séparait la troisième couche de la quatrième qui n'avait que 8 cm d'épaisseur et qui livra des ossements humains, très fracturés, aux côtés desquels on trouva: 1 grande lame de silex, 1 flèche et 32 perles. Enfin, dans l'angle sud-ouest de la chambre, une fosse avait été creusée à travers les deux dernières couches et contenait un squelette d'enfant.

Des datations radiocarbone de la couche basale impliquent une utilisation du monument à la fin du IVe millénaire avant J.-C.

À une cinquantaine de mètres à l'est du dolmen, une couche de terre noire, charbonneuse, d'une surface d'environ 100 m^{2} et épaisse de 50 cm, contenait de nombreux fragments d'os humains carbonisés, ainsi que quelques vestiges d'époque chalcolithique. Cet *ustrium* pourrait donc être en relation avec le dolmen.

Situation: *83340 Cabasse (Var).*

MONTE-CARLO

Musée d'Anthropologie préhistorique

La Préhistoire ligure

Ce musée, créé en 1904, est remarquablement installé dans le cadre du jardin exotique, un site exceptionnel, sur les bords mêmes de la côte monégasque.

Il abrite des collections régionales qui permettent de retracer le rôle prépondérant que les nombreuses découvertes faites dans la principauté jouèrent dans le fondement de la Préhistoire vers le début du XXe siècle, notamment sous l'impulsion du prince Albert Ier de Monaco.

Les collections régionales sont donc les plus passionnantes, même si elles n'ont pas l'exotisme des trophées de chasse du prince Albert Ier qui servent à illustrer la faune quaternaire dans la salle de Préhistoire générale.

La sépulture de la grotte des Enfants à Grimaldi (Blazi Rossi, Ligurie italienne), mondialement célèbre, rend compte de la richesse et de l'investissement symbolique dont les groupes du Paléolithique supérieur pouvaient investir les rituels funéraires, si l'on en juge par les restes de parure qui ornaient les vêtements de ces corps. Dans cette grotte ont été découvertes quatre sépultures, dont deux doubles. En raison de l'ancienneté de ces fouilles et de la richesse des sites de cette zone (grotte du Cavillon, Barma Grande (six sépultures), Baousso da Torre, abri Mochi) qui renferment pour la plupart plusieurs niveaux archéologiques, il est difficile de dater précisément ces découvertes. L'Aurignacien est toutefois présent de façon certaine dans la stratigraphie du Paléolithique supérieur de presque tous ces gisements.

Les squelettes mis au jour dans ces cavités étaient toujours ornés de parures de coquillages, de vertèbres de poisson, de canines de cerfs et saupoudrés d'ocre rouge.

Des témoignages artistiques intéressants ont été mis au jour : à Barma Grande, de petites figures féminines en stéatite, et sur une paroi de la grotte du Cavillon, à 28 m sous le niveau actuel de la mer, une gravure de cheval.

Situation : *56 bis, boulevard du Jardin-Exotique, Monte-Carlo (Principauté de Monaco).*

NICE

Musée de Paléontologie humaine de Terra Amata

Un campement paléolithique en bord de mer

Dans la ville de Nice, près du port, sur les pentes du mont Boron, un campement du Paléolithique ancien fut découvert à l'occasion de travaux de terrassement pour la construction d'un immeuble. Des fouilles de sauvetage furent entreprises par H. de Lumley et une équipe de volontaires.

Lorsqu'il était fréquenté par l'homme préhistorique, le site se présentait comme une plage marine recouverte de dunes, au dé-

La grotte du Lazaret

Située elle aussi au pied du mont Boron, au sud-est de Terra Amata, à une vingtaine de mètres au-dessus de la mer, la grotte du Lazaret est connue depuis le début du XIXe siècle. À la suite de travaux anciens, des fouilles récentes y ont été entreprises par H. de Lumley.

Cette grotte contient des vestiges d'occupation acheuléenne. Dans un des niveaux archéologiques, les fouilles ont mis en évidence, adossée à la paroi de la grotte, une structure de 11 m de long et de 3,5 m de large, délimitée par une ceinture de pierres, qui serait les vestiges d'une cabane construite par les Acheuléens à quelques mètres de l'entrée. À l'intérieur de la structure, deux concentrations charbonneuses ont été mises au jour, séparées par des zones où la présence de minuscules coquillages marins a été interprétée comme provenant d'une litière faite d'algues, recouverte de peaux d'animaux à fourrure.

L'outillage des occupants, élaboré à partir de galets, est relativement abondant : racloirs, encoches et denticulés et rares bifaces.

Site de Terra Amata. Mandibule de rhinocéros in situ.

bouché d'une petite rivière côtière. Les fouilles ont révélé des structures ovales de 7 à 15 m de long et de 4 à 6 m de large, interprétées par de Lumley comme étant les vestiges de huttes de branchages plantés dans le sol, ouvertes à une extrémité et dotées d'un trou dans le toit pour que s'échappe la fumée des foyers. Des amas de pierres ont été considérés comme les restes de murettes protégeant les occupants du vent froid venant du nord.

De soigneuses observations stratigraphiques ont montré une succession de onze couches d'occupation correspondant à de brefs séjours répétés. L'analyse de pollens indique des visites printanières.

D'après les dimensions des structures ovales, H. de Lumley estime que les occupants venaient en groupes de 10 à 20 personnes. La rareté des vestiges, os et silex, autour des foyers indiquerait qu'ils se regroupaient là pour dormir. L'outillage en pierre se compose essentiellement de choppers et chopping-tools, de rares bifaces, de racloirs, encoches et denticulés. L'âge d'une de ces occupations — 380 000 ans — a été mesuré par la méthode de thermoluminescence sur du silex brûlé.

Le musée, sur l'emplacement du campement, présente des restitutions interprétées de l'habitat, ainsi qu'une sélection de l'outillage et des restes de faune trouvés en cours de fouille.

Grotte du Lazaret, Décapage du sol de la cabane pendant les fouilles de 1967.

Situation : *25, boulevard Carnot, 06000 Nice (Alpes-Maritimes).*

SOLLACARO

Filitosa et les constructions cyclopéennes de Corse

Citadelles et statues des héros de l'Age du Bronze

Pendant la quasi-totalité du XIXe siècle, la Corse reste à l'écart, ou peu s'en faut, du grand mouvement d'intérêt suscité par la Préhistoire et la Protohistoire, et ce bien que le dolmen de Taravo fût signalé dès 1810, et la statue-menhir de Sagone mentionnée par Prosper Mérimée en 1840. Après un début de XXe siècle prometteur, l'intérêt pour les monuments protohistoriques corses est enrayé par la Première Guerre mondiale ; il faut attendre l'année 1955 pour que, par un premier article, Roger Grosjean donne réellement naissance à la recherche préhistorique et protohistorique corse. C'est à lui qu'on doit la découverte de Filitosa, mais aussi de Torre, de Tappa, de Cucuruzzu et de nombreux autres sites.

Les paladini

Filitosa est devenu le fleuron de la Préhistoire corse. À l'origine de la découverte, quatre *paladini* (paladins) — en fait des statues-menhirs — gisant dans la vallée du Barcajolo et, sur une butte voisine, des ruines que R. Grosjean reconnut immédiatement comme proches des célèbres constructions cyclopéennes de Sardaigne ou des Baléares.

Cucuruzzu.
Entrée du castellu.

Bien avant que les hommes de l'Âge du Bronze — de la civilisation dite torréenne — ne s'y installent, le site de Filitosa avait été occupé au cours du Néolithique. L'ensemble architectural actuel, qui s'étend sur un espace de 130 m de long et 40 m de large, comporte les restes d'une enceinte construite en appareil cyclopéen, des vestiges de cabanes au sud, et trois monuments. Il avait été précédé par une première enceinte, délimitant une surface plus modeste.

De la construction orientale, très dégradée, subsiste une rampe d'accès et une plateforme. Sa destination reste inconnue.

Les torre

L'édifice occidental, une *torre* vaguement circulaire, encore conservée sur plus de 3 m de hauteur et appuyée sur de gros rochers, présente une structure complexe : un long couloir ouvert à l'est conduit à une grande chambre recoupée par un mur central destiné à réduire l'espace, à la suite de la condamnation, dès l'Âge du Bronze, de la porte d'entrée principale rendue dangereuse par la dégradation de son linteau. On accédait alors à la partie subsistante de la pièce par le fond, en suivant la galerie prolongeant le couloir d'entrée. De cette galerie partent, par ailleurs, deux diverticules, l'un menant à une petite chambre aménagée dans une cavité naturelle, l'autre — un escalier — assurant une sortie au sud. La torre comporte en outre une petite cavité souterraine, accessible depuis la chambre principale. À l'origine, voûté en coupole, l'ensemble possédait sans doute un étage.

Au pied de la torre centrale ou érigés sur sa terrasse, un petit groupe de statues-menhirs monte la garde. Certaines portent des figurations d'armes. De même que 32 autres blocs, considérés peut-être abusivement comme des menhirs bruts brisés, elles ont été retirées des murs : elles avaient, lors de la construction, perdu tout caractère sacré. Quant à l'édifice lui-même, ovalaire, il ne contient qu'un couloir, long de 7 m et large de 2,5 m en moyenne, menant à une chambre de 3 m de diamètre, au centre de laquelle se trouvait un foyer placé là selon une tradition locale remontant au Néolithique. Il n'est pas assuré qu'existait un étage sous la voûte qui couvrait primitivement la chambre.

En contrebas de la butte de Filitosa, dans la vallée du Barcajolo, ont été rassemblés, en un pseudo-alignement, cinq statues-menhirs, primitivement dispersées sur une aire d'une dizaine d'hectares.

Torre et castelli

L'ensemble de Filitosa se rattache à une série de plusieurs dizaines de sites de Corse du Sud. Il s'agit, soit de *torre* isolées, soit d'ensembles fortifiés, les *castelli*.

Les torre, édifices de plan circulaire, comportent principalement une chambre centrale, avec sans doute un étage, commandée par un couloir d'accès. La partie inférieure pouvait servir de cave ou de magasin, et l'étage d'éventuelle habitation. La fonction défensive de ces constructions ne fait guère de doute. Dans la région de

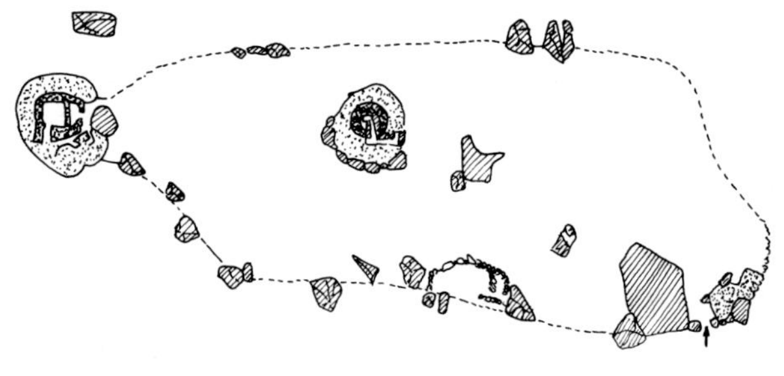

Plan du complexe de Filitosa.
Pointillé : constructions
Hachuré : massifs rocheux
Tireté : contour du plateau

Porto-Vecchio, on peut citer celle de Ceccia et, dans celle de Sartène, celles de Balestra et surtout de Foce, qui, avec ses 18 m de diamètre, est la plus volumineuse de toutes. Celle de Torre, à 8 km au nord de Porto-Vecchio, très bien conservée, possède un plan moins classique : semi-circulaire, adossée à un roc énorme, elle contient des couloirs mais ne possède pas de chambre bien définie. Elle avait peut-être une fonction différente de celle des torre classiques.

Des citadelles préhistoriques

Les *castelli*, ensembles plus complexes, sont de véritables citadelles ceintes de murailles. Le plus beau est celui d'Araghiu, à 5 km au nord-ouest de Porto-Vecchio. Placé sur un plateau d'où le regard peut embrasser le golfe de Porto-Vecchio, il a conservé une enceinte où circule un chemin de ronde auquel un escalier donnait accès. Le mur, épais de 10 m à l'est, mais seulement de 2 m à l'ouest, enserre des casemates. L'entrée principale est un couloir, à l'origine couvert de dalles de pierre, long de près de 10 m, au milieu duquel s'ouvre une guérite. La salle triangulaire qui le complète à son débouché pouvait en faciliter la défense. Une autre entrée, au nord, où la citadelle domine un abrupt, fut condamnée, sans doute lors d'une période d'insécurité. Une torre, véritable donjon, s'élève dans l'angle sud-ouest de l'enceinte du *castellu*. Son entrée s'ouvre au niveau du chemin de ronde qu'elle dominait de sa masse. Cette place forte était située à proximité d'un village, installé dans un replat du terrain, à un quart d'heure de marche.

D'autres castelli méritent la visite : en Sartenais, celui de Cucuruzzu, sur le plateau de Lévie, à côté de son village, ou ceux de Alo-Bisucca, Calzola-Castelluciu, Cuntorba, Calanchi-Spara Alta ; dans la région de Porto-Vecchio, ceux de Bruschiccia et de Tappa.

Les monuments torréens furent érigés pendant l'Âge du Bronze ancien et moyen, c'est-à-dire pendant les trois premiers quarts du IIe millénaire avant notre ère. Ils s'apparentent aux monuments cyclopéens des îles de la Méditerranée occidentale, *nuraghes* de Sardaigne, *talayots* des Baléares.

Situation : *20140 Sollacaro (Corse-du-Sud).*

Envahisseurs ou chefs indigènes ?

Sauf à Filitosa, les statues-menhirs ne sont nulle part associées aux monuments torréens, mais elles peuvent être intégrées dans des alignements de menhirs, comme à Palagghiu, à 16 km au sud-ouest de Sartène, ou à Rinaghiu, sur le plateau de Cauria. Les plus élaborées portent sculptés un visage individualisé et un équipement militaire, poignard ou épée. Lors des premières découvertes, R. Grosjean les interpréta comme des effigies d'envahisseurs, les Shardanes, l'un des peuples de la Mer mentionnés par les chroniques égyptiennes et identifiés sur les reliefs de Medinet-Habou. Ils auraient combattu un peuple demeuré au stade néolithique, et érigé les monuments torréens : les statues brisées incorporées aux murs de Filitosa firent supposer que ces « Néolithiques » auraient dressé ces effigies en trophée, et que les Shardanes les auraient détruites pour les réutiliser en matériaux. Cette théorie, certes séduisante, prête le flanc à la critique. En effet, l'identification des hommes des statues-menhirs aux Shardanes ne résiste pas à l'examen des sources concernant ce peuple. Plus probablement, les statues figureraient des chefs indigènes. Quant à leur âge, il est malaisé à déterminer. Si certaines, celles de Filitosa entre autres, datent sûrement de l'Âge du Bronze, une bonne partie peut ne remonter qu'à l'Âge du Fer.

TENDE

La Vallée des Merveilles et le mont Bégo

Une montagne sacrée de l'Age du Bronze

Vers 1650, l'érudit niçois Gioffredo mentionnait déjà les gravures du Val des Merveilles. Mais il fallut attendre encore plus de deux siècles pour qu'on définît de quoi il s'agissait réellement. Après les travaux pionniers de Clarence Bicknell qui, à sa mort, en 1918, laisse les copies de 1 100 gravures et de Barocelli, qui fait construire un refuge destiné à loger les chercheurs venus sur le site, Carlo Conti relève et moule près de 36 000 œuvres. Le travail d'étude n'est pas achevé pour autant, de beaucoup s'en faut! Après la Seconde Guerre mondiale, la région devient française; des équipes, tant italiennes que françaises, continuent à travailler. Depuis 1967, Henry de Lumley dirige chaque année une campagne estivale de recherches. Cet intérêt soutenu montre à l'évidence l'exceptionnelle importance, pour la connaissance du monde protohistorique, des roches gravées de la région du mont Bégo.

Plus de 100 000 gravures

Le site, d'une grandiose et austère beauté, forme un amphithéâtre, raboté par l'érosion glaciaire, encombré de blocs erratiques, délimité par les pics des montagnes se mirant dans les lacs. Pour les hommes de ce temps, site redoutable et pourtant bénéfique, où les dieux expriment leur colère par de terribles orages dont les vallons répercutent les coups de tonnerre, mais aussi lieu généreusement dispensateur de l'eau de ses sources et de ses torrents, cette eau si rare en ces terres de climat méditerranéen.

Les hommes de l'Âge du Bronze ancien et moyen ont couvert les roches accessibles d'un nombre considérable de gravures, estimé à plus de 100 000! Selon la nature de la roche travaillée, les œuvres sont plus ou moins visibles. Celles réalisées sur les schistes, dont le piquetage a éliminé la surface colorée par les oxydes de fer et remis au

Vallée des Merveilles. Gravures de corniformes et de poignards.

jour la teinte naturelle de la roche, sont particulièrement nettes. En revanche, avec le grès pour support, elles ne bénéficient pas du même contraste chromatique, ne se distinguent qu'avec peine, et le plus souvent seulement en lumière rasante. L'usage de la peinture, quant à lui, est exceptionnel.

On serait en droit de s'attendre, au vu du nombre élevé des gravures, à une grande variété des thèmes représentés. Il n'en est rien : quatre catégories suffisent pour classer ceux de l'Âge du Bronze.

Les figurations animales se résument, pour l'essentiel, à un signe cornu, une plage piquetée dotée d'une paire d'antennes en guise de cornes. Souvent regroupés en paires ou par quatre, ces signes sont attelés à des araires : il ne fait pas de doute qu'ils figurent des taureaux ou des bœufs. Des gravures anthropomorphes, rares, accompagnent parfois les attelages.

Plus étonnantes, d'autres figures humaines sont construites à partir de variations sur le thème du corniforme tels l'inquiétant « Sorcier » brandissant deux poignards, ou le « Chef de tribu ». Le « Christ », autre gravure célèbre, est en revanche un corniforme modifié à une date postérieure.

À côté de ces figurations, on trouve celles d'objets, poignards et hallebardes ; certains auteurs se refusent à voir des armes dans ces hallebardes : elles ne seraient que des faux !

La dernière catégorie regroupe des figures géométriques simples : cercles, ovales, rectangles, carrés, ou grilles, d'interprétation incertaine : cadastres primitifs ? parcs à bestiaux ?

Le « Chef de tribu ».

Un immense lieu de culte

Que signifient ces milliers de gravures ? Les hypothèses n'ont pas manqué, certaines tout à fait fantaisistes. On estime actuellement que le site était un immense lieu de culte, voué à une ou plusieurs divinités. La

Trois styles de gravures

La technique de gravure utilisée est celle du piquetage de la roche avec un outil à pointe mousse en pierre ou en métal, ce qui crée à chaque choc de minuscules cupules. Des détails de réalisation ont permis de distinguer trois styles :

- *style A, le plus ancien, aux gravures à cupulettes profondes, régulières, donnant un dessin à contour net et rectiligne ;*
- *style B, aux cupulettes plus larges et plus profondes, conférant aux gravures un tracé plus sinueux ;*
- *style C, moins soigné, aux cupulettes plus espacées, qui font perdre en netteté au dessin.*

D'autres gravures, aux tracés linéaires incisés, recoupent fréquemment les œuvres piquetées et leur sont donc postérieures, même si elles sont difficiles à dater. Les plus anciennes remontent peut-être à l'Âge du Fer, mais on note aussi des inscriptions romaines incontestables, et des graffiti, nombreux, d'époque historique : blasons, bateaux, etc., sans compter ceux des bergers ... et les éventuelles et désastreuses initiales d'actuels visiteurs.

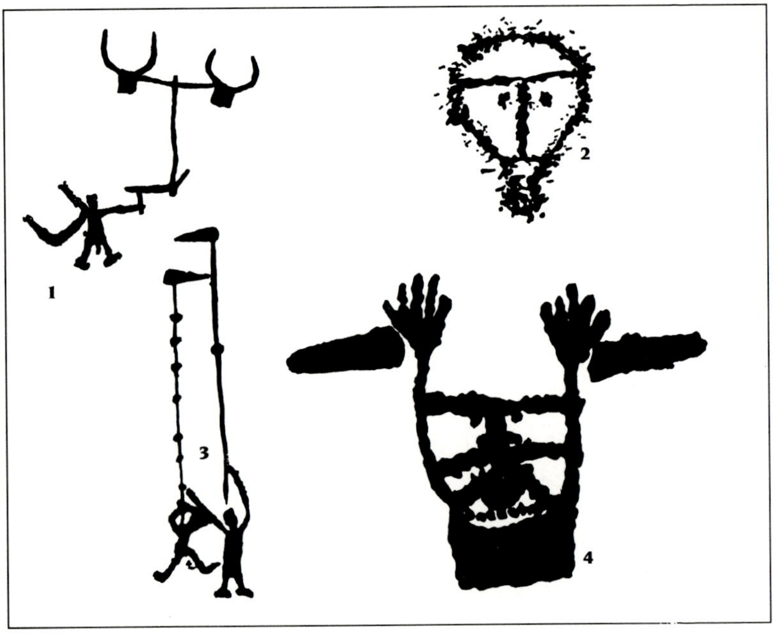

Vallée des Merveilles. — 1. Figuration d'une araire tirée par une paire de bœufs (d'après J. Abélanet). — 2. Le «Christ» (d'après H. de Lumley, J. Abélanet, M.E. Fontvieille). — 3. Hommes maniant des hallebardes (d'après J. Abélanet). — 4. Le «Sorcier» (d'après J. Abélanet).

figure cornue du taureau, symbole issu du fond des temps, obsédante — plus de la moitié des représentations recensées —, indique une consécration des lieux à une divinité garante de la fertilité et de la fécondité, maîtresse de l'orage terrible et bienfaisant que les hallebardes et les poignards brandis par le «Sorcier» symbolisent sans doute, à l'instar du foudre de Zeus ou du marteau de Thor. Ces figurations d'armes sont par ailleurs bien précieuses : leurs modèles en métal permettent de dater le sanctuaire du début de l'Âge du Bronze, dans la première moitié du IIe millénaire avant J.-C.

Accès : *Pour visiter la vallée des Merveilles et l'ensemble des gravures de Fontanalba, il faut prévoir une journée entière d'excursion. L'ascension vers le site se fait à partir du lac des Mesces (à Saint-Dalmas-de-Tende) ; de là, un sentier remonte le vallon de la Minière et se termine près du refuge du Club alpin français. Il faut alors traverser la digue du lac Long supérieur et, au pied du mont Bégo, prendre le chemin de la vallée des Merveilles. Les roches les plus célèbres se trouvent près du lac des Merveilles méridional.*

Il est bien compréhensible que le visiteur souhaite photographier les plus belles œuvres. Mais il est inutile de chercher à raviver les tracés des figures, en les passant à la craie par exemple : le contraste chromatique des gravures avec la surface patinée de la pierre suffit ; on n'obtiendrait plus une image véritable de l'original, qui paraîtrait comme maquillé. De plus, ces gravures sont fragiles : procéder ainsi est un véritable acte de vandalisme qui contribue à l'usure, donc à la destruction de ces trésors de l'art de l'Âge du Bronze. C'est pour le mettre à l'abri de telles déprédations, devenues inquiétantes, que le célèbre bloc du «Chef de tribu» a dû être retiré du site et remplacé par une copie.

Voir aussi : *Le musée de Préhistoire régionale de Menton, inauguré en 1988 dans le palais Carnolès, une ancienne résidence des princes de Monaco, présente un million d'années de l'histoire humaine dans les Alpes-Maritimes et en Ligurie. Les gravures de la région du mont Bégo y sont présentées. Des dépôts importants de l'Âge du Bronze de la région y sont également exposés.*

VAUVENARGUES

La Citadelle

Un habitat fortifié sur la falaise

La Citadelle, sur les contreforts du massif de la montagne Sainte-Victoire, à l'est de Vauvenargues, a été fouillée par A. d'Anna de 1978 à 1985 sur 375 m^2.
Un mur, long de 50 m, fait d'un double parement avec bourrage interne, prend appui sur les bords de la falaise et délimite une surface d'environ 800 m^2. Son épaisseur varie de 1,20 à 1,60 m et sa hauteur primitive approchait 1,50 m.

À l'intérieur de l'enceinte, une seule unité d'habitation de 8 m × 2,50 m a été découverte. Elle est datable du IIIe millénaire avant J.-C., du Courounien. Un abondant matériel y fut recueilli : céramique, silex, ossements d'animaux et d'êtres humains.

Situation : *13126 Vauvenargues (Bouches-du-Rhône).*

Les autres sites perchés des Bouches-du-Rhône

Plusieurs sites d'occupation préhistorique (Néolithique et Chalcolithique) ont récemment été étudiés dans cette région.

À Istres, sur la partie haute du plateau de Miouvin, H. Camps-Fabrer et A. d'Anna ont étudié un site qui fut d'abord occupé au Néolithique moyen (Chasséen) puis au Néolithique final (Courounien). Ce fut d'abord un habitat ouvert, puis un mur fut édifié, isolant une partie de la bordure du plateau. Dans une troisième phase, l'enceinte fut modifiée par un mur fait d'un double parement de dalles dressées. Une cabane longue de 13,50 m et large de 3,50 m s'appuie sur ce mur, mais à l'extérieur de la partie enclose.

Au col Sainte-Anne, à Simiane-Collongue, A. Muller étudie un habitat perché qui occupe la crête de la chaîne de l'Étoile, à l'est du Pilon du Roy. Il s'agit d'un ensemble de terrasses indépendantes de 20 à 100 m^2, longuement utilisées. La terrasse I fut occupée au Chalcolithique par les « Campaniformes provençaux », à la fin du IIIe millénaire avant J.-C.

C'est H. Barge-Mahieu qui étudie les sites des Calades, à l'extrémité orientale du massif des Alpilles, à 2 km au sud-est d'Orgon. Ce promontoire rocheux domine la vallée de la Durance d'une centaine de mètres. Les témoins d'occupation campaniforme (ancien et moyen) se trouvent dans une cabane ovale de 10 m × 6 m.

D'autres habitats perchés, tels que le Fortin-du-Saut et Château-Viran dans les Bouches-du-Rhône, les Lauzières, à Lourmarin (Vaucluse), ont livré des vestiges campaniformes qui ne furent connus pendant longtemps qu'en plaine (La Balance à Avignon, Vaucluse ; Saint-Côme et Maruéjols-lès-Gardon, Gard).

Les Causses et le Languedoc

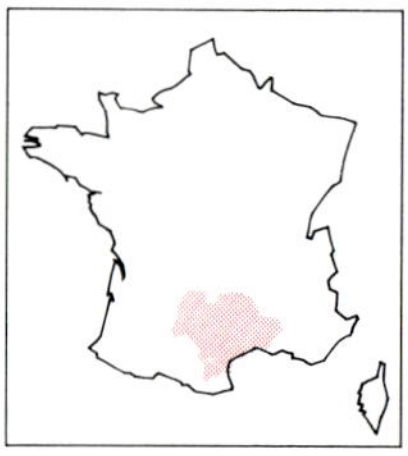

Au sud du Massif central, du Quercy à la côte méditerranéenne du golfe du Lion qui borde le Languedoc, se succèdent des paysages variés. A l'ouest, les Petits Causses calcaires du Quercy, dont l'altitude moyenne est de 300 à 400 m, sont encore soumis aux influences atlantiques. Ils sont séparés des Grands Causses plus élevés — le causse Méjean dépasse 1 200 m — par le massif primaire du Ségala. L'élevage du mouton y est partout intensif.

Au pied des Cévennes se développent les plateaux caillouteux et presque désertiques des garrigues qui dominent les plaines viticoles du Languedoc aux nombreux étangs littoraux.

Ces régions ont un riche passé préhistorique reconnu dans les réseaux karstiques des Causses, où sont recensées plusieurs grottes ornées célèbres du Paléolithique supérieur. Des sites des débuts de l'élevage et de l'agriculture au VIe millénaire avant J.-C. ont fait l'objet d'études passionnantes, ajoutées à une connaissance renouvelée de la puissante civilisation chasséenne du Néolithique moyen dont l'impact sur la France entière fut considérable.

Mais les Causses et le Languedoc sont aussi une région de mégalithisme où se rencontre la plus grande concentration de dolmens d'Europe, près de 3 000 monuments. Ils forment des ensembles architecturaux spécifiques, les dolmens caussenards et les dolmens languedociens, ces derniers étant parfois mêlés à quelques monuments de type bas-rhodanien. Ils furent édifiés à partir du milieu du IVe millénaire avant J.-C. jusqu'au début de l'Age du Bronze.

Au nord de Montpellier, les garrigues ont conservé les traces très visibles des villages aux maisons de pierre de ces époques chalcolithiques.

Les Causses et le Languedoc.

ARGELLIERS

Village de Boussargues

Un habitat chalcolithique à enceinte muraillée

Au cœur des garrigues, à 18 km au nord-ouest de Montpellier, le site de Boussargues, découvert en 1960 par Jacques Vallon, a fait l'objet de fouilles minutieuses depuis 1975. Établi sur un petit plateau dominant un ravin profond de 75 m, il est l'œuvre de la culture de Fontbouisse (voir Cambous, p. 120) qui se développe au IIIe millénaire avant J.-C. sur l'ensemble du Languedoc oriental, bien que les villages aux maisons de pierre sèche se rencontrent uniquement de la vallée de l'Hérault à la région nîmoise, où près de 200 villages ont été répertoriés. Les maisons sont formées de longs murs parallèles qui se referment par une abside en demi-cercle à chaque extrémité. Elles sont regroupées par villages qui en comptent jusqu'à 50, comme à Cambous.

Boussargues se présente sous la forme d'une enceinte en pierre sèche dessinant un hexagone irrégulier de 28 m × 38 m. Six structures circulaires de 4,50 m de diamètre occupent chacune un angle et s'ouvrent sur l'intérieur de la partie enclose. Le mur d'enceinte, à double parement, a une épaisseur moyenne de 1 m, sauf au nord-est, au niveau d'une interruption qui marque l'entrée, où il atteint 1,60 m de large. La porte dans son état actuel, résultat d'une modification, est large de 0,70 m. Cinq cabanes ont été découvertes à l'intérieur le long du mur d'enceinte : deux accolées à l'est, une au nord, qui englobe deux structures rondes, et deux au sud.

La fouille précise conduite sur le site a montré que les structures circulaires avaient été construites en premier, suivies des murs rectilignes et enfin des cabanes, mais tout cela probablement en continuité, sauf pour les cabanes, qui ne sont pas toutes forcément contemporaines. Les deux cabanes de l'est ont un mur mitoyen ; elles communiquent entre elles et, avec une structure circulaire, forment une unité d'habitation. Une autre cabane existe à l'est, à l'extérieur de l'enceinte.

Au milieu de l'enceinte s'ouvre une grotte faite d'un puits profond de 1,50 m donnant accès à une petite salle d'où part une galerie prolongée par un petit réseau de boyaux et de petites salles vides de tout vestige archéologique.

L'un des grands intérêts de Boussargues réside dans le fait que l'occupation fut unique, de courte durée et sans remaniements ; les vestiges mobiliers sont restés en place et l'étude de leur répartition permet d'intéressantes remarques sur l'utilisation possible des différentes structures.

Situation : *34380 Argelliers (Hérault).*

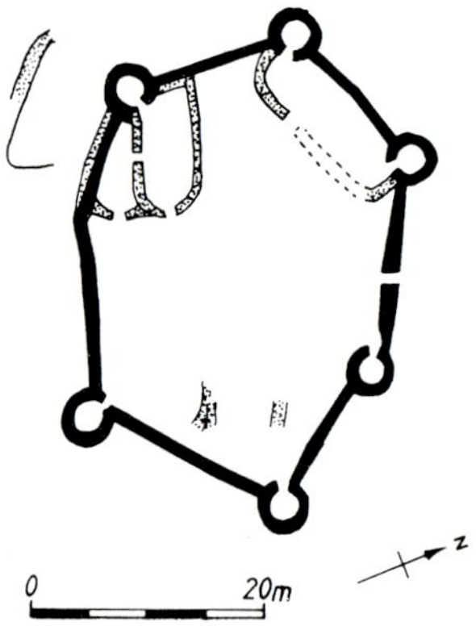

Plan du village de Boussargues. Découvert en 1960 il a fait l'objet de fouilles minutieuses à partir de 1975. (D'après X. Gutherz).

Parc à moutons ou ferme-enclos

Une enceinte comparable à celle de Boussargues, Le Lebous, à Saint-Mathieu-de-Tréviers (Hérault), a été étudiée par J. Arnal entre 1954 et 1961, qui conclut à l'existence d'une enceinte fortifiée avec tours et murailles, ouvrage défensif des Fontbuxiens contre des envahisseurs du Bronze ancien rhodanien.

Au vu de la fragilité des structures mises en évidence, des archéologues, tels Roudil et Canet, évoquent des parcs à moutons, avec « capitelles » pour abriter les bergers.

À Boussargues, les fouilleurs ont pu démontrer que les « tours d'angle » étaient en fait couvertes par un montage de dallettes en encorbellement. Par ailleurs, ils insistent sur le rôle important de la récolte, du stockage et de la préparation alimentaire des glands dans l'activité économique des habitants. Il s'agit bien d'enclos habités.

On s'achemine de plus en plus vers l'idée de la « ferme-enclos », ou de la « ferme-château », un peu comme en Haute-Volta ou au Bénin, par exemple. Le mur périphérique marquerait le lien entre les différentes unités du groupe, familial ou autre.

Cette idée de site non réellement défensif se trouve renforcée par la découverte récente de deux nouvelles enceintes sur le causse de l'Hortus, à une quinzaine de kilomètres de Boussargues. De par leur situation topographique — au bas de versants de modestes collines —, elles ne présentent aucun caractère défensif, dans le sens traditionnel du terme.

LES BONDONS, ISPAGNAC, SAINT-ÉTIENNE-DU-VALDONNEZ

Menhirs de la Cham des Bondons

Des menhirs en grand nombre

Sur le territoire des communes des Bondons, d'Ispagnac et de Saint-Étienne-du-Valdonnez se dressent de nombreuses pierres; elles font l'objet d'un programme de protection et de mise en valeur qui permettra de redresser toutes celles qui sont renversées et de les signaler aux randonneurs.

Le plateau de la Cham des Bondons s'étale entre les plateaux calcaires des Causses et le massif granitique du mont Lozère. Mis à nu par l'érosion, les puechs sont des buttes qui émergent du plateau herbeux. C'est dans ce décor que furent plantés quelque 150 menhirs, mais l'on peut y voir aussi les restes de 3 dolmens et 30 tertres funéraires.

Situation: *48400 Les Bondons; 48400 Ispagnac; 48000 Saint-Étienne-du-Valdonnez (Lozère).*

Les pierres dressées dans le Midi

Si, dans le midi de la France, les menhirs sont beaucoup moins nombreux que les dolmens, ils existent cependant et présentent une répartition et une densité assez différentes de celles des dolmens.

«Au sud du Massif central, où se trouve la grande majorité des dolmens, on constate une traînée assez dense de menhirs dans la partie orientale des Grands Causses, leur nombre se raréfiant au fur et à mesure que l'on s'éloigne vers l'ouest: ils deviennent de moins en moins nombreux sur le Comtal, le Rouge, le Séverac, et jusqu'en Quercy, où l'on n'en compte qu'une vingtaine. En revanche, la Montagne Noire est leur lieu de prédilection et, dans le seul département du Tarn, il en a été recensé près de quatre-vingts» (J. Clottes).

Aucun alignement de pierres dressées n'est connu dans le Midi, mais au Puy de Pauliac et à Aubazine (Corrèze), des cercles de pierres sont signalés dont le diamètre est d'une quarantaine de mètres, avec une pierre dressée au centre. Celui des Peirarines, à Blandas (Gard) (au bord de la route de Montardier à Blandas), a eu toutes ses dalles redressées en 1975.

CABRERETS

Grotte de Pech-Merle

Un sanctuaire préhistorique bien conservé

La grotte de Pech-Merle se trouve au sud du causse de Gramat. Après la découverte des figurations pariétales par A. David et H. Dutertre en 1922, la grotte fut aménagée artificiellement pour en faciliter la visite.

L'entrée paléolithique, maintenant comblée,

Grotte préhistorique de Pech-Merle à Cabrerets (Lot). Peintures de chevaux et mains négatives.

était proche de l'accès actuel. La grotte offre au visiteur deux ensembles décorés, de part et d'autre de l'escalier d'accès.

À l'est, à une cinquantaine de mètres, une galerie appelée le Combel présente une série de chevaux et un lion des cavernes associés à de nombreuses ponctuations rouges. À l'ouest, à la même distance, un ensemble de panneaux décorés se développe, après quatre mains négatives rouges.

Dans une alcôve de 7 m × 3 m se trouve la célèbre « frise noire » comportant onze mammouths, des bisons, des chevaux, des aurochs et de nombreuses ponctuations rouges.

Un peu plus loin, un panneau de 4 m de long représente trois chevaux, un poisson, des mains négatives rouges et de très nombreuses ponctuations rouges et noires.

Dans une salle voisine, la « Salle des disques », une douzaine d'empreintes de pas ont été trouvées dans l'argile. D'après leur taille, elles seraient celles d'un adolescent.

Les peintures de la grotte de Pech-Merle ont été réalisées à différents moments, trois probablement, entre le Solutréen, voire le Périgordien final, et le Magdalénien supérieur.

Malgré de graves risques d'altération des fresques, les visites sont autorisées, mais en nombre limité.

Situation : *46330 Cabrerets (Lot).*

Voir aussi : *Le musée de Préhistoire A.-Lémozi est situé à proximité de l'entrée de la grotte. Il est préférable de le visiter en premier lieu, car il constitue une excellente préparation à la visite de la grotte. Outre une présentation claire de la préhistoire du Quercy, du Paléolithique inférieur au Néolithique, une salle a été réservée à l'archéologie des grottes ornées de la région. Des projections de films, diapositives, etc., complètent les vitrines d'exposition.*

FOISSAC

Grotte de Foissac

Un musée souterrain de l'Age du Cuivre

La grotte se trouve à 1,5 km au sud de Foissac, petit village dominant la vallée du Lot, à proximité de la route reliant Figeac (Lot) à Villefranche-de-Rouergue (Aveyron).
La première galerie fut découverte en août 1959. Au cours de plusieurs années de prospection, 7 km de réseau sont reconnus, mais ce n'est qu'en 1965 que les spéléologues capdenacois découvrent la galerie amont, admirable par ses concrétions naturelles et les vestiges préhistoriques qu'elle contient. Cette galerie forme en réalité la «tête» du réseau souterrain parcouru par la rivière la Jonquière. Elle est obstruée par l'effondrement du porche et séparée du reste du réseau par un éboulis qui doit remonter à la dernière période glaciaire.
Plutôt que de dégager le porche d'entrée, qui s'est effondré voici 4 000 ans, les spéléologues ont préféré percer un puits d'accès artificiel, non loin de l'éboulis ancien, préservant ainsi le milieu naturel.

Archéologie du milieu souterrain

L'étude scientifique de l'occupation préhistorique a été entreprise en 1977.
Parmi les vestiges anciens découverts dans la grotte, il faut signaler les restes, dispersés, d'un lion des cavernes venu mourir au sommet d'un talus au-dessus d'une masse d'argile comme il s'en trouve beaucoup dans la grotte. Une reconstitution fidèle en est présentée dans le hall d'accueil. D'autres ossements d'animaux (hyène, loup...) ont été trouvés, de même que des empreintes et griffades, soigneusement étudiées.
L'idée qui a prévalu lors de l'étude du site était de ne pas déplacer les vestiges du passé, afin de les présenter en situation, après les avoir seulement nettoyés des limons calcifiés qui les empâtaient. Seule une fouille dans le cours même du ruisseau a été opérée. Elle a permis de découvrir de nombreux vestiges de l'époque chalcolithique qui fut la grande période d'occupation du site. Il s'agit d'objets traditionnels (silex taillés, par

Poterie en place sur le sol de la grotte de Foissac.

exemple), mais surtout de morceaux de bois dont un outil façonné, un pieu à l'extrémité durcie au feu, des fragments de vanneries et de cordes. Par ailleurs, deux alignements de poteaux indiquent que la grotte avait déjà été aménagée dès l'Âge du Cuivre; peut-être s'agissait-il d'un pont.
D'autres objets mobiliers ont été trouvés à la surface de la galerie ou lors des travaux d'aménagement. Beaucoup de grands vases à provisions sont encore en place, d'autres sont exposés dans le hall d'accueil.

Des traces de pas

Il semble que l'une des activités essentielles des hommes du Chalcolithique dans la grotte ait été le prélèvement de l'argile nécessaire, entre autres, à la fabrication des poteries. Les traces de cette recherche sont nombreuses dans l'argile molle et s'accompagnent d'empreintes humaines de doigts et surtout de pieds. L'une des plus émouvantes est celle du pied d'un enfant. Il devait être couché dans une légère dépression sur une litière végétale jouant avec ses pieds, qui s'appuyèrent sur la paroi.
La grotte eut aussi une fonction funéraire, alors qu'à la même époque de nombreux corps étaient déposés dans les dolmens qui parsèment le causse. Parmi les ossements humains, trois ensembles ont été distingués: quelques pièces isolées, éparses dans la salle, au voisinage du porche effondré; un dépôt collectif correspondant aux restes disloqués de quelques individus et situé immédiatement en amont de la salle dite «de la carrière du Lion»; enfin dans la galerie principale, sensiblement à mi-chemin entre ces deux secteurs, quatre sépultures individuelles qui ont été étudiées plus en détail.

Sépultures dans l'argile

La sépulture n° 1 est celle d'une femme âgée d'assez petite taille (1,50 m) allongée sur le dos. Des os de porc témoignent d'offrandes faites à la défunte.
La sépulture n° 2 est celle d'un enfant de 8-9 ans. Ses ossements très ramassés indiquent que le corps était maintenu par des liens ou placé dans une enveloppe périssable. Il était adossé à la paroi, assis.
La sépulture n° 3 est celle d'un homme relativement jeune, de 1,65 m. Le corps avait été déposé en position fléchie mais non forcée.
La sépulture n° 4 est celle d'un enfant de deux à trois ans dont les restes ont été dispersés par l'éboulement du talus d'argile au-dessus de lui. Deux vases et une pointe de flèche ont été trouvés près du corps.
Il s'agit toujours de sépultures individuelles, concernant des sujets d'âge et de sexe différents, dont les modes de dépôt et les offrandes diffèrent aussi de l'une à l'autre. Les plates-formes sur lesquelles reposent les squelettes, sans protection, sont marquées par l'action de feux antérieurs au dépôt des corps. Peut-être était-ce l'emplacement de grands feux permettant l'éclairage.
La grotte de Foissac a donc servi de carrière d'argile à une population chalcolithique locale qui vivait peut-être devant son entrée. Celle-ci l'utilisa aussi comme abri, mais également à des fins funéraires. Puis elle fut abandonnée, peut-être à cause de la chute du porche qui en boucha l'entrée. Toujours est-il que personne n'y était venu depuis près de 4 000 ans.

Situation: *12260 Foissac (Aveyron).*

LAROQUE-DE-FA

Nécropole mégalithique de La Clape

Caisson, ciste, coffre, dolmen

La nécropole de La Clape se compose de huit sépultures qui se dressent sur un massif calcaire bien en vue. Elle fut étudiée par J. Guilaine.

La tombe n° 1 est un dolmen à couloir large, type bien connu dans les Corbières. Le monument, allongé, avec un couloir surbaissé dont la largeur reste invariable, est inclus dans un tumulus rond; il contenait une quinzaine de corps. La tombe n° 2 est un petit coffre (ou ciste) rectangulaire fermé sur trois côtés. La tombe n° 3 est un caisson rectangulaire fermé sur quatre côtés, inclus dans le même tumulus que la tombe n° 5. Elle contenait un jeune de 6-7 ans et un adulte de 20-30 ans. La tombe n° 4 (comme les tombes n°s 1, 5 et 6) est un dolmen à couloir large de type Aude. Dans la tombe n° 5 se trouvaient 24 sujets dont un seul adulte, de sexe masculin.
La tombe n° 7 appartient peut-être au même tumulus que la tombe n° 6. C'est un dolmen à couloir en pierre sèche en « P » qui s'apparente donc aux formes languedociennes du Gard et de l'Hérault. Dans la chambre, plus haute et large que le couloir, gisaient les restes de 24 personnes, dont 9 de plus de 10 ans, et un matériel qu'il faut attribuer au Néolithique récent vérazien (début du IIIe millénaire avant J.-C.). Enfin la tombe n° 8 est une chambre polygonale (presque circulaire) avec une amorce de couloir large incluse dans un tertre circulaire de 5 m de diamètre.

Situation: *11330 Laroque-de-Fa (Aude).*

Les dolmens de type Aude

Sur la rive gauche de l'Aude, dans le Minervois, plusieurs monuments mégalithiques ont acquis une grande renommée: Saint-Eugène, Jappeloup, Pépieux, Boun-Marcou.

À Pépieux, le dolmen des Fades, dit aussi Palet de Roland, sur un coteau au lieu dit Moural de las Fados (Coteau des Fées) a été restauré en 1972. C'est une longue allée rectangulaire de 24 m, incluse dans un tumulus allongé dont le grand axe mesure 36 m. Trois parties composent l'ensemble: un couloir formé de l'alternance de dalles dressées face à face et de murets en pierre sèche; un monument central avec piliers plus élevés et une cellule terminale. Le passage du couloir dans la chambre se faisait à travers un large hublot marqué par la juxtaposition de deux dalles échancrées. Une dalle-hublot identique permettait l'accès à la cellule terminale.

Le dolmen de Saint-Eugène à Laure-Minervois se compose également de trois parties: un couloir d'accès de 4 m de long et de 1,20 m de largeur moyenne; une antichambre longue de 5,60 m et large de 2,50 m et une chambre rectangulaire de 5 m de long et 3,20 m de large. L'ensemble atteint donc une longueur proche de 15 m. Une dalle échancrée marque le passage de l'antichambre à la chambre. La restauration du monument fut effectuée en 1975. Un abondant matériel archéologique y fut recueilli.

Longtemps appelé « allées couvertes », ce type architectural présente des caractères qui lui sont propres, telle la hauteur décroissante des côtés depuis le fond vers l'entrée. Les dolmens de type Aude présentent quelques affinités formelles avec les dolmens en allée de l'Agenais et l'Aquitaine, sans qu'une filiation réelle puisse être établie.

Dolmen de Saint-Eugène à Laure-Minervois. (D'après Sicard).

MIERS

Grotte des Fieux

Un gouffre sur le causse

Vaste galerie karstique effondrée — offrant aux chasseurs paléolithiques un abri sur le causse de Gramat —, la grotte des Fieux est actuellement en cours de fouille; elle se prolonge par deux galeries et une grotte ornée non visitable.

Le chantier de fouille permet de suivre toutes les opérations qui sont liées au dégagement des vestiges, leur enregistrement, le tamisage des sédiments, etc. Les coupes stratigraphiques montrent, sur une épaisseur totale de 11 m, des occupations préhistoriques du Paléolithique moyen et supérieur, du Mésolithique et du Néolithique.

Situation: *46500 Miers (Lot).*

Les dolmens

Sous l'appellation de «dolmens caussenards», Y. Chevallier regroupe un ensemble de monuments qui occupent «les causses majeurs et mineurs depuis la vallée du Rhône (petits causses d'Ardèche) jusqu'aux portes du Périgord (causse de Thénon en Dordogne) en passant par les grands causses lozériens et aveyronnais: causses Méjean, Sauveterre et Larzac». L'effectif total serait de l'ordre de 2 000 dolmens, de loin le plus important de France.

Ces dolmens n'ont été jusqu'alors globalement étudiés que pour l'architecture de la chambre funéraire, dont le plan de base est pratiquement immuable: chambre quadrangulaire formée de deux longs supports latéraux et d'une dalle au fond (dalle de chevet) dite «engagée», c'est-à-dire coincée entre les supports latéraux. Elle se complète parfois d'un dégagement axial — dit «vestibule», surtout dans le Quercy et en Ardèche — ou latéral (oblique ou perpendiculaire à l'axe de la chambre), sur les grands causses de Lozère essentiellement. Parfois aussi, deux chambres ont été édifiées dans le prolongement l'une de l'autre; ce sont les dolmens doubles, selon la terminologie de J. Clottes.

Les chambres, de dimensions modestes, ouvrent généralement à l'est, sauf sur les garrigues d'Ardèche où les orientations au sud et au sud-est sont relativement fréquentes. Une dalle de pierre recouvrait la chambre, alors que le vestibule, quand il existe, restait à ciel ouvert.

Les tumulus des dolmens caussenards ont rarement été étudiés en dehors de quelques cas plus ou moins récents. Les fouilles de B. Pajot, au nord-est de Montauban, obligent à repenser entièrement la question. Elles montrent en effet que le tumulus devait être fréquemment plus ou moins trapézoïdal à l'origine et que, souvent, la forme circulaire actuelle est le résultat de la dégradation progressive des superstructures. Mais il se peut aussi qu'il y ait des tumulus originairement circulaires (dolmen de Souillac, Lot) dont l'étalement actuel est donc obligatoirement circulaire. Et puis, il doit y avoir le

MONTRICOUX, LARROQUE

Dolmens du causse de Limogne

Vers la quadrature du cercle

Au sud du causse de Limogne, dans le Quercy méridional, à une trentaine de kilomètres à l'est de Montauban, B. Pajot a fouillé récemment quelques dolmens dans leurs tumulus, apportant ainsi une lueur nouvelle à la question du mégalithisme quercynois.

À Montricoux, le dolmen 2 de Foumarène-nord est l'un des 84 dolmens actuellement recensés dans le Tarn-et-Garonne. Il occupe une position dominante en bordure du plateau calcaire qui précède la plaine alluviale de l'Aveyron. Une dizaine de dolmens sont connus sur le territoire de cette commune.

Au moment de la fouille, le tumulus se présentait sous la forme d'une petite éminence circulaire. En fait, les recherches ont montré que la chambre funéraire (le dolmen), rectangulaire, de faible dimension, était limitée

caussenards

La Devèze est un bel exemple de dolmen caussenard.

cas de monuments trapézoïdaux qui furent délibérément enfouis, en fin d'utilisation, sous un tumulus circulaire. Ainsi le Pech du Grammont à Gramat (Lot) est-il formé d'un premier dolmen simple dans un tumulus circulaire, qui fut inclus, dans une deuxième phase, dans le tumulus quadrangulaire d'un second dolmen, l'ensemble ayant été postérieurement enfoui sous un tumulus circulaire de condamnation.

Il faut reprendre l'étude de ce type de mégalithisme par la fouille des tumulus qui permettrait de mieux comprendre le fonctionnement des chambres funéraires et affinerait le classement typologique et chronologique.

Les premiers de ces dolmens furent édifiés au Néolithique final, d'autres, les plus nombreux semble-t-il, au Chalcolithique, et les derniers au Bronze ancien, soit en datation absolue entre 3200 et 2000 avant J.-C.

sur ses longs côtés par deux dalles dressées et ouvrait au sud-est directement sur la façade rectiligne du tumulus primitif. Celui-ci a une forme trapézoïdale dont l'arrière est arrondi. La façade atteint 5,35 m et sa longueur (hauteur du trapèze) est d'environ 4 m.

Malgré les nombreuses violations dont ce dolmen a fait l'objet, quelques objets chalcolithiques et des restes osseux appartenant à au moins 22 individus dont 17 adultes et 5 enfants y ont été recueillis.

Le dolmen des Quartous est situé à l'ouest du chemin rural de Montricoux à Pénayrol, sur un petit promontoire.

Avant la fouille, le tumulus avait la forme d'une calotte sphérique de 12 m de diamètre. À l'intérieur fut découvert un cairn trapézoïdal de près de 5 m de long, 3,70 m de façade et 2,30 m de petite base. Au milieu de la façade rectiligne s'ouvre un couloir d'environ 1 m de long (appelé « vestibule » ou « dégagement » selon les auteurs) donnant accès à la chambre, espace rectangulaire de 1,20 m × 0,85 m dont les parois latérales étaient faites de dalles dressées.

La différence essentielle entre ces deux dolmens vient de la structure d'accès existant aux Quartous entre la chambre et la façade du cairn.

Un dolmen double

À Larroque, à une quinzaine de kilomètres au sud de Montricoux, sur la rive droite de la Vère, le dolmen du Rouzet se trouve à l'est du village, à une altitude de 340 m.

Le tumulus se présentait sous la forme d'un amas de pierres allongé, renfermant une chambre funéraire à son extrémité orientale. En réalité deux monuments composent cet ensemble. Le monument primitif est absolument comparable au dolmen 2 de Foumarène-nord, à Montricoux : c'est un dolmen simple, ouvert sur la façade rectiligne d'un petit cairn dont l'arrière est arrondi. En avant et dans le prolongement axial de ce dolmen primitif, une deuxième chambre, plus grande, fut aménagée. Elle ouvre à l'est sur la façade rectiligne d'un cairn long de près de 18 m dont l'arrière est également arrondi et qui englobe le tumulus primitif et sa chambre.

Alors que le premier cairn paraît tout à fait fonctionnel par rapport aux dimensions de la chambre, il faut s'interroger sur les raisons qui ont poussé les hommes préhistoriques à allonger de manière démesurée le second tumulus. C'est un phénomène que l'on connaît déjà dans le Centre-Ouest, dans les tumulus de Champ-Châlon à Benon, au Néolithique moyen, et jusque dans l'Aveyron : tumulus de la Fabière à La Cavalerie, sur le Larzac, daté du Chalcolithique.

Situation : *82800 Montricoux (Tarn-et-Garonne) ; 81140 Larroque (Tarn).*

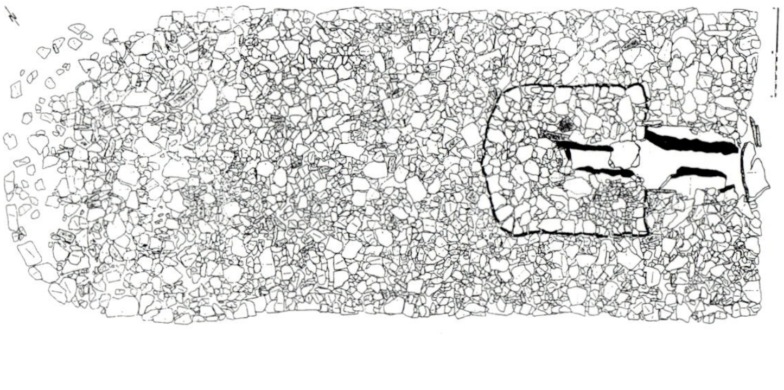

Dolmen du Rouzet à Larroque (d'après B. Pajot).

PAYRIGNAC

Grotte de Cougnac

Des cerfs mégacéros

C'est en recherchant l'entrée d'une grotte qu'un groupe de spéléologues découvrit, en 1952, la grotte de Cougnac et ses figurations pariétales.
La grotte s'ouvre au fond d'un petit abri orienté à l'ouest; une galerie principale conduit à une grande salle richement décorée. Sur la gauche de celle-ci part une galerie transversale, ornée de ponctuations.
L'essentiel des figurations paléolithiques se situe au bout de la galerie principale, à son débouché dans la grande salle. On y distingue des bouquetins, des cervidés, des mammouths et un cheval dessinés en rouge ou noir. Plusieurs représentations humaines («fantômes») sont également présentes.
Comme les autres grottes du Quercy, la grotte de Cougnac comporte de nombreuses ponctuations. On remarque également quelques tectiformes.
D'après le style des représentations, on peut attribuer ces peintures au début du Magdalénien.

Situation: *46300 Payrignac (Lot).*

LE POUGET

Dolmen du Pouget

Étrange montage pour un monument exceptionnel

Le dolmen, situé au sommet d'une légère éminence dominant la rive gauche de la plaine de l'Hérault, au lieu dit Les Crozes, a été fouillé, puis restauré en 1980 sous la responsabilité de G.-B. Arnal, à la suite de nombreuses déprédations et fouilles clandestines qu'il avait subies.
Enterré dans une tranchée profonde de près de 1 m, le dolmen est composé d'un couloir en pente qui devait atteindre 4 m de longueur et ouvrant au sud-ouest, d'une antichambre de 2,50 m, et d'une chambre longue de 5,75 m, soit un ensemble de plus de 12 m de longueur totale. Les côtés des trois parties sont formés de murs appareillés en panneaux à piles d'assiettes montés en léger encorbellement jusqu'aux dalles de couverture.
Le passage de l'antichambre à la chambre se fait par une belle dalle, taillée en porte de four, engagée de part et d'autre (comme celle du chevet) dans le tumulus. Une

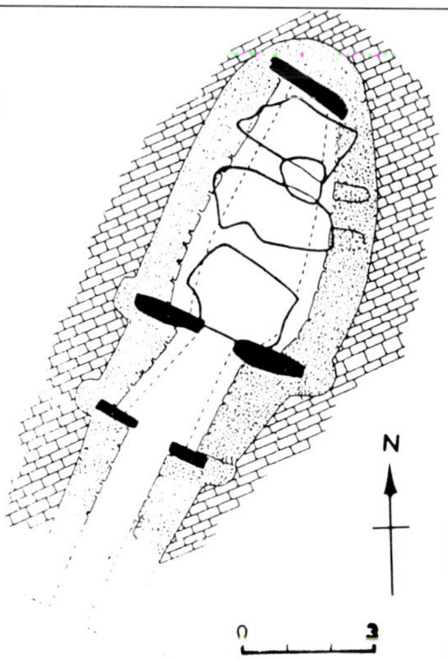

Dolmen du Pouget (d'après G.B. Arnal).

échancrure aménagée dans le coin supérieur gauche de cette même dalle forme une fenêtre entre les deux salles.
Trois grandes dalles couvrent la chambre de manière imparfaite; d'autres plus petites devaient boucher les espaces entre deux dalles consécutives.
L'ensemble était inclus dans un tertre d'aspect circulaire constitué de terre noirâtre.
Deux dalles taillées en triangle et soigneusement préparées, comme pour être fichées en terre par leur pointe, ont été découvertes dans les murs de la chambre et de l'antichambre.
L'une atteint 70 cm de hauteur pour 46 cm à la base du triangle. Les fragments d'une autre furent découverts dans les déblais et une quatrième est encore dans le mur de l'antichambre. On peut imaginer que ces stèles soient ici en réemploi.

Situation: *34230 Le Pouget (Hérault).*

ROUET

Dolmen de Feuilles

Richesse archéologique du causse de l'Hortus

Le dolmen de Feuilles se situe non loin du dolmen de Lamalou, sur le causse de l'Hortus, à 20 km au nord de Montpellier, et appartient à un ensemble d'une trentaine de dolmens qui parsèment le plateau. Il a été restauré en 1973-1974. Des villages aux maisons de pierre sèche, comme celui de Cambous à Viols-en-Laval, existent sur ce même plateau; mais si, dans leur majorité, les dolmens languedociens furent utilisés par les gens de la culture chalcolithique de Fontbouisse, auteurs de villages aux longues maisons à doubles absides (voir Cambous), ils furent édifiés quelques siècles auparavant, au Néolithique récent (deuxième moitié du IIIe millénaire avant J.-C.).

Un dolmen en trois parties

Le dolmen de Feuilles est formé de trois parties: un couloir d'accès, une antichambre et une chambre. L'ensemble atteint 12 m de long, ce qui en fait un des plus longs dolmens des Petits Causses héraultais, avec les dolmens de Ferrières-les-Verrières et de Pouget. Le couloir, construit en pierre sèche, mesure 6,80 m de long et présente une petite dalle dressée débordante, placée à 4 m de l'antichambre et à gauche. Cette disposition demeure inexpliquée, mais ce n'est pas un cas unique. L'antichambre est limitée sur ses longs côtés par des murettes en pierre sèche. Le passage du couloir à cette antichambre est rétréci par deux dalles légèrement échancrées qui devaient se joindre au sommet, libérant ainsi une ouverture en ogive. La chambre est composée de deux supports latéraux placés de chant, en oblique, de façon que leurs parties supérieures s'appuient sur le haut de la dalle de chevet et sur la porte.

Hauteur décroissante

Cette disposition en oblique est assez commune dans les dolmens languedociens et, dans les cas les plus beaux, la dalle de chevet et, parfois, la porte présentent une forme trapézoïdale isocèle permettant aux montants latéraux de fermer hermétiquement le coffre ainsi réalisé. Ce n'est pas le cas à Feuilles, où des murets de pierre sèche comblent l'espace de part et d'autre de la dalle de chevet. La hauteur décroissante des trois parties, depuis le chevet, jusqu'à l'entrée du couloir, est une particularité reconnue sur les autres dolmens à couloir et antichambre de la région.

Situation: *34380 Rouet (Hérault).*

Les dolmens languedociens

Le dolmen du Capucin, à Claret, avec chambre, antichambre et couloir construits en pierre sèche, correspond assez bien à celui de Feuilles. La forme trapézoïdale de la chambre est un caractère propre au mégalithisme du sud de la France.

La chambre légèrement trapézoïdale du dolmen de Lamalou, à Rouet, est recouverte d'une dalle unique, alors que quatre dalles recouvrent une grande partie du couloir et de l'antichambre à un niveau inférieur à celui de la chambre. À Lamalou, comme à Feuilles, deux dalles de chant échancrées juxtaposées forment une porte de four au lieu de passage couloir-antichambre et antichambre-chambre. Le dolmen de Grammont I à Soumont (Hérault) présente une dalle taillée en porte de four.

Mais de nombreux dolmens languedociens ne possèdent qu'un couloir et une chambre. Celle-ci, de forme rectangulaire allongée ou trapézoïdale, est généralement limitée par deux longues dalles latérales qui débordent la dalle de chevet et la porte entre la chambre et le couloir. Le couloir peut-être axial ou former avec la chambre un plan en « P » ou en « Q ». Il peut être rectiligne, parfois courbe (Roubiac II), voire sinueux (La Caumette, à Notre-Dame-de-Londres). Il est le plus souvent construit en pierre sèche (Le Capucin, la Liquisse, Grand Juyan, Lamalou, Grammont...), parfois avec quelques éléments mégalithiques — fait beaucoup plus rare (dolmen de Frouget, à Saint-Martin-de-Londres). Tous ces caractères font que les monuments languedociens présentent beaucoup d'affinités formelles avec les dolmens angoumoisins du Centre-Ouest, sans qu'aucun lien génétique soit établi d'un groupe à l'autre.

Les tumulus des dolmens languedociens ont une forme générale circulaire, mais peu d'entre eux ont été sérieusement étudiés. Parfois, plusieurs lignes de parements concentriques ont été mises en évidence (Cambous).

Au dolmen du Mas Reinart II, à Vailhanques, le cairn est limité par des dalles dressées et, à La Caumette de Notre-Dame-de-Londres, le tumulus possède une façade rectiligne.

Aucun tumulus ne contient plusieurs dolmens.

La majorité des dolmens languedociens occupent une aire triangulaire qui s'étend sur cinq départements — Hérault, Gard, Aveyron, Lozère et Ardèche — et sont circonscrits par une ligne qui débute au sud de Montpellier, passe à Rodez et rejoint Privas. J. Arnal y reconnaissait deux sous-groupes : l'un, dit des Petits Causses (Hérault, Gard, Ardèche) ; l'autre, des Grands Causses (Aveyron, Lozère, une partie du Gard et de l'Hérault ; la Lozère et l'Aveyron comptant à eux seuls quelque 800 monuments).

Les dolmens languedociens ont leur couloir qui ouvre dans le secteur sud-ouest, ce qui est contraire aux habitudes atlantiques où les dolmens ouvrent plus généralement dans le secteur est.

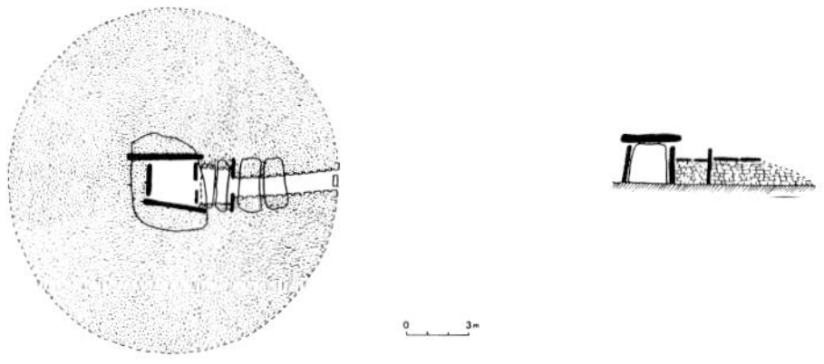

Dolmen de Lamalou à Rouet (d'après X. Gutherz).

La culture de Fontbouisse

Comme il est de coutume, la culture de Fontbouisse a d'abord été définie par sa céramique. Il s'agit de vases à fond rond exclusivement, où deux séries principales se dégagent selon que le récipient porte un col, concave ou non, au-dessus d'une panse et d'un fond arrondis. Dans le cas du col concave, une angulation très marquée au passage col/panse forme la «carène» du vase. Les décors, abondants, sont à base de cannelures ou d'incisions, en bandes horizontales et verticales, en damiers, en échelles, en ribambelles de demi-cercles emboîtés, ou bien de décors en relief, pastilles au repoussé et cordons.

L'industrie du silex connaît un développement de qualité avec des pointes de flèche foliacées, à pédoncule et ailerons, et de grands et beaux poignards.

La métallurgie du cuivre fait son apparition avec la culture de Fontbouisse au tout début du IIIe millénaire avant J.-C., probablement par emprunt technologique à des populations méditerranéennes et grâce à l'existence du cuivre dans les Cévennes. Petites alènes bipointes, perles de différents types, poignards et haches plates sont fabriqués en petite quantité.

La culture de Fontbouisse a occupé la majeure partie du Languedoc oriental, c'est-à-dire largement au-delà des nombreux villages en pierre sèche connus sur la garrigue. On pense généralement que la culture sur brûlis pratiquée intensément, ajoutée à l'élevage du mouton, est à l'origine de la dégradation de ce milieu bien particulier, devenu la garrigue.

VIOLS-EN-LAVAL

Cambous

Un village de l'Age du Cuivre

Région peu cultivée, au nord de Montpellier, les garrigues héraultaises conservent un nombre impressionnant de vestiges — villages et monuments funéraires — du Néolithique final/Chalcolithique en particulier.

C'est en 1967 que le village de Cambous, datant de la première moitié du IIIe millénaire avant J.-C., fut découvert par H. Canet qui en a assuré la fouille avec J.-L. Roudil. Dès 1950, des sites semblables avaient été découverts dans le nord de l'Hérault (Conquette, à Saint-Martin-de-Londres; Soulas, à Viols-le-Fort) et avaient fait l'objet de fouilles plus ou moins étendues.

Cambous se présentait alors sous la forme d'un vaste tumulus de pierraille de 1 m à 1,50 m de hauteur. Des lignes de pierres visibles en surface permettaient de suivre des murs, parfois épais de 1,50 m, interrompus par des entrées limitées de part et d'autre par des dalles dressées qui pouvaient faire croire à l'existence de coffres funéraires.

Échappant à la destruction, le site fut inclus dans un terrain de manœuvres militaires et protégé par une clôture.

Sur le plateau même où se trouve Cambous, une série de tumulus de l'Âge du Fer, ainsi que deux dolmens, témoignent de la richesse archéologique des lieux. Ces dolmens ont été utilisés par les habitants du village de même que des cavités naturelles.

Le site de Cambous présente l'intérêt d'avoir été aménagé pour la visite.

Le village comporte quatre groupes de maisons dont chacun compte de 8 à 10 bâtiments. Dans chaque «hameau», séparé des autres de 50 à 100 m, les constructions sont faites de murs parallèles épais qui se joignent à chaque extrémité en formant des absides en demi-cercle; elles sont plus ou moins accolées les unes aux autres. Leur longueur est de 2 à 4 fois leur largeur et peut dépasser exceptionnellement 20 m. Un passage peut relier plusieurs bâtiments entre eux. Bâtiment principal et annexes devaient former une petite ferme, avec bergerie et entrepôts. Le sol n'était pratiquement jamais dallé, les gens vivant sur la terre battue qui recouvre le calcaire. Dans le cas d'une porte unique, celle-ci s'ouvre à une extrémité d'une abside. Souvent une ou deux portes latérales existent aussi.

Les murs de la maison, dont certains dépassent 2 m d'épaisseur, sont constitués d'un double parement (interne et externe), avec bourrage interne. Ils pouvaient dépasser 2 m de hauteur. Au centre du bâtiment, parallèlement aux longs murs, des poteaux de bois, distants de 3 à 4 m, soutenaient le faîtage; de là des perches venaient s'appuyer sur les murs et supportaient le toit de chaume ou de roseaux. Le faîte du toit à double pente et abside était protégé par des dalles de calcaire lacustre. Des dalles maintenaient aussi la toiture de chaume sur le mur. La reconstitution qui a été faite d'une maison sur le site donne une bonne idée de ce que devaient être les villages fontbuxiens tel que Cambous. Certes, une grande partie des vestiges (bois, peaux, tissus...) ont disparu, mais la répartition des autres dans l'habitat montre une surface structurée en deux parties. Au nord, partie la plus éloignée de la porte, se trouve le plus grand nombre de vestiges. Au centre, le foyer est une zone d'activité intense où se côtoient des restes d'animaux consommés, des poteries écrasées et piétinées, quelques outils en pierre et en os cassés ou égarés. La partie antérieure, enfin, devait servir essentiellement au couchage, si l'on en juge par le peu de vestiges qui s'y trouve.

Des activités comparables avaient lieu à l'extérieur, où l'on trouve des foyers avec restes de cuisine.

Dans le sol calcaire très fissuré de Cambous, des cavités naturelles plus ou moins profondes ont été aménagées et utilisées par les habitants. Elles servirent de caves mais aussi de dépotoirs, lieux privilégiés par les archéologues en raison de l'abondance du matériel qu'ils livrent. À Cambous, ces caves sont extérieures aux maisons. Ailleurs, elles sont à l'intérieur des habitations et beaucoup mieux aménagées.

Les habitants chalcolithiques de Cambous étaient des éleveurs et des agriculteurs. Le mouton et la chèvre constituent la moitié du cheptel; bœufs, porcs et chiens forment l'autre moitié des animaux domestiqués. Cependant, aucun parc à bestiaux n'a été mis en évidence à Cambous, comme à Boussargues (voir p. 107). Les céréales cultivées sont essentiellement le blé et l'orge.

Les coutumes funéraires sont mal connues à Cambous, où seul un nouveau-né a été découvert dans un vase, à proximité d'une cabane. Les dolmens du plateau, en grande partie antérieurs à la culture de Fontbouisse, furent souvent réutilisés. Non loin du village, il en est un qui mérite la visite. C'est un dolmen à couloir languedocien typique, avec couloir, antichambre et chambre, installé dans un cairn circulaire à double parement concentrique, indiquant un monument à gradins.

On sait que les hommes de la culture de Fontbouisse utilisaient en sépultures collectives des cavités naturelles (grottes ou avens) ou des cavités artificielles creusées dans la roche (hypogées) ou construites en dalles de pierre (dolmens). Selon J.-L. Roudil, «dans tous les cas, le corps du défunt accompagné d'offrandes (outils, armes, céramiques) était déposé sur le sol, probablement serré dans un linceul ou même ligoté en position contractée».

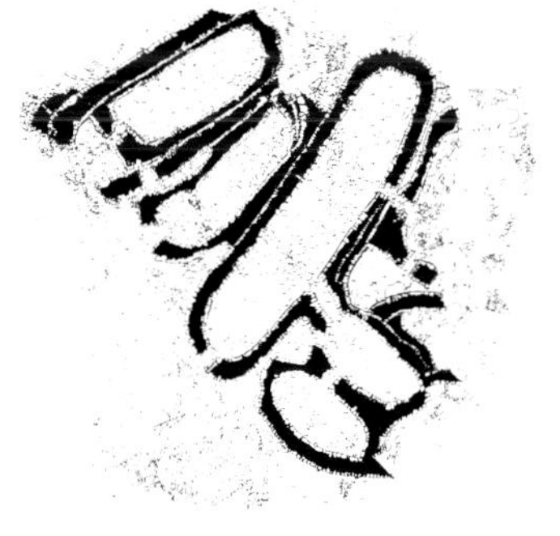

Plan d'une partie du village de Cambous (d'après H. Canet et J.L. Roudil).

Voir aussi: *Après avoir visité le village de Cambous et le dolmen qui lui est proche, une visite au musée de Viols-le-Fort s'impose, pour connaître la culture matérielle de ceux qui vécurent en ces lieux.*

Situation: *34380 Viols-en-Laval (Hérault).*

Les Pyrénées

Du golfe de Gascogne au golfe du Lion, les Pyrénées constituent une barrière dont l'axe médian, constitué de roches cristallines, est bordé, au nord comme au sud, de zones calcaires du Jurassique, du Crétacé et de l'Éocène. L'ensemble des régions pyrénéennes françaises est donc caractérisé par une dorsale cristalline, bordée de paysages calcaires, parfois abondamment karstifiés, que recouvrent les épandages de l'érosion de ce relief relativement jeune (Éocène-Oligocène).

De la partie centrale — les hautes Pyrénées — partent de nombreuses rivières, alimentant vers l'ouest l'Adour et vers le nord la Garonne. Seuls quelques cours d'eau des Pyrénées orientales rejoignent la Méditerranée. Ces cours d'eau ont profondément creusé la bordure calcaire et l'ont jalonné d'une multitude de grottes et d'abris-sous-roche, offrant ainsi de nombreuses voies de pénétration au peuplement préhistorique.

Aux deux extrémités de la chaîne, le Pays basque à l'ouest et le Roussillon à l'est ont été les voies de communication les plus aisées entre l'Europe et la péninsule Ibérique.

Les alluvions du piémont pyrénéen ont livré de nombreux vestiges du Paléolithique archaïque, mais ce sont les grottes qui ont apporté le plus d'éléments sur les premiers occupants des Pyrénées: la Caune de l'Arago, à Tautavel (Pyrénées-Orientales), les grottes de Montmaurin (Haute-Garonne).

Pendant le Paléolithique moyen et le début du Paléolithique supérieur, le peuplement des Pyrénées s'est poursuivi mais ce n'est qu'avec le Magdalénien tardif qu'il atteint son apogée. C'est à cette période que nous devons les nombreuses grottes ornées de la région de Tarascon-sur-Ariège.

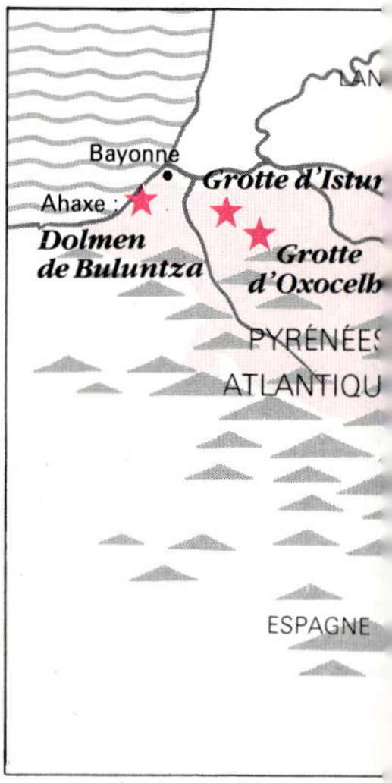

Les Pyrénées.

Grotte de Niaux. Bisons du «Salon noir».

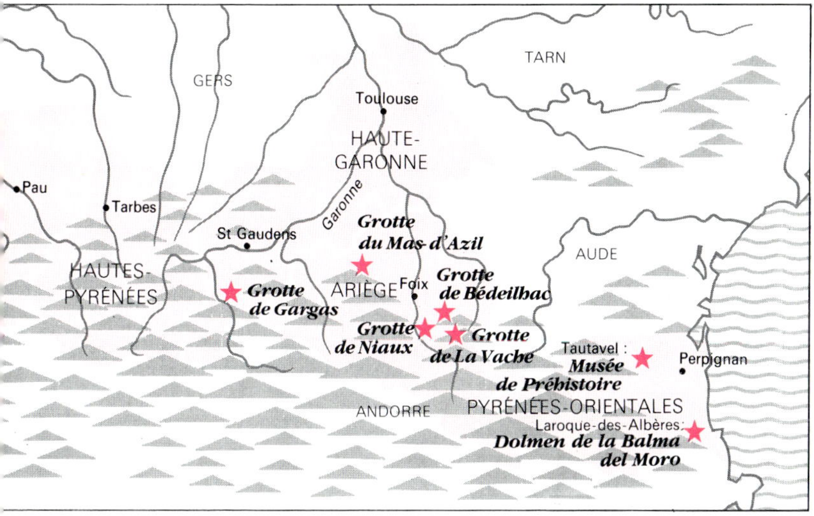

AHAXE-ALCIETTE-BASCASSAN

Dolmen de Buluntza

Des dolmens au Pays basque

Ce dolmen dans son tumulus est situé dans un pré au col de Buluntza, sur la crête appelée Gatarre, non loin de la limite de la commune d'Ahaxe avec celle d'Esterenzubi. Sous son aspect actuel, le tumulus mesure 12 à 13 m de diamètre et 1,40 m de hauteur. La chambre, de forme trapézoïdale, est limitée par trois piliers. Ceux des côtés sont de gros blocs qui atteignent 3 m et 3,50 m de longueur et 0,40 m et 0,60 m d'épaisseur. Ils supportent une table longue de 6 m, large de 3 m et épaisse de 0,90 m qui, à l'origine, devait mesurer 1 m de plus en largeur. Aucun couloir n'a été recherché dans le tumulus.

Comme pour le Roussillon qu'il ne faut pas dissocier de la Catalogne, le Pays basque et la Navarre forment une entité mégalithique qu'il faut étudier dans son ensemble.

Dans le même champ que le dolmen de Buluntza se trouve un tumulus circulaire d'une douzaine de mètres de diamètre et de 0,80 m de hauteur. On ne sait ce qu'il contient.

Sur le sentier qui monte vers le sommet de la crête et Buluntza, cinq cercles de pierres (appelés «cromlechs») sont situés sur un replat de la crête ouest du sommet Zeinegi. Le premier composé de 6 pierres a 6-7 m de diamètre; le second, 15 pierres et 8 m de diamètre; le troisième, 13 pierres et 9 m de diamètre; le quatrième, 15 pierres et 6 m de diamètre; le cinquième, 9 pierres et 6 m de diamètre. Nombreux sont les cercles de pierres dans ces montagnes, mais si leur date de mise en place se situe à l'Âge des Métaux, il est souvent difficile de connaître leur raison d'être (funéraire probablement).

En Navarre et au Pays basque en général, les dolmens sont nombreux et affectent des plans différents, allant du dolmen à couloir (assez peu répandu) aux dolmens simples et coffres, en passant par des monuments plus ou moins allongés à chambre trapézoïdale s'élargissant de l'entrée vers le fond, dans un tumulus ovalaire limité par de grosses pierres.

Situation: *64220 Ahaxe-Alciette-Bascassan (Pyrénées-Atlantiques).*

BÉDEILHAC-ET-AYNAT

Grotte de Bédeilhac

Un habitat magdalénien orné

La grotte s'ouvre au-dessus du village de Bédeilhac, à 21 km de Foix, au flanc de la montagne du Saudour; on y accède par une petite route pittoresque.

L'ampleur de son porche est saisissante, ainsi que la première partie de la galerie qui le prolonge. Les vestiges d'une piste d'aviation installée durant la Seconde Guerre mondiale contribue à désorienter le visiteur. On peut imaginer aisément les conséquences de cette occupation intense du site pour la conservation des œuvres pariétales d'une part, mais aussi des niveaux archéologiques présents dans le sous-sol du porche et la galerie d'entrée. Les niveaux magdaléniens y étaient d'une grande richesse, si l'on en juge par les pièces d'art mobilier conservées au musée des Antiquités nationales de Saint-Germain-en-Laye. À la suite des investigations initiales de

F. Garrigou et H. Filhol au siècle dernier, puis de G. Vidal, J. Mandement et B. Jauze à partir de 1927, R. Robert et R. Gailli, entre autres, purent fouiller à l'entrée de la galerie Vidal des lambeaux d'occupations qui furent attribués au Magdalénien IV.

La galerie Vidal

Vidal est la première galerie, assez courte, qui s'ouvre à droite de la galerie principale, à environ 150 m de l'entrée. L'abbé Breuil y releva plus d'une dizaine de figures, dont certaines sont polychromes. Ces représentations sont de grande taille ; les plus célèbres et les plus lisibles — selon l'hygrométrie de la paroi — sont un cheval polychrome de 2,40 m de long, sur la paroi droite, et un bison en noir de même dimension, sur la paroi opposée.

Les diverticules Mandement et Jauze

C'est en dégageant un ensemble de petits diverticules obstrués, situés au fond de la galerie principale, que Mandement et Jauze, après 1927 (date des découvertes de la galerie Vidal) mirent au jour des figures peintes, des ponctuations imprimées au doigt dans l'argile et surtout des modelages d'argile d'assez petite taille représentant des bisons, à proximité d'une série de signes dont on peut évoquer une représentation sexuelle féminine.

Les mains positives

En continuant dans la galerie principale, on remarque quelques ponctuations rouges et un grand bison brun noirâtre, puis, sur un imposant pilier stalagmitique situé au milieu du passage, une série de mains positives.

Dans la salle terminale, à plus de 700 m de l'entrée, deux petits bisons peints en noir sur la voûte et quelques dessins sur argile difficilement accessibles, éparpillés semble-t-il çà et là, complètent cet ensemble.

L'art pariétal de la grotte de Bédeilhac, en partie du fait du caractère grandiose de la cavité dans laquelle il est implanté, mais aussi de son état de conservation peut-être fragmentaire, laisse une impression d'inachevé ou de disparate qui n'est pas habituel.

Situation : *09400 Bédeilhac-et-Aynat (Ariège).*

Les dolmens du Roussillon

Jean Abelanet, grâce à l'étude de la toponymie en particulier, est arrivé à recenser dans le Roussillon 90 dolmens, plus une quinzaine de probables, et 4 menhirs seulement. Il constate que le mégalithisme roussillonnais, phénomène essentiellement montagnard, ne peut être dissocié de celui de Catalogne. Le plus souvent, les monuments sont situés sur un col, une ligne de crête, ou un épaulement de terrain, c'est-à-dire un lieu d'où la vue est bien dégagée. Une source se trouve fréquemment dans les environs.

Généralement il n'y a pas eu de grand transport des éléments constitutifs des monuments : ce sont des dolmens simples, des dolmens à couloir, ou des coffres plus ou moins mégalithiques, jamais grandioses.

Ce mégalithisme paraît tardif et attribuable pour une grande part au Néolithique final (Vérazien) et Chalcolithique/Bronze ancien.

Les menhirs certains sont peu nombreux : Pedra dreta de Sant Salvador à Arbère qui atteint près de 3 m et se trouve au milieu de trois dolmens ; Pedra dreta au col de la Bataille, en deux morceaux, qui atteignait 4,40 m.

Beaucoup d'autres pierres dressées ne sont que des limites de territoires dressées plus récemment.

BÉDEILHAC-ET-AYNAT

Grotte de La Vache

Au pied de Bédeilhac, un habitat magdalénien

La grotte de La Vache, fabuleux gisement préhistorique, fut l'habitat d'un groupe de Magdaléniens dont il subsiste un grand nombre de foyers, une très grande quantité d'objets en silex et en os — sagaies, harpons, aiguilles, poinçons — et de très nombreuses œuvres d'art mobilier — os gravés, bois de renne ou de cerf travaillés.

Les fouilles, qui ont duré près de 30 ans, ont permis d'explorer 300 m^2 d'une grande salle. La quasi-totalité des objets trouvés est déposée au musée des Antiquités nationales, à Saint-Germain-en-Laye.

Situation : *09400 Bédeilhac-et-Aynat (Ariège).*

LAROQUE-DES-ALBÈRES

Dolmen de la Balma del Moro

Des dolmens dans la montagne

Le dolmen de la Balma del Moro est un grand dolmen à couloir ouvert au sud-est. Situé sur un petit plateau entre deux pitons rocheux, il se dresse, sous le pic Neulos, sur une crête rocheuse dominant largement la plaine du Roussillon, à 610 m d'altitude.

La chambre, rectangulaire, se compose de trois grandes dalles de granit. Celle du fond, ou dalle de chevet, mesure 2 m de longueur, celle du nord-est 2,50 m et celle du sud-ouest 1,45 m ; elles ont toutes environ 1,60 m de hauteur. En avant, dans le prolongement de la chambre, deux autres dalles dressées appartiennent au couloir. La couverture est réalisée par une dalle de granit longue et large de 3 m et épaisse de 0,40 m.

Le tumulus garde une certaine épaisseur, dans laquelle sont plantées des pierres, selon des lignes rayonnantes à partir de la chambre. De tels aménagements du tumulus ne sont pas rares en Catalogne, en particulier au Cementeri tels Moros à Puig Roig, Torrent (Catalogne espagnole).

Situation : *66700 Laroque-des-Albères (Pyrénées-Orientales).*

LE MAS-D'AZIL

Grotte du Mas-d'Azil

Au cœur du pays ariégeois

Cette immense et très spectaculaire grotte, où le premier matériel archéologique fut récolté vers le milieu du siècle dernier, a la particularité d'être entièrement traversée

Grotte du Mas-d'Azil. Propulseur à crochet en bois de renne dit « Faon aux oiseaux ». Musée des Antiquités nationales, Saint-Germain-en-Laye.

par la rivière Arize, qui a creusé son lit sur près de 500 m à travers le massif rocheux du Plantaurel. Actuellement, la route départementale D 119 qui mène au Mas-d'Azil longe le lit de l'Arize en empruntant cette longue cavité naturelle.
Succédant à des pionniers tels que l'abbé Filhol et F. Garrigou, c'est E. Piette qui, à partir de 1887, entreprend les premières fouilles, qui furent d'une exceptionnelle richesse. Elles se déroulèrent sur les rives opposées de l'Arize, où deux gisements ont été individualisés. Les séquences stratigraphiques n'y sont pas identiques, même si elles ont des séquences communes. Plus tard, en 1907 et 1908, Henri Breuil fouilla les deux rives de l'Arize et se servit ensuite de cette stratigraphie magdalénienne remarquablement riche en industrie osseuse pour fonder sa chronologie du Magdalénien. C'est à cette époque qu'avec E. Riette et le comte Begouen, il découvre les premières figures pariétales.

Un vaste labyrinthe souterrain

De la visite de cette grotte le visiteur retiendra surtout l'existence d'habitats magdaléniens dans des zones reculées, de galeries profondes inconfortables et sans lumière où, vraisemblablement, l'homme eut à disputer, au moins temporairement, l'espace avec l'animal, si l'on en juge par les spectaculaires ossuaires d'ours rencontrés çà et là. Sur le plan de l'art pariétal, les œuvres sont difficilement accessibles dans la galerie Breuil. La décoration est peinte et gravée de figurations de chevaux, de bisons, de cervidés, assorties de points, traits et signes. Il faut remarquer la présence de traits, de poissons de mer plats, de quelques masques humains, d'un oiseau et d'un félin.

Le Magdalénien et l'Azilien pyrénéens

M. et S.-J. Péquart entreprirent, entre 1935 et 1942, des fouilles dans les niveaux magdaléniens et aziliens et dans les occupations magdaléniennes du réseau profond de la rive droite. Dans ces galeries étroites et obscures, les couches archéologiques ont livré un extraordinaire matériel lithique et osseux. Ce dernier représente l'une des plus grandes séries typiques du Magdalénien moyen pyrénéen. Les sagaies se comptent par centaines — certaines sont à base fourchue —, les poinçons sont souvent décorés et façonnés sur des ossements animaux ou du bois de renne débité. Il existe aussi des baguettes demi-rondes en bois de renne, des rondelles perforées et décorées dans des lames d'os, des têtes d'animaux en

contours découpés (chevaux le plus souvent), des bâtons percés, des propulseurs en bois de renne décorés dont le célèbre « Faon aux oiseaux » de 26,9 cm de longueur. Ces objets sont, pour la plupart, attribuables au Magdalénien IV de Breuil.
Le Magdalénien supérieur est présent dans les gisements situés le long des rives de l'Arize et il montre les phases successives d'une évolution vers l'Azilien ; les datations au carbone 14 de cette séquence la situent vers 13500 B.P. C'est au Mas-d'Azil que fut individualisé par E. Piette l'Azilien, caractérisé ici, en particulier, par de petits grattoirs courts, unguiformes, sur éclats, des pointes aziliennes, des harpons plats et des petits galets peints.

Situation : *09290 Le Mas-d'Azil (Ariège).*

Voir aussi : *Le musée du Mas-d'Azil est implanté au centre du village typique du pays ariégeois et renommé pour sa gastronomie. Il constitue une étape touristique agréable en toute saison. Le bâtiment, traditionnel (XVIIIe siècle), abrite les pièces les plus remarquables, pour la plupart des œuvres d'art mobilier, du site du Mas-d'Azil. L'ensemble provient en majorité de la collection Péquart, acquise en 1965.*
C'est là que l'on peut voir le fameux « Faon aux oiseaux », un des plus beaux spécimens de propulseur orné du Magdalénien pyrénéen (Magdalénien IV) et le protomé de cheval, une œuvre en ronde bosse sur bois de renne. L'industrie osseuse et lithique du Magdalénien et de l'Azilien régional fait l'objet d'une exposition détaillée par période.

NIAUX

Grotte de Niaux

Un vaste réseau souterrain

Au sud de Tarascon-sur-Ariège, à Niaux, un vaste réseau souterrain se développe sur 14 km. À son entrée, après un vaste porche, on pénètre sur 2 km dans la grotte de la Calbière, plus connue sous le nom de grotte de Niaux. Découverte en 1906 par le Cdt Molard et ses enfants, cette grotte fait partie de l'ensemble exceptionnel de grottes ornées et de gisements magdaléniens du bassin de Tarascon-sur-Ariège.
À plus de 200 m de l'entrée actuelle, une série de points, de traits et de signes divers rouges annoncent les premières représentations animales : deux bisons.

Le « Salon noir »

À quelques dizaines de mètres de ce panneau, au grand carrefour, la galerie se divise en trois. Dans l'axe de la galerie d'accès, un bovidé décore la paroi de droite de la galerie dite « des éboulis ». À droite, une galerie, dite du « Salon noir », offre une composition où abondent les représentations de bison, de cheval et de bouquetin, auxquels s'adjoignent des poissons (salmonidés), un cervidé et un probable rhinocéros.

La « Galerie profonde »

Enfin, la « Galerie profonde » présente une longue série de signes et de bisons et, en arrivant à la « Galerie Cartailhac », un cheval et le fameux « Bison aux cupules ». Au-delà de la galerie, vers la gauche, commence la « Galerie des marbres », ornée de chevaux et bouquetins, puis celle du « Grand Dôme », également décorée de chevaux.
Dans la « Galerie Cartailhac », les figurations de bouquetins, de bovidés et d'associations bison-cheval constituent l'essentiel du décor. Dans cette galerie se trouve une repré-

sentation de mustélidé tout à fait exceptionnelle dans l'art pariétal.
Dans un diverticule de la «Galerie profonde», une série d'empreintes humaines sont attribuables à deux jeunes enfants. La grotte de Niaux a conservé un bon nombre de gravures sur l'argile du sol, dans des endroits protégés du piétinement animal ou humain.
L'art pariétal de Niaux est très homogène. Il est attribué généralement au Magdalénien moyen, mais quelques préhistoriens lui accorderaient un âge légèrement postérieur (Magdalénien supérieur). Après Lascaux, la grotte de Niaux est une des plus belles grottes ornées de France. Mais la conservation pose de graves problèmes: des ruissellements délavent certaines peintures, de la calcite se forme sur d'autres. Placée sous le contrôle constant du ministère de la Culture (direction du Patrimoine), elle a été l'objet d'une mission de relevé photographique et cinématographique systématique pour archivage.

Situation: *09400 Niaux (Ariège).*

SAINT-MARTIN-D'ARBEROUE

Grotte d'Isturitz et grotte d'Oxocelhaya

Un ensemble complexe de grottes étagées

Le massif de Gastelu, près de Saint-Martin-d'Arberoue et d'Isturitz, est parcouru par un réseau souterrain à trois étages: l'étage supérieur est la grotte d'Isturitz, l'étage intermédiaire est la grotte d'Oxocelhaya-Hariztoya; l'étage inférieur est la grotte d'Erberua. Seules les deux premières sont visitées, la grotte inférieure étant difficilement accessible en raison d'un siphon condamnant la résurgence de la rivière Arberoue.

La grotte d'Isturitz

La grotte d'Isturitz est connue depuis longtemps. La première salle (Salle Saint-Martin) fut l'objet de très importants travaux de terrassement de la part des exploitants de phosphates et des préhistoriens du début du siècle. Il ne subsiste actuellement que des témoins limités du remplissage. Les collections provenant des fouilles anciennes sont en grande partie au musée des Antiquités nationales, à Saint-Germain-en-Laye.
Un pilier rocheux, situé dans la salle, porte sur sa face nord des gravures profondes qui furent découvertes par E. Passemard et relevées par I. Barandiaran. Ces gravures représentent deux bouquetins ou deux cerfs superposés à un renne, un mammouth, un ours, deux chevaux et un renne.
L'âge des gravures profondes d'Isturitz pourrait se placer entre le Magdalénien moyen et le Magdalénien supérieur.

La grotte d'Oxocelhaya

Découverte en 1929 par J.-P. Etchegaray, des fouilles y ont été pratiquées en 1955 et 1956 par I. Barandiaran. Les gravures et peintures ont été découvertes en partie par G. Laplace, pendant les fouilles, puis par J.-D. Laribeau, en 1982.
Les figurations pariétales représentent des chevaux, des bisons et d'hypothétiques représentations d'ours ou de félin. En se fondant sur des critères stylistiques et sur les thèmes traités, André Leroi-Gourhan attribue les œuvres pariétales d'Oxocelhaya au Magdalénien moyen.

Situation: *64640 Saint-Martin-d'Arberoue (Pyrénées-Atlantiques).*

Peintures du «Salon noir» de la grotte de Niaux.

TAUTAVEL

Musée de Préhistoire

✩✩✩✩

L'univers de l'homme de Tautavel

Une des vocations initiales de ce musée, créé en 1979 près du village viticole de Tautavel, était la conservation sur place de l'abondant matériel archéologique issu de la grotte de la Caune de l'Arago. Durant la période estivale, la visite est d'ailleurs couplée avec celle du chantier de fouille qui domine la vallée, au pied de l'escarpement calcaire. Implanté dans une large vallée qui débouche au nord de la plaine du Roussillon, à une vingtaine de kilomètres au nord-ouest de Perpignan, cette structure très lumineuse condense de manière didactique, dans un assez petit espace, les grandes étapes de la préhistoire régionale, du Paléolithique inférieur jusqu'à l'Âge du Bronze. Une place particulière est réservée au Paléolithique inférieur : industries archaïques sur galets des terrasses du Roussillon, environnement et mode de vie des chasseurs de la Caune de l'Arago et surtout le crâne, maintenant très célèbre, de l'homme de Tautavel, un des anténéandertaliens les plus anciens actuellement connus (450 000 ans environ).

La grotte de la Caune de l'Arago

Signalée dès 1838 par Marcel de Serres à propos de vestiges paléontologiques de cervidés, la caverne de la Caune de l'Arago est l'objet, depuis 1964, de recherches annuelles.

La grotte, creusée dans un massif de calcaires du Crétacé inférieur, est située sur la rive gauche du Verdouble dont elle surplombe la plaine d'une centaine de mètres. Au sein du remplissage quaternaire accumulé sur 11 m d'épaisseur, plus de 20 niveaux archéologiques ont été identifiés. Les restes de faune présents dans ces niveaux, l'étude des pollens contenus dans le sol et celle des processus d'évolution des sédiments déposés au cours des temps ont permis de reconstituer l'environnement des groupes humains.

Le thar, le chamois, le bœuf musqué…

Les chasseurs anténéandertaliens qui ont occupé la grotte chassaient dans un paysage sensiblement identique à l'actuel, la végétation méditerranéenne étant développée dans tous les espaces abrités des vents et bien orientés. La faune introduite dans la grotte et dont les divers ossements jonchent le sol, comme on peut le constater sur le moulage de plusieurs mètres carrés présenté dans le musée, était assez composite. Des espèces qu'on ne rencontre plus actuellement que dans des régions très froides, comme le thar, le chamois et le bœuf musqué, coexistaient — mais sans doute dans des biotopes différents — avec les chevaux de Mosbach, animaux des steppes, avec les bisons, les rhinocéros des prairies, les loups étrusques, de rares éléphants et des cerfs.

L'outillage

Le sol est parsemé d'une grande quantité d'outils et de déchets d'industrie lithique. Dans les différents niveaux, c'est surtout le quartz, les marnes schisteuses et plus rarement le silex et le quartzite qui ont été taillés.

L'outillage de presque tous les niveaux a été attribué à un Tayacien ancien. Le type de débitage de cette industrie n'est pas Levallois et les éclats, plutôt courts et épais, détachés au percuteur dur, sont transformés en

Reconstitution du crâne de l'homme de Tautavel (Arago XXI).

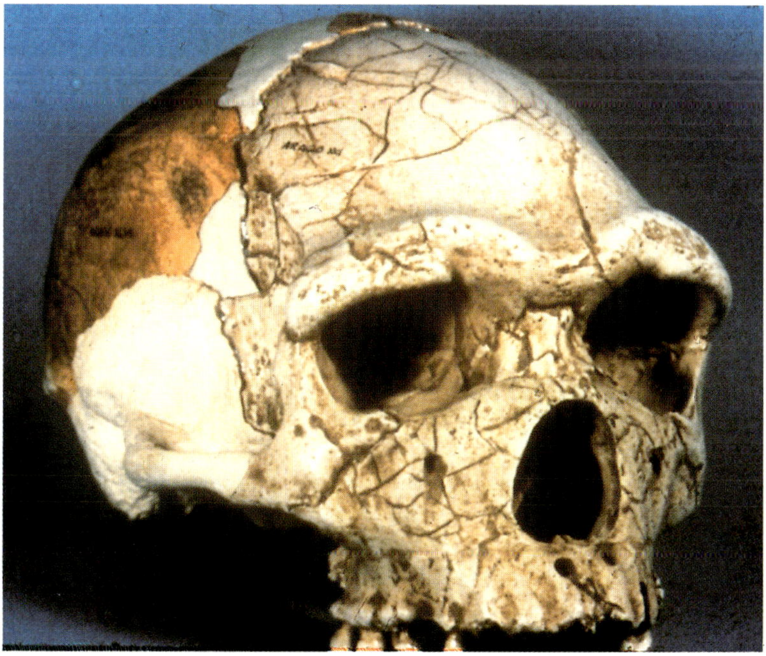

Les débuts du Paléolithique dans le sud de la France

C'est aux alentours de 1,5 million d'années que semble se situer l'occupation de l'Europe méridionale. À partir de leur aire africaine originelle, les hominidés ont progressivement occupé les zones plus tempérées du continent européen. Ainsi, nous disposons de quelques gisements sporadiques qui renferment des industries taillées par l'Homme, parfois associées à des ossements de mammifères. Dès cette période du Pléistocène inférieur, entre 1,5 million d'années et 700 000 ans, des habitats ont été mis en évidence en plein air sur les plages de lac (Chilhac, Soleilhac en Auvergne), sur les berges des cours d'eau (terrasses du Roussillon), mais aussi dans des grottes comme au Vallonnet (Alpes-Maritimes).

L'outillage, très archaïque, est constitué de fragments et d'éclats de roches bruts ou sommairement aménagés par une retouche peu élaborée, de rares os utilisés ou taillés et de galets de roches dures sur lesquels un tranchant plus ou moins grossier a été façonné par des enlèvements peu nombreux : choppers, chopping-tools, polyèdres. Les bifaces, s'ils existent, sont très sommaires.

L'absence de technologies suffisamment évoluées permettant aux hommes de transformer beaucoup de matériaux et d'avoir accès à la production et à la conservation du feu explique le caractère très rudimentaire de ces habitats.

À Chilhac, près de Brioude en Auvergne, les mammifères fossiles, notamment les proboscidiens, permettent de dater le gisement d'environ 1 800 000 ans. Aux vestiges paléontologiques sont associées quelques pièces en quartz et en gneiss, dont des galets aménagés.

Un autre site du Massif central, Soleilhac, dans la commune de Polignac, a été découvert dans le fond d'un cratère volcanique. C'est sur une plage lacustre que les occupants du site semblent s'être installés, il y a 800 000 ans. La disposition des vestiges osseux concassés et des outils de pierre au sein d'un espace délimité par un alignement de blocs évoquerait une possible structure d'habitat qui serait l'une des plus anciennes d'Europe.

La grotte du Vallonnet à Roquebrune-Cap-Martin a livré, au sein d'une séquence stratigraphique du Pléistocène inférieur, des niveaux archéologiques bien conservés constitués d'une faune abondante dont l'âge est estimé à 900 000 ans. Les hommes ont utilisé dans la grotte des outils sur galets et sur éclats ainsi que quelques objets en os et bois de cervidés.

racloirs, encoches et divers types de pointes (pointes de Tayac, pointes de Quinson) par une retouche épaisse et écailleuse. De nombreux outils sur galets, parfois d'assez petite taille, entrent dans l'équipement de ces chasseurs. Les bifaces sont extrêmement rares.

Une fréquentation assidue

De prime abord, l'aspect inorganisé des sols d'habitat de la Caune de l'Arago peut frapper. Les sols sur lesquels ont vécu les hommes sont jonchés des vestiges qu'ils y ont abandonnés. Aussi, dans certaines zones, les ossements divers sont accumulés sur plusieurs dizaines de centimètres d'épaisseur, alors qu'ailleurs une plus grande abondance d'éclats et d'outils peut évoquer des aires de débitage ou d'artisanat. Des blocs de pierre ont pu être déplacés pour aménager l'espace. Il en ressort toutefois une impression de fréquentation assidue du site pendant certaines périodes, peut-être fort longues, si l'on interprète la densité d'ossements fragmentés et abandonnés comme proportionnelle à l'activité de subsistance des hommes.

Arago XXI, une face célèbre

C'est d'ailleurs mêlés à ces déchets culinaires qu'ont été découverts les restes humains anténéandertaliens. Le crâne le plus complet, Arago XXI, se caractérise par une face allongée, étroite dans sa portion antérieure, large dans sa portion postérieure dont la capacité crânienne est assez faible : 1 150 à 1 160 cm^3, ce qui confirmerait son appartenance au groupe des *Homo erectus* européens (Mauer, Swanscombe, Steinheim, Petralona, Ehringsdorf). Plusieurs mandibules au corps bas et épais et aux dents exceptionnellement grandes confirment bien ces caractères typiques des *Homo erectus* qui les différencient des néandertaliens. L'aspect physique de ces hommes est évoqué par une reconstitution exposée dans le musée mais aussi sur une petite place du village où, parmi les passants et les joueurs de pétanque affairés, l'homme de Tautavel, tout de bronze, un épieu à la main, est immortalisé sous le soleil du Roussillon.

Situation : *66720 Tautavel (Pyrénées-Orientales).*

VALCABRÈRE

Grotte de Gargas

Des panneaux de mains négatives

Au sud-ouest de Montréjeau, près de Saint-Bertrand-de-Comminges, la grotte de Gargas s'ouvre sur un promontoire de la chaîne pyrénéenne, dominant la Garonne et le plateau de Lannemezan. Connue depuis longtemps pour les ossements et les industries préhistoriques qu'elle contenait, les peintures et gravures préhistoriques furent découvertes par F. Regnault à la fin du XIXe siècle.
Les fouilles pratiquées alors révélèrent des occupations moustériennes, châtelperronniennes, aurignaciennes et gravettiennes, ainsi que des visites protohistoriques, gallo-romaines et médiévales, comme en témoignent des graffitis.

Une grotte à deux étages

Dans la grotte inférieure, une série de panneaux sont couverts de mains négatives rouges, et parfois ocres ; l'une d'elles est blanche. Ces mains, au nombre de vingt-cinq, constituent une originalité de la grotte de Gargas. Certaines présentant des doigts incomplets ou déformés suscitèrent une polémique parmi les spécialistes, dont certains pensaient à des mutilations volontaires, d'autres préférant y voir des accidents pathologiques.
Les gravures sont limitées dans la grotte inférieure. Elles ont été réalisées par tracé digital, par gravure fine ou par grattage et représentent des silhouettes animales : bœuf ou bison, cheval, mammouth, bouquetin, élan, cervidés, ainsi que de nombreux signes et des tracés serpentiformes. Les peintures sont rares. Dans la grotte inférieure, il n'y a que très peu de chose ; dans la grotte supérieure, on trouve un bison gravé et peint, un élan et des bouquetins.
L'âge de l'art pariétal de la grotte de Gargas est proposé, par analogie stylistique avec les gravures que portait une plaquette trouvée par H. Breuil, dans un niveau périgordien.

Situation : *31510 Valcabrère (Haute-Garonne).*

Aquitaine, Poitou-Charentes, Limousin

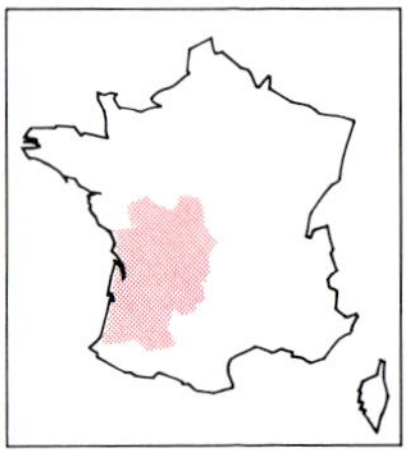

Aquitaine, Poitou-Charentes, Limousin.

Le Bassin aquitain sédimentaire sert d'épicentre à la réunion de sa marge septentrionale avec les Charentes et le Poitou et, à l'est, d'une partie des contreforts et plateaux cristallins du Limousin.

L'Aquitaine, avec ses vastes étendues sédimentaires légèrement vallonnées, est traversée par un réseau hydrologique bien orienté d'est en ouest qui, par endroits, a profondément entaillé les calcaires secondaires massifs sur une bande s'étendant du Lot à la Charente. Cet encaissement des vallées a provoqué la formation d'un vaste réseau karstique, avec des abris-sous-roche au pied des falaises, qui ont certainement favorisé l'implantation humaine paléolithique, mais aussi et surtout la conservation exceptionnelle de ses habitats et de ses manifestations artistiques, de la vallée de la Vézère à celle de la Charente.

S'il en va de même en Poitou, notamment dans les sites de la Vienne, la situation dans le Limousin est différente. Dans ce milieu de petite et de moyenne montagne, les occupations des périodes anciennes sont rares, et ce n'est que vers la fin du Paléolithique et aux périodes plus récentes que l'on voit se multiplier les gisements dans des zones privilégiées, comme le bassin de Brive (Corrèze) avec la vallée de la Planchetorte, par exemple.

La présence d'une longue façade atlantique accueillante joue un grand rôle de communication — et certainement aussi de subsistance — dans les implantations des premières communautés villageoises et paysannes, du Néolithique à l'Age du Fer, si l'on en juge par la répartition des sites, des monuments mégalithiques et des villages de ces périodes. Ce sont en effet de larges vallées et de riches plaines agricoles qui, sur toute l'étendue de la côte, s'ouvrent à la mer, zone d'échanges, de commerce et d'exploitation des ressources, le sel et la pêche.

Tumulus C de Champ-Châlon à Benon.

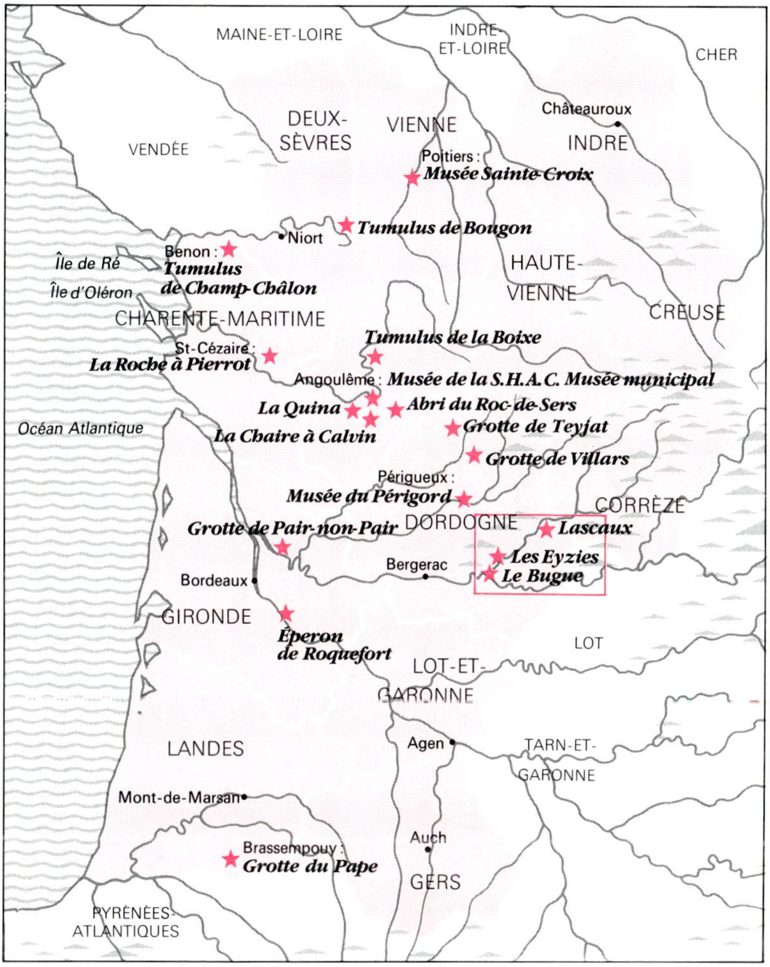
MAINE-ET-LOIRE
INDRE-ET-LOIRE
CHER
Châteauroux
DEUX-SÈVRES
VIENNE
INDRE
VENDÉE
Poitiers : Musée Sainte-Croix
Tumulus de Bougon
Niort
Benon : Tumulus de Champ-Châlon
Île de Ré
Île d'Oléron
HAUTE-VIENNE
CREUSE
CHARENTE-MARITIME
Tumulus de la Boixe
St-Césaire : La Roche à Pierrot
Angoulême : Musée de la S.H.A.C. Musée municipal
Abri du Roc-de-Sers
La Quina
La Chaire à Calvin
Grotte de Teyjat
Océan Atlantique
Grotte de Villars
Périgueux : Musée du Périgord
CORRÈZE
Grotte de Pair-non-Pair
DORDOGNE
Lascaux
Les Eyzies
Le Bugue
Bergerac
Bordeaux
GIRONDE
Éperon de Roquefort
LOT
LOT-ET-GARONNE
LANDES
Agen
TARN-ET-GARONNE
Mont-de-Marsan
Auch
Brassempouy : Grotte du Pape
GERS
PYRÉNÉES-ATLANTIQUES

La région des Eyzies et la vallée de la Vézère.

BENON

Tumulus de Champ-Châlon

Spectaculaire découverte de chambres funéraires

Découverte en 1979 et 1980 par F. Bouin, la nécropole de Champ-Châlon est située sur la première ligne de faîte qui domine d'une quarantaine de mètres la vaste dépression, au nord, de l'actuel Marais poitevin. Au IVe millénaire avant J.-C. la mer, à un niveau plus bas qu'aujourd'hui, devait pénétrer assez largement dans cette dépression non encore colmatée. Les cinq tumulus sont situés sensiblement sur une même ligne. Une vingtaine de mètres séparent le tumulus A du B, 80 m le B du C, une centaine le C du D et un peu plus le D du E. Tous sont allongés d'est en ouest.

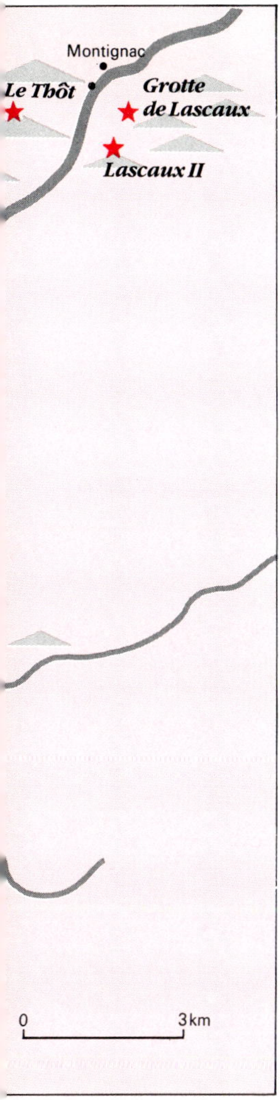

Le tumulus A

En pénétrant dans le bois de Benon, à peine à 500 m au-delà de la piscine de Courçon, on rencontre le tumulus A, monument quadrangulaire de 15 m de long limité par un mur bien construit. Deux parties le composent. À l'est, une première masse est constituée d'un système alvéolaire ne contenant aucun vestige archéologique. À l'ouest se voient la chambre funéraire et son couloir d'accès.

La chambre forme un quadrilatère, aux angles plus ou moins arrondis. Ses parois, comme celles du couloir qui ouvre au nord, sont construites en pierre sèche et sa couverture en encorbellement s'est effondrée sur la couche sépulcrale. Dans la paroi est, une niche avait été aménagée. Les ossements de six personnes y furent recueillis. Dans la chambre elle-même, ne furent retrouvés que quelques os humains épars. Elle avait manifestement été vidée dès le Néolithique moyen.

Ce monument a été construit avec les pierres extraites de carrières creusées près des longs côtés.

Tumulus B de Champ-Châlon à Benon (d'après R. Cadot et R. Joussaume).

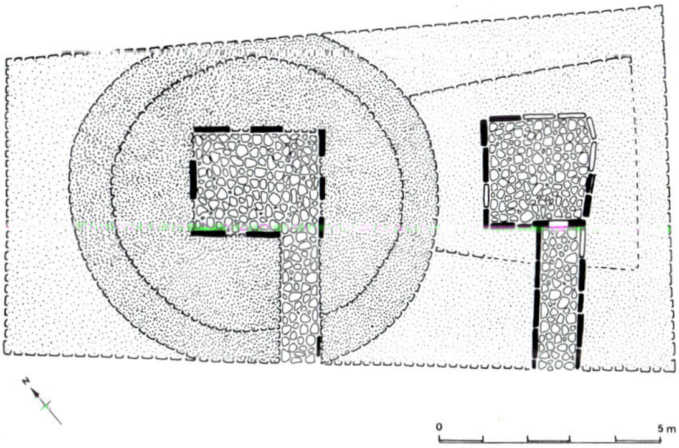

Le tumulus B

Tel qu'il apparaît aujourd'hui, le tumulus B est une construction en pierre sèche, associée à quelques dalles, de forme trapézoïdale, longue de 15 m. Avant la fouille, il présentait la forme d'une calotte arrondie de 1 m de hauteur en son centre.

Deux chambres avec couloir, possédant chacune son propre tumulus, composent la masse du monument, qui fut donc construit en deux temps.

À l'intérieur du cairn circulaire à double parement, la chambre ouest (I) est un quadrilatère dont le fond est dallé. Ses parois sont constituées de l'alternance de dalles dressées et de murets en pierre sèche. La couverture devait être réalisée par un montage en encorbellement. L'accès à la chambre se fait par un couloir désaxé, ouvrant au sud. Dans la chambre se trouvaient les restes perturbés de 5 ou 6 individus dont les crânes gisaient près des parois.

La chambre II marque l'extension de l'édifice dans une phase secondaire. La chambre et le couloir sont limités par des dalles dressées et deux dalles échancrées formaient une porte entre la chambre et le couloir. Les deux couloirs parallèles des chambres I et II étaient obstrués par un mur semblable au mur périphérique. La voûte en encorbellement qui fermait la chambre s'était effondrée sur les corps de 5 ou 6 personnes. Le matériel archéologique qui les accompagne est comparable à ce qui fut trouvé dans toutes les chambres funéraires de la nécropole et est attribuable au Chasséen atlantique, au début du IVe millénaire avant J.-C. Alors que la chambre I est incluse dans un tumulus circulaire, la chambre II, parallèle et de plan identique à la première, est à l'intérieur d'un cairn quadrangulaire qui, lors de son édification, intégra le premier monument. Dans cette phase secondaire, l'architecture circulaire du premier tumulus se trouve délibérément occultée par la nouvelle architecture trapézoïdale.

Le tumulus C

Également quadrangulaire, il atteint 25 m de long. Deux parties principales composent cet édifice : à l'est, une petite chambre circulaire ouvre vers l'extérieur par un couloir court. À l'intérieur, les ossements de 5 ou 6 personnes (hommes, femmes, enfants) étaient accompagnés de poteries et silex du Néolithique moyen ; cette chambre est incluse dans un tumulus circulaire. Chacune des alvéoles des neuf rangs qui composent l'ensemble ouest est limitée par un montage de pierre, sans souci de parement bien agencé, et bourrée de pierrailles et de terre. Selon toute vraisemblance, ces alvéoles correspondent à une technique de construction qui permet de gagner de la hauteur sans avoir à élargir considérablement le tumulus. Aucun vestige archéologique n'a été découvert à l'intérieur de cette partie du tumulus. Mais des restes de 2 corps occupaient chacun une petite dépression à la surface du monument (un corps sur le tumulus A également).

Parallèlement aux longs murs de parement du tumulus, deux larges dépressions correspondent aux carrières d'où les matériaux de construction furent extraits.

Le tumulus D

Il a partiellement été détruit par des engins mécaniques. À l'origine, il s'agissait d'un tumulus trapézoïdal de 40 m de long. Il n'y a malheureusement aucun moyen de savoir si une chambre funéraire existait dans le cairn, édifié selon un système alvéolaire retrouvé en A et C.

Un fossé-carrière paraît faire le tour du monument.

Plus à l'est sur la même ligne de faîte, le tumulus E se présente sous la forme d'une calotte oblongue ; mais il n'a fait l'objet d'aucune fouille, pas plus que deux autres, à moins de 1 000 m de là.

Situation : *17170 Benon (Charente-Maritime).*

BOUGON

Tumulus de Bougon

☆☆☆☆

Une construction gigantesque !

Les tumulus sont situés dans un enclos, à environ 500 m au nord de l'église de Bougon, dans la boucle d'une petite rivière, affluent du Pamproux.

C'est le 2 avril 1840 que Ch. Arnauld, M. Baugier et C. Sauzé explorèrent l'un des « chirons » (tumulus A) de la nécropole. Arnauld raconte : « Le deuxième jour, après les lentes alternatives de l'espoir et de la crainte, les ouvriers percèrent une couche de moellons amoncelés dans laquelle nous aperçumes une pierre énorme, longue, épaisse. Tout à coup, la terre s'éboule ; on cherche, on creuse encore ; l'ouverture est prête, on s'y glisse. Partout, des os, des cadavres et des vases ; les uns brisés, les autres intacts ; là, des piliers debout, des piliers renversés, des murailles en pierre sèche, dont quelques-unes sont écroulées, ruinées par les pluies et par le temps ; sous les pieds, de la terre humaine, sur la tête, un bloc énorme. Quelle construction gigantesque ! Que de siècles ont passé sur elle ! »

Objet de recherches plus ou moins intempestives jusqu'en 1875, les tumulus de Bougon, devenus propriété départementale en 1879, n'ont connu aucune fouille pendant près de cent ans. Des travaux scientifiques reprirent en 1968, sous la direction de C. Burnez, puis de J.-P. Mohen à partir de 1972. De nos jours, les monuments ont tous été étudiés et restaurés ; ils forment un des ensembles mégalithiques les plus prestigieux de France qu'accompagnera prochainement un important musée du mégalithisme du Centre-Ouest.

Le tumulus A

C'est un gros cairn d'une quarantaine de mètres de diamètre, limité par un beau mur de parement. Plusieurs autres lignes de murs concentriques sont visibles dans la masse du tertre. Un couloir de plus de 8 m de long débouche dans une chambre qui mesure environ 7 m de longueur et 4 m de large. Haute de 2,10 m à 2,20 m, la chambre est limitée par des piliers bien bouchardés en alternance avec des murets en pierre sèche, et couverte d'une table faite d'un bloc de calcaire épais de près de 1 m et atteignant une centaine de tonnes. Elle est partiellement partagée en deux par deux piliers. Trois couches d'ossements séparés par un dallage ont été découvertes lors de la fouille de 1840. Près de 200 squelettes ont été décomptés. Les niveaux supérieurs, avec des vases entiers, sont à dater du Néolithique récent (Peu-Richardien), alors que le matériel recueilli sur le fond et dans le couloir, témoignent d'une construction au Néolithique moyen (Chasséen atlantique). D'ailleurs, selon J.-P. Mohen, les dépôts du Néolithique récent se seraient faits par une entrée distincte du couloir originel.

Le tumulus B

D'une trentaine de mètres de longueur et de 8 à 10 m de largeur, il est plus étroit à l'est qu'à l'ouest. Il contenait deux petits coffres

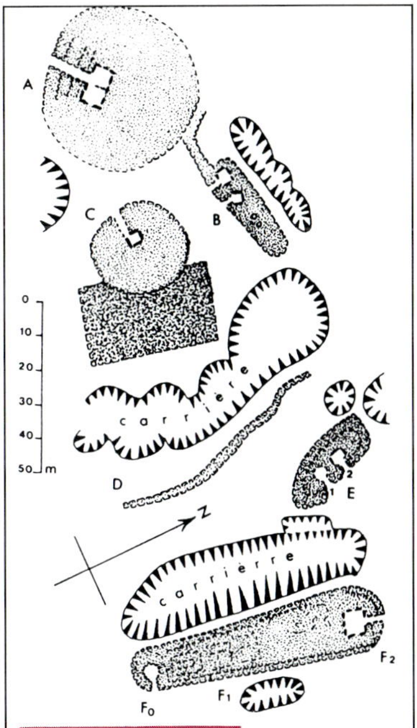

Plan de Bougon.

de pierre placés au centre du monument et trouvés vides lors de la fouille. Deux petits dolmens à couloir à chambre quadrangulaire occupent l'extrémité ouest et ouvrent sur la façade sud, en position intrusive dans un tumulus préexistant. L'un des deux dolmens présente deux «crochets» en relief sur l'une de ses parois. Des «crochets» sem-

Bougon. Le tumulus F abritant un dolmen angoumoisin.

blables sont relativement fréquents dans les chambres des dolmens régionaux dits «angoumoisins». À Bougon, ils existent dans les chambres C et F2. On ignore ce qu'ils représentent.

Le tumulus C

Avant sa fouille, il se présentait sous une forme vaguement hémisphérique et entamé par une carrière à l'est, et atteignait près de 60 m de diamètre et 4 m de hauteur. Cette masse de pierre occultait en fait deux monuments juxtaposés : un petit dolmen angoumoisin dans son tumulus circulaire à double parement et une plate-forme, quadrangulaire.

À l'ouest, le petit dolmen a été découvert en 1845. Constituée de quatre parois monolithiques, la chambre mesure 2 m de longueur et 1,45 m de largeur, sa hauteur sous plafond n'atteignant pas 1 m. Les orthostates, bien équarris et jointifs, supportent une seule table de couverture. Le couloir débouche dans le coin sud-ouest de la chambre, c'est-à-dire qu'il ouvre pratiquement plein ouest. Trois «crochets» furent remarqués sur le pilier latéral nord. Dans ce dolmen au plan en forme de Q, se trouvaient quatre squelettes qui paraissaient avoir été déposés assis le long de la paroi.

Le tumulus circulaire qui recouvrait ce dolmen fut construit aux dépens d'une carrière creusée à l'ouest et plus tard rebouchée pour y bâtir au-dessus un édifice quadrangulaire limité par un mur parementé. La fouille de cette plate-forme n'a livré aucun vestige, mais des sépultures doubles sur ses trois côtés. Plus tard encore, un énorme tas de pierres vint dissimuler l'ensemble, structure de condamnation comme on en connaît parfois en Bretagne (à l'île Carn).

Le tumulus D

C'est un tertre long de 84 m qui n'a fait l'objet que de fouilles limitées. Un mur parementé y fut découvert mais non daté avec certitude. Il peut avoir servi à structurer l'espace funéraire de la nécropole en deux zones est et ouest.

Le tumulus E

En partie fouillé en 1840, il se présente après les nouvelles fouilles sous la forme d'une portion de couronne légèrement plus large au nord qu'au sud. Il mesure près de 25 m de longueur et contient deux dolmens à couloir qui possédaient à l'origine, l'un et l'autre, une chambre ronde. Mais la chambre E2 fut quadrangularisée dans une seconde phase, démontrant du même coup l'antériorité des chambres rondes sur les chambres quadrangulaires, phénomène général dans le mégalithisme.

Le tumulus F

Long de 80 m et sensiblement orienté nord-sud, il se compose de trois parties : un dolmen à chambre ronde couverte en encorbellement au sud (F0), un long tumulus trapézoïdal (F1), un dolmen à chambre quadrangulaire (F2).

Le tumulus F0

C'est un monument à chambre circulaire et couloir ouvert à l'est, installé dans un tumulus, également circulaire, bien parementé, qui ampute en partie l'extrémité sud du long tumulus F1. Entièrement montée en pierre sèche, la chambre était surmontée d'une voûte en encorbellement, terminée par une dalle en fausse «clé de voûte». C'est sous cet aspect qu'elle se présente actuellement, après restauration. Sur le dallage reposaient les ossements, plus ou moins perturbés, d'une dizaine d'individus qui avaient dû être déposés en position repliée, couchés sur le côté. Ils étaient accompagnés de quelques poteries comparables à celles trouvées dans le dolmen des Cous à Bazoges-en-Pareds (Vendée). La datation radio-carbone obtenue (3850 B.C.) implique une utilisation du monument au milieu du Ve millénaire avant J.-C.

Le tumulus F1

Il est constitué par une succession de massifs quadrangulaires de pierre enserrés dans un mur périphérique. Il devait originellement se présenter sous la forme d'une plate-forme à degrés. Si des restes humains gisaient sur le pourtour même du monument, aucun vestige ne fut découvert dans sa masse, qui ne paraît pas avoir été édifiée pour protéger une sépulture. Cependant les extrémités nord et sud ayant été amputées pour y recevoir un dolmen, on ne sait ce qu'elles recelaient.

Le dolmen F2

Il est formé d'une chambre carrée d'environ 7 m de côté ; on y accède par un couloir long de près de 6 m. La chambre est limitée par des dalles dressées bien bouchardées et bien jointives. L'orthostate de l'angle sud-

Expérience de transport d'une dalle mégalithique

Le problème de la mise en place des tables de couverture des dolmens a toujours excité les esprits, d'autant que les études pétrographiques ont fréquemment montré que de telles dalles avaient parfois été déplacées sur plusieurs kilomètres. Que n'a-t-on pu lire sous la plume d'auteurs en mal de sensationnel faisant tour à tour intervenir l'antigravitation ou les extraterrestres ou quelque force surnaturelle ! Peut-être eût-il suffi de regarder l'exemple du peuple imerina à Madagascar qui, il n'y a pas si longtemps encore, déplaçait d'énormes blocs (jusqu'à 30 t) sur des traîneaux de bois par la seule traction humaine, pour construire les tombeaux des ancêtres.

J.-P. Mohen a tenté l'expérience à Bougon, avec son équipe, le 28 juillet 1979. Sur le lieu même de l'extraction possible de la dalle de couverture du dolmen F2, qui pèse environ 32 t, à Exoudun, une copie conforme est réalisée en béton. En deux jours, un filet en cordages de lin est installé autour du bloc, ainsi que quatre brins de traction longs de 100 m chacun. La méthode de traction utilisée impose que la face inférieure du bloc soit plane. Si ce n'était pas le cas, et cela est arrivé pour certains dolmens, il aurait fallu fixer le bloc sur un traîneau glissant sur une chaussée, méthode employée par les Égyptiens. À Bougon, on décide de faire avancer le bloc sur des rouleaux de chêne, l'ensemble se déplaçant sur des rails faits de troncs de chêne équarris. Deux cents personnes fournissent les efforts nécessaires au déplacement ; 170 tirent et 30 agissent sur des leviers pour pousser la dalle. En une matinée, elle est déplacée d'une quarantaine de mètres, ce qui fit dire à J.-P. Mohen « qu'il fallait un mois et demi pour amener le bloc entre Exoudun et Bougon, distants d'environ 4 km, en tenant compte de quelques détours pour éviter les déclivités trop importantes ».

Les 200 personnes nécessaires représentent une population globale d'un bon millier d'individus, peut-être davantage, et il faut bien en imaginer deux ou trois fois plus pour le transport de la table du dolmen A. Il ne paraît pas possible d'envisager un seul et unique village regroupant à cette époque deux ou trois mille habitants. Il est beaucoup plus probable que des monuments aussi grandioses soient le fait d'une population dispersée en plusieurs villages établis sur le territoire tribal, autour de l'édifice, lieu de vénération de tout un peuple. Il faut peut-être envisager alors un système social hiérarchisé.

Il ne suffit pas de démontrer la possibilité de transport par une traction humaine, il faut aussi pouvoir élever la dalle au niveau des piliers qui doivent la supporter. Pour ce faire, on utilise trois leviers en chêne longs de 10 m qui, glissés sous l'un des bords de la dalle, sont abaissés simultanément. Ce côté du bloc ainsi soulevé d'une cinquantaine de centimètres, des cales sont disposées pour le maintenir à cette hauteur. L'opération répétée de l'autre côté amène à élever l'ensemble du bloc de 50 cm. Cette série de gestes répétés alternativement sur deux côtés opposés, liée à l'utilisation d'échafaudages, permet de placer la dalle à la hauteur voulue. Il suffit alors de la déplacer au-dessus des piliers mis en place et maintenus par le cairn.

L'expérience, couronnée de succès, s'accompagna de travaux annexes tels que l'abattage de chênes de 30 cm de diamètre à la hache en pierre polie, la fabrication de cordages à partir de fibres végétales, l'extraction des pierres de la carrière toute proche du dolmen à l'aide de pics en bois de cervidés.

ouest présente une rainure bien préparée dans laquelle le pilier voisin vient s'emboîter. Il possède également deux protubérances en «crochet» comparables à celles des dolmens C et B. Un fragment de dalle échancrée aurait pu être interprété comme un élément de porte de passage de la chambre au couloir. Ce dernier est construit en pierre sèche et recouvert de dalles, alors qu'une dalle unique de calcaire forme le plafond de la chambre à environ 2 m au-dessus du sol.
À l'est de ce dolmen, les travaux entrepris par C. Burnez ont mis en évidence l'existence d'une carrière d'où furent extraites les pierres du tumulus.
Le matériel archéologique recueilli dans la chambre et en avant de l'entrée appartient au Néolithique moyen, le Chasséen régional, déjà trouvé dans les autres dolmens angoumoisins de la nécropole A, B, F2 et peut-être aussi C.
Du point de vue de la chronologie interne, les longs tumulus B et F1 paraissent être les monuments les plus anciens; puis les chambres circulaires de E et F0; puis les chambres quadrangulaires A, intrusions en B, C et quadrangularisation de E2 et F2.

Situation: *79800 Bougon (Deux-Sèvres).*

BRASSEMPOUY

Grotte du Pape

La «Dame à la capuche»

Située dans le sud des Landes, dans les collines de Chalosse, la grotte du Pape est à quelques kilomètres du village de Brassempouy. Elle s'ouvre sur un petit vallon, affluent de l'Adour, et fut fouillée dès 1881 par E. Piette. Des fouilles modernes sont en cours, sous la direction H. Delporte.
Il s'agit en fait d'un vaste réseau souterrain comportant plusieurs occupations préhistoriques distinctes. Dans la grotte du Pape, ont été mis au jour, sur du Moustérien, des habitats aurignaciens, gravettiens, solutréens et magdaléniens. La célèbre tête féminine, dite la «Dame à la capuche», provient du Gravettien.
À proximité, la galerie des Hyènes contient des occupations châtelperroniennes, aurignaciennes et magdaléniennes.

Voir aussi: *Dans le village de Brassempouy, un petit musée de Préhistoire présente une sélection des vestiges recueillis dans les grottes du Pape et des Hyènes, ainsi qu'une exposition d'initiation à la Préhistoire conçue de façon pédagogique et agréable.*

Situation: *40330 Brassempouy (Landes).*

CELLETTES, VERVANT

Tumulus de la Boixe

Un ensemble de onze tumulus

Un des ensembles mégalithiques les plus riches de la France de l'Ouest occupe la région de Mansle-Ruffec, dans le nord du département de la Charente.
Parfois isolés, les tumulus néolithiques sont souvent groupés en véritables nécropoles: Chenon et ses monuments à chambre quadrangulaire, parfois groupés par deux dans un même tumulus et datés de la fin du Ve millénaire avant J.-C.; Tusson et son en-

Tumulus B de la Boixe (photo avant restauration).

semble de tumulus géants; la Folatière, Fontenille, la Boixe...

La Boixe est un ensemble de 11 tumulus, reconnus en mai 1874 et fouillés sous la direction de G. Chauvet et A.-F. Lièvre en 1875 et 1876. Ils sont situés sur la ligne de faîte d'un plateau, à 116 m d'altitude, et dominent la vallée de la Charente.

Chambre ronde, polygonale ou quadrangulaire

Actuellement, seul le tumulus B est en cours de restauration, tous les autres étant à peine visibles dans la forêt.

Les tumulus C, E, F et I sont à chambre ronde construite en pierre sèche et, à l'origine, couverte par un montage en encorbellement. Le diamètre de la chambre varie de 2,70 m à 3,25 m; un couloir permettait d'y accéder (couloir non recherché dans les C et F). Ces tumulus devaient avoir 10 à 12 m de diamètre, mais on ignore comment ils étaient limités. Ces petits monuments, relativement fragiles, ont dû s'effondrer assez vite, mais eurent souvent le temps d'être réutilisés par une population du Néolithique final/Chalcolithique (les Artenaciens).

Peut-être le tumulus C n'a-t-il pas subi ce réemploi. Il y fut découvert les restes osseux incomplets de quelques individus accompagnés d'un petit vase à rupture de pente, un poinçon (épingle) en os, une hachette polie en roche «noble» et un éclat de silex qui signent une occupation du Néolithique moyen.

En raison du plan polygonal de sa chambre, construite en pierre sèche, le tumulus J devait appartenir à une phase quelque peu plus récente.

Les tumulus A, B et H étaient les plus importants et les plus mégalithiques. Le tumulus A, actuellement détruit, atteignait 45 m de diamètre sous sa forme apparente, et 4 m de hauteur. Une grosse dalle de pierre (5 m × 2 m × 1 m) recouvrait une chambre qui dut être quadrangulaire et limitée par des piliers (ou orthostates), dont l'un portait une crosse gravée, symbole que l'on retrouve à la Folatière (Charente), à Ardillières (Charente-Maritime), à Poitiers (Vienne), en Bretagne et au Portugal.

Un chevron du mégalithisme charentais

Le tumulus B, à 200 m au sud du A, a une trentaine de mètres de diamètre et 3 m de hauteur. Les fouilles conduites actuellement se révèlent du plus haut intérêt. Le dolmen se compose d'une chambre quadrangulaire centrale partagée, à l'origine, en deux compartiments. Elle est limitée par des piliers jointifs bien équarris qui supportent la dalle de couverture (4,25 × 2,25 m). L'un de ceux-ci, à droite, en entrant, malheureusement cassé, était décoré. Au fond du compartiment de gauche, dallé et où débouche le couloir d'accès, une magnifique porte, taillée dans deux dalles de calcaire juxtaposées, a son encadrement souligné par deux rainures parallèles. Tout près, les gravures d'un soleil rayonnant et d'une hache emmanchée sont des faux récents. Cette porte donne accès à une cellule quadrangulaire (1,35 × 1,25 m) entièrement réalisée en dalles de pierre. À droite en entrant une hache emmanchée apparaît en relief sur le revers du montant de la porte.

Le couloir traverse un cairn à deux lignes de parements. Sur son côté droit, entre les deux parements, une porte, taillée dans deux dalles calcaires juxtaposées, donne accès à un petit couloir. Celui-ci conduit à une chambre qui se développe en longueur entre les deux murs de parement. À 500 m de là, le tumulus H contenait aussi un grand monument mégalithique qui fut assez peu étudié. Seuls les dolmens A, B et H paraissent avoir eu une couverture mégalithique.

Les autres monuments de la Boixe, le D et le G, apparaissent aussi comme des tumulus circulaires à chambre quadrangulaire (dolmens dits «angoumoisins») mais de dimensions plus réduites, et probablement couverts en encorbellement.

Ainsi l'ensemble de la Boixe contient: quatre tumulus à chambre circulaire en pierre sèche avec couverture en encorbellement; un tumulus à chambre polygonale en pierre sèche; deux tumulus à chambre quadrangulaire couverte en encorbellement; trois gros tumulus à chambre quadrangulaire mégalithique recouverte d'une grosse dalle de pierre. Les gravures ne concernent que ce dernier type d'architecture. D'autres petits tumulus ont existé dans ce secteur (M, N, O).

Il serait particulièrement intéressant de connaître les rapports qui existaient entre tous ces monuments: rapports chronologiques, avec modification de la société, ou rapports hiérarchiques... Il reste beaucoup à faire dans ce domaine. Ce que l'on sait, c'est que tous furent construits au Néolithique moyen entre 4500 et 3500 avant J.-C.

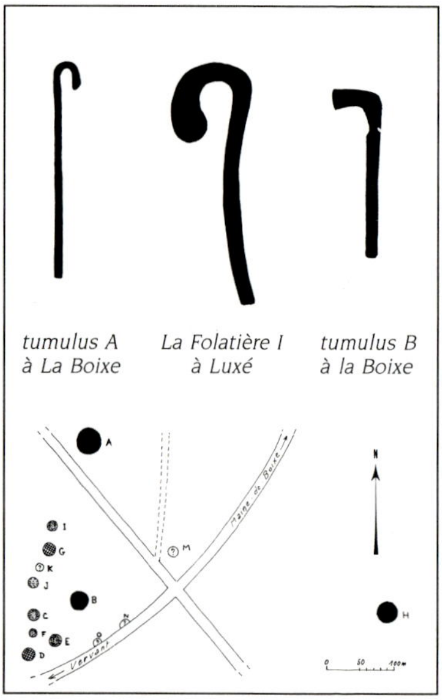

Les tumulus de la Boixe.
tumulus A, B, H à chambre quadrangulaire mégalithique
tumulus D, G à chambre quadrangulaire non mégalithique
tumulus J à chambre polygonale non mégalithique
tumulus C, E, F, I à chambre ronde non mégalithique

Situation: *16230 Cellettes et 16330 Vervant (Charente).*

GARDES-LE-PONTAROUX

La Quina

Un site éponyme moustérien

Les gisements de la Quina sont situés au pied d'une série d'abris-sous-roche qui s'étendent sur plus de 600 m, sur la rive gauche du Voultron.
Les premières fouilles y furent effectuées entre 1872 et 1882 par G. Chauvet; ensuite, le docteur Henri-Martin y poursuivit des recherches de 1905 à 1936. Deux sites ont été étudiés, la station amont, gisement éponyme du Moustérien type Quina ou Charentien, et la station aval qui renfermait du Paléolithique supérieur, dont du Châtelperronien et de l'Aurignacien, avec des sagaies losangiques à base fendue.
Les industries moustériennes de la station amont sont associées à de nombreux vestiges de faune würmienne qui, dans certains niveaux, se présentent sous forme de sque-

lettes en partie en connexion anatomique.
L'essentiel des industries de la base de la stratigraphie est rapporté à un Moustérien très riche en racloirs à retouche écailleuse, dite retouche Quina, qui sont réalisés sur des éclats parfois épais et pouvant être retouchés sur les deux faces — racloirs à retouche biface. Cet ensemble d'industries charentiennes est surmonté de Moustérien à denticulés.
Un squelette néandertalien a été découvert en 1911 dans le Moustérien Quina, ainsi qu'une longue série de restes anatomiques ayant appartenu en tout à près d'une trentaine d'individus et répartie dans tous les niveaux moustériens.
Le docteur Henri-Martin a identifié très tôt les éléments d'établissement d'une industrie osseuse moustérienne composée à la fois d'objets en partie façonnés (poinçons, lissoirs) mais aussi de pièces ayant enregistré des traces d'utilisation dans le travail d'autres matériaux (retouchoirs, billots) ou portant des marques de boucherie (stries de décarnisation, fractures de boucherie).
Récemment, une équipe internationale a repris l'étude de ce vaste site éponyme, dans la perspective d'en apprendre plus sur les modes de vie et de subsistance de ces hommes de Néandertal encore trop méconnus.

Situation : *16320 Gardes-le-Pontaroux (Charente).*

Autres monuments régionaux

Le dolmen de la Jaquille, à Fontenille (Charente), dit « la Motte de la Jaquille », est inclus dans un tumulus non fouillé d'une trentaine de mètres de diamètre et de près de 3 m de hauteur. Il est situé sur un coteau qui domine toute la région, à une altitude de 110 m.

La chambre quadrangulaire (4,20 × 2,10 m) est limitée par 11 dalles dressées jointives, bien bouchardées, qui atteignent 2,25 m de hauteur et de 1 m à 1,50 m de largeur. La dalle de couverture a été détruite. Dans la paroi sud, deux dalles échancrées juxtaposées forment une ouverture de 1 m × 0,90 m. Cette ouverture est fermée par une porte formant vantail à gonds tronconiques en haut et en bas, taillés dans la masse du calcaire. Le gond inférieur pivote dans une crapaudine aménagée à une extrémité d'une dalle au sol formant un seuil entre le couloir et la chambre. Le vantail s'ouvrait du côté du couloir qui mesure 1,10 m de large et 1,40 m de hauteur et est orienté au sud-sud-est. Ses parois sont constituées de l'alternance de murets en pierre sèche et de dalles dressées. Il atteint une dizaine de mètres de longueur.

Les Perrottes, à Fontenille, sont aussi deux dolmens angoumoisins dans leur tumulus plus ou moins diminué. On remarque la masse imposante de la table de la Grosse Perrotte, ainsi que la gravure d'une hache en champlevé sur un pilier du fond et les « crochets » énigmatiques qui se trouvent fréquemment dans ce type de dolmen (Bougon B, C, F2 (Deux-Sèvres) ; la Motte de la Garde...). Une « fenêtre », en haut d'un pilier, est aussi à signaler à la Grosse Perrotte.

La Motte de la Garde, à Luxé (Charente), est un imposant tumulus de 55 m de long, 35 m de large et 4 m de hauteur qui renferme un dolmen angoumoisin. On ne sait quelle était la forme primitive du tumulus ni le rapport qui existe entre le dolmen et le tumulus.

Plusieurs autres gros tumulus existent dans la région : le Vieux Breuil, le Petit et le Gros Dognon à Tusson (Charente) ; la Folatière IV (qui atteint une centaine de mètres de long) à Luxé (Charente) ; le Gros Dognon, encore (monument trapézoïdal de 35 m de long), à Ligné (Charente), où beaucoup de petits tumulus ont récemment été détruits.

Les musées d'Angoulême

Haches de l'Age du Bronze. Musée de Cognac.

Musée de la Société archéologique et historique de la Charente. *Il est né de la volonté de cette société, fondée en 1844, de se doter d'un musée, au début de ce siècle. Ses membres ont fait don de pièces de gisements classiques, comme La Quina, ou de belles séries du Paléolithique inférieur des alluvions de la Charente. Les collections provenant des fouilles anciennes de dolmens, dont ceux de Cuchet et de la nécropole de la Boixe, sont également présentées. Le fleuron du musée est une partie du dépôt de bronzes de Vénat (Charente), une des bases des connaissances pour la période terminale de l'Âge du Bronze en Occident. La série conservée par la S.A.H.C. est la plus complète (d'autres pièces se trouvent au musée de Poitiers, au musée des Antiquités nationales de Saint-Germain-en-Laye, ainsi qu'au Musée municipal d'Angoulême) et comprend des pièces aussi exceptionnelles que des garnitures de char ou une roue d'un char votif modèle réduit.*

Musée municipal. *Les collections proviennent, d'une part, d'un fonds ancien (composé pour l'essentiel par le legs du docteur Lhomme) dans lequel les grands sites charentais du Paléolithique sont représentés, et d'autre part, des fouilles menées en Charente depuis les années 1970. Ces collections, très riches, comprennent des séries faunistiques quaternaires : crâne de machérodonte, squelettes de rennes, chevaux, antilopes saïgas, auroch, et séries protohistoriques de gisements désormais classiques : grottes des Duffaits, du Quéroy, d'Agris. Actuellement, seul le célèbre casque d'Agris, chef-d'œuvre de l'art celtique du IVe siècle avant notre ère, est présenté au public. La réalisation d'un musée municipal consacré à l'archéologie du département est projetée.*

LE BUGUE

Grotte de Bara-Bahau

Des gravures énigmatiques

La grotte fut explorée en 1951 par N. Casteret et sa fille qui fut la première à remarquer les œuvres pariétales, toutes localisées à l'extrémité de la galerie. On y distingue des bisons, des équidés (chevaux?), un taureau de grande taille, un ours, un cervidé, et un bouquetin, auxquels il faut ajouter un bon nombre de signes. En raison de la mauvaise qualité du calcaire constituant les parois, les gravures ont un aspect fruste rendant difficile l'analyse stylistique. Toutefois, on peut proposer un âge relativement récent — Magdalénien moyen — pour l'ensemble des œuvres.

Situation : *Le Bugue 24260 (Dordogne).*

LES EYZIES-DE-TAYAC-SIREUIL

Musée national de Préhistoire

Un musée «in situ»

Bloc gravé aurignacien de l'abri de La Ferrassie. Musée national de Préhistoire, Les Eyzies.

Le musée national de Préhistoire des Eyzies est situé dans les vestiges d'un ancien château fort des xe et xie siècles dominé par l'imposante falaise qui surplombe le village des Eyzies et la vallée de la Vézère. En 1913, le préhistorien périgourdin D. Peyrony fit acquérir et restaurer le château par l'État et y installa un musée dont il fut le fondateur et le premier conservateur. Il y déposa la quasi-totalité des collections qu'il avait recueillies au cours de ses fouilles.
Succédant à D. Peyrony, son fils Élie Peyrony enrichit de ses propres collections celles de son père. On peut y voir notamment de très belles séries d'objets provenant de gisements célèbres de Dordogne, tels que La

L'abri de Cro-Magnon

Cet abri se trouve dans le village des Eyzies, à proximité de l'hôtel qui porte son nom. Il a été découvert fortuitement en 1868 lors de l'installation de la voie ferrée.

Les seules observations qui ont été faites sont celles de E. Lartet, qui vint sur place après la découverte des sépultures.

Les niveaux archéologiques sous-jacents aux sépultures appartiennent à l'Aurignacien ancien, mais les vestiges humains pourraient appartenir à un stade plus récent de cette culture.

Les restes humains de Cro-Magnon ont permis aux anthropologues de définir la «race de Cro-Magnon», correspondant à une population européenne du Paléolithique supérieur. Ils sont conservés à Paris au Muséum national d'histoire naturelle.

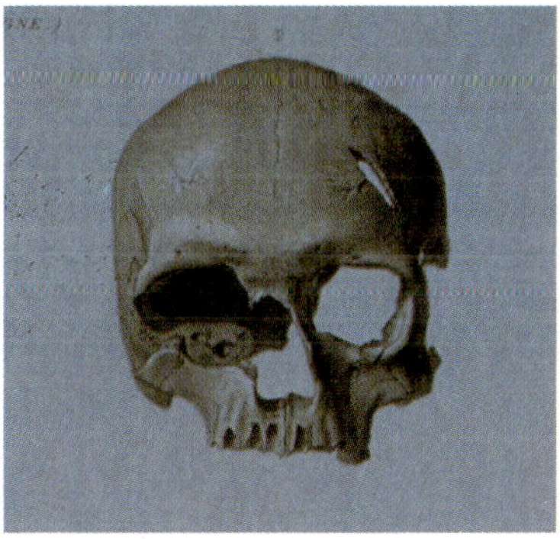

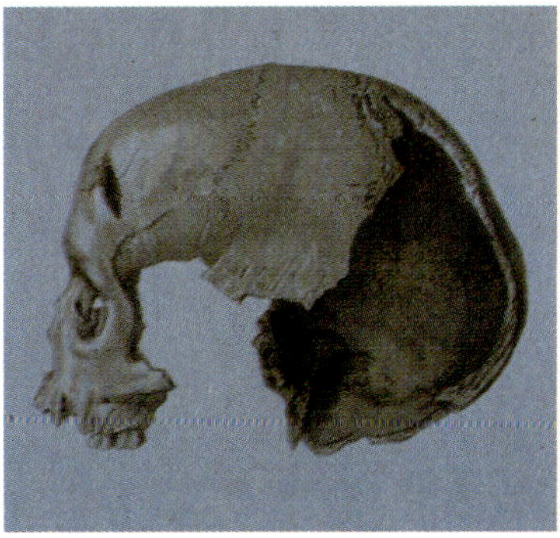

Crâne d'un des squelettes découverts à l'abri de Cro-Magnon. Extrait de Reliquae Aquitanicae.

La statue de l'« homme primitif »

Sur la terrasse, abritée par un impressionnant surplomb de la falaise, une statue de P. Dardé (1930) représente l'homme primitif. L'artiste s'est beaucoup inspiré du squelette néandertalien de La Chapelle-aux-Saints. C'est par erreur que cette statue est souvent désignée comme étant la statue de « Cro-Magnon ». Et même si elle est assez éloignée, par sa conception, de la réalité anatomique de l'homme de Néandertal, elle fait maintenant partie du patrimoine local.

L'Homme primitif, sculpture de P. Dardé.

Micoque, Le Moustier, La Ferrassie, Laugerie-Haute, La Madeleine, Combe-Capelle. Dans les années 1970, des collections importantes, provenant de fouilles dans les sites de plein air du Bergeracois, furent déposées par G. et J. Guichard, alors conservateurs.

L'un des plus importants musées de Préhistoire

Actuellement, le musée est en cours d'extension et de réorganisation. Il sera bientôt l'un des plus importants musées de Préhistoire mondiaux et pourra accueillir dans d'excellentes conditions de conservation le produit des recherches actuelles en Périgord et en Aquitaine.
La salle Breuil est consacrée à l'art pariétal, et la salle Capitan à la technologie et la typologie des industries préhistoriques. La salle dite « du Centenaire » présente des sépultures, dont celle de Saint-Germain-la-Rivière (Gironde).

Les plus anciennes gravures connues

Les salles des étages supérieurs présentent de belles collections d'objets en silex et en os, une série de gravures profondes sur blocs qui sont parmi les plus anciennes connues, ainsi qu'un bloc gravé provenant du Fourneau-du-Diable représentant trois bovidés (aurochs) en ronde bosse, datant du Solutréen supérieur.
Entre les deux corps de bâtiment abritant le musée, ont peut voir les vestiges d'un gisement préhistorique madgalénien et azilien.
À l'extrémité de la terrasse, un bâtiment de construction récente abrite les réserves, les laboratoires et les bureaux du musée.

Situation : *24620 Les Eyzies-de-Tayac-Sireuil (Dordogne).*

Grotte des Combarelles

Un long couloir gravé

Tête de lionne gravée, relevé de H. Breuil.

À 2 km de Font-de-Gaume, un peu plus loin en direction de Sarlat, la grotte des Combarelles s'ouvre dans un petit vallon, sur la droite. C'est une longue galerie étroite et sinueuse partant d'un vaste porche qui fut occupé par les Magdaléniens, comme l'ont révélé les fouilles pratiquées au début du siècle.

300 gravures

Les gravures découvertes par le propriétaire d'alors, étudiées et publiées par H. Breuil, L. Capitan et D. Peyrony en 1924, sont nombreuses : près de 300. Il y a également quelques dessins passablement effacés et recouverts de calcite et, par conséquent, peu visibles.

La majorité des œuvres se situe au-delà d'une centaine de mètres de l'entrée. De part et d'autre de la galerie, on peut voir, finement incisées, des représentations de chevaux, bisons, bœufs, ours, rennes, mammouths, bouquetins, cerfs, lions, loup (?), rhinocéros, renard, poisson, serpent, etc. : l'un des plus riches bestiaires de l'art paléolithique, auquel il faut ajouter un nombre important de représentations anthropomorphes dont certaines sont délicates à identifier.

Ces gravures sont approximativement contemporaines des œuvres de Font-de-Gaume : Magdalénien moyen et début du récent, comme le confirment d'ailleurs les objets trouvés à l'occasion de l'aménagement de la grotte en 1968.

Dans le porche d'entrée, à droite de la galerie visitée, s'ouvre un autre long couloir, également décoré dans sa partie profonde (Combarelles II). Mais en raison de leur localisation et de leur petit nombre, les gravures ne sont pas montrées au public.

Situation : *24620 Les Eyzies-de-Tayac-Sireuil (Dordogne).*

Archéologie expérimentale

La compréhension de l'organisation de sociétés oblige les archéologues à réviser les résultats des différentes disciplines. Pour un certain nombre d'entre elles, le recours à l'archéologie expérimentale est indispensable pour une saine interprétation des résultats obtenus ; pour d'autres, elle constitue le point de départ de nouvelles réflexions sur le matériel archéologique (technologie lithique, par exemple).

Bison polychrome.

Grotte de Font-de-Gaume

Après le Rubicon, des bisons polychromes

À près d'un kilomètre des Eyzies, en direction de Sarlat, la grotte de Font-de-Gaume, connue depuis longtemps, n'a révélé son art pariétal qu'en 1901, grâce aux recherches de D. Peyrony. « Grotte couloir » à l'architecture de cathédrale, elle compte, avec Lascaux, parmi les cinq plus belles grottes ornées préhistoriques du monde. Les premières œuvres peintes n'apparaissent pas avant 60 m de l'entrée, après un passage étroit, le « Rubicon ». De part et d'autre de la galerie principale, les animaux gravés ou peints se succèdent : rennes, chevaux, mammouths et, surtout, bisons d'une exceptionnelle qualité.

Le « cabinet des Bisons »

À l'intersection avec une galerie venant de la droite, on remarque une figure rare dans le bestiaire paléolithique : un loup. Sa « lecture » est malheureusement rendue quelque peu difficile, en raison d'un voile de calcite qui l'a en partie recouvert. Plus loin, dans la galerie principale, figurent à nouveau quelques chevaux et des bisons, découverts en 1966, à l'occasion d'un nettoyage soigneux et délicat des parois de la grotte. On arrive ainsi dans le « cabinet des Bisons » richement orné. Sur la gauche, on peut voir un témoin du remplissage de la grotte avant les travaux d'aménagement pour la visite. On y distingue des vestiges d'occupation de la grotte antérieure (Châtelperronien) et postérieure (Âge du Bronze) aux peintures.

Un bestiaire paléolithique et des tectiformes

La grotte de Font-de-Gaume est originale à double titre : d'une part, elle contient des figurations d'animaux peu fréquents dans le bestiaire paléolithique : il faut ajouter des félins (panthère ?), mammouths, rhinocéros ; d'autre part, on peut voir à différentes reprises des signes géométriques, les « tectiformes » (en forme de toit), que l'on ne sait pas interpréter avec certitude.

Toutes les peintures n'ont pas été réalisées en même temps. On distingue les styles de deux périodes (ancienne et moyenne) du Magdalénien (styles III et IV de A. Leroi-Gourhan).

Situation : *24620 Les Eyzies-de-Tayac-Sireuil (Dordogne).*

Les abris Pataud et Vignaud

En longeant la falaise des Eyzies

C'est au pied de l'imposante falaise, dans le bourg des Eyzies, en amont du musée, qu'est creusée une série d'abris-sous-roche, s'ouvrant en haut du talus en forte pente : d'amont en aval, l'abri Pataud, appelé autrefois Croze de Tayac, puis l'abri Vignaud. Ils furent l'un et l'autre occupés pendant une grande partie du Paléolithique supérieur, mais seul l'abri Pataud contient encore des vestiges visibles de ces occupations. L'abri Vignaud, ayant été vidé en partie, ne contient plus que les niveaux inférieurs.

Dès 1919, D. Peyrony fit les premières observations à l'emplacement du gisement Vignaud, à l'occasion du creusement d'un puits.

L'abri Vignaud

En 1953, H.-L. Movius entreprit une tranchée située à 40 m environ à l'ouest de l'abri Vignaud. Il put y observer une succession de niveaux archéologiques identiques bien connus, au sein desquels la séquence aurignaco-périgordienne est particulièrement bien développée. L'intérêt de ce site réside donc en partie dans sa stratigraphie complémentaire de celle de l'abri Pataud, en ce sens qu'elle présente les phases anciennes de la formation de la partie basse du versant de la vallée au Würm ancien.

Alors que les dépôts visibles à l'abri Pataud sont essentiellement constitués de fragments détachés de la paroi rocheuse sous l'action du gel, ceux du talus de l'abri Vignaud sont formés d'une alternance d'éléments calcaires et de sédiments fins d'origine fluviatile, sur plus de 7 m d'épaisseur.

La suite de l'occupation humaine, au pied de la falaise des Eyzies pendant le Paléolithique supérieur, est présente à Pataud.

L'abri Pataud

Le gisement est accessible depuis le site de l'abri Vignaud par un escalier. Un musée de site a été installé dans l'abri et dans les habitations troglodytiques. Une gravure de bouquetin orne la voûte, à l'entrée du musée.

Exploré à la fin du siècle dernier (1899) par E. Rivière, l'abri Pataud a fait l'objet de fouilles systématiques dirigées par H.-L. Movius de 1953 à 1963. C'est l'excavation résultant de ces fouilles que l'on peut visiter. Le site a été aménagé et le petit musée présente le résultat de ces travaux.

En avant de l'abri, sur le talus dominant la route, un sondage maintenant comblé a montré que les premiers occupants du site

Figuration féminine du Gravettien de l'abri Pataud.

s'installèrent sur des sables et des graviers apportés par la Vézère.

Sous l'abri, les premières occupations aurignaciennes reposent, elles, sur le sol rocheux. Elles ont été datées au carbone 14 d'environ 34 000 ans. Elles se sont poursuivies jusque vers 29 000 ans et étaient donc contemporaines de celles de La Ferrassie.

Après l'Aurignacien commence une longue séquence périgordienne qui débute dans l'abri Pataud par le Périgordien IV. Comme toutes les industries du Paléolithique supé-

rieur, le Périgordien IV comporte un bon nombre de grattoirs et de burins, mais il est caractérisé par des pointes en silex, fines et élancées, à section généralement triangulaire, appelées pointes de la Gravette. Au Périgordien V, caractérisé par de nombreux burins de Noailles, succède le Périgordien VI qui ne contient plus les nombreux burins de Noailles du niveau sous-jacent mais qui est riche, par contre, comme le Périgordien IV, en pointes de la Gravette.
Vient ensuite le Périgordien VII dont l'outillage ne diffère guère du précédent. Lors de sa découverte à Laugerie-Haute, il fut cependant qualifié par D. Peyrony de « Protomagdalénien ». L'outillage de ce Périgordien VII, ou Protomagdalénien, présente en effet les caractères des assemblages périgordiens (grattoirs, burins, pointes de la Gravette, etc.) mais annonce déjà le Magdalénien par son allure. Au-dessus du Périgordien VII, quelques objets attestent le passage des Solutréens.
Le gisement de l'abri Pataud est d'une grande importance, car il apporte des arguments stratigraphiques primordiaux pour l'établissement de la séquence culturelle du Paléolithique supérieur. C'est ici que fut confirmée l'antériorité du Périgordien IV sur le Périgordien V et sa relative contemporanéité avec l'Aurignacien IV de La Ferrassie et, d'autre part, l'antériorité du Périgordien V sur le Périgordien VI qui, à Laugerie-Haute, reposait directement sur le sol rocheux.
Des restes humains furent trouvés dans le Protomagdalénien (Périgordien VII), notamment le crâne et la mandibule d'une adolescente.
Plusieurs gravures sur blocs ont été découvertes dans les niveaux périgordiens du gisement. La plus remarquable est sans aucun doute une petite figuration féminine gravée profondément au centre d'une plaque de calcaire trouvée dans le Périgordien VI.

Situation : *24620 Les Eyzies-de-Tayac-Sireuil (Dordogne).*

Grotte de La Mouthe

La découverte de l'art pariétal

Cette grotte, découverte en 1895, joua un rôle très important dans l'histoire de la Préhistoire. En effet, à la suite de la découverte de peintures sur le plafond de la grotte d'Altamira en Espagne, une vive polémique divisa les préhistoriens dont certains, comme E. Cartailhac, niaient l'existence d'un art paléolithique pariétal. Les représentations animales découvertes par E. Barthélemy, G. Bertoumeyrou, L. Ferrier et A. Laborie dans la grotte de La Mouthe apportèrent quelques arguments décisifs en faveur d'un art paléolithique et conduisirent E. Cartailhac à faire preuve d'un bel esprit scientifique en publiant un article célèbre, le « Mea culpa d'un sceptique », dans lequel il reconnaissait ses erreurs.
La grotte se développe à partir d'un vaste porche d'entrée où les fouilles ont révélé des occupations moustériennes, châtelperroniennes, aurignaciennes, solutréennes et magdaléniennes. Une galerie, de près de 90 m de long, conduit à la partie ornée. En premier lieu, la « salle des Taureaux » (bœufs et un cheval (?) profondément gravés), puis la salle des Bisons, également gravés : neuf bisons, deux bouquetins, un cerf et un équidé (cheval ?). Vient ensuite la salle de la Hutte ornée d'un grand signe peint et gravé, appelé « la hutte », associé à un rhinocéros, deux rennes, un bœuf musqué et un mammouth. La salle faisant suite — la salle des Rennes — présente, outre trois rennes, un mammouth, un rhinocéros, un bouquetin, des chevaux et un bison. À l'extrémité de la galerie, une dernière salle, celle des Bisons peints, comme son nom l'indique, présente trois figurations de bisons esquissées en noir.
Les œuvres pariétales de La Mouthe ne sont pas toutes contemporaines. Les plus anciennes sont attribuées au Gravettien ; il est probable que certaines datent du Magdalénien ancien, comme Lascaux et Gabillou, et d'autres d'un stade plus tardif de cette culture.

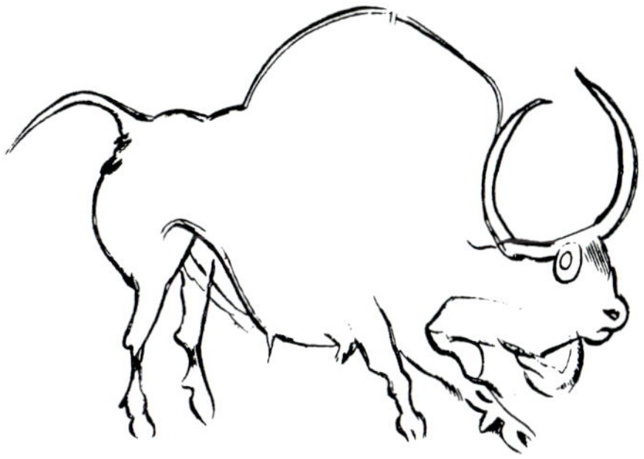

Bison gravé, relevé H. Breuil.

Pour des raisons de conservation, cette grotte a été fermée au public en 1982. Des travaux sont actuellement en cours, dont le but est de sauvegarder les œuvres pariétales, d'en faire l'étude scientifique exhaustive et d'étudier les conditions nécessairement sévères d'une réouverture au public.

Situation: *24620 Les Eyzies-de-Tayac-Sireuil (Dordogne).*

La Micoque

Un des plus anciens gisements périgourdins

Le gisement de La Micoque fut découvert fortuitement vers 1895 en procédant à l'arrachage d'une vigne. Immédiatement entreprises, les fouilles durèrent presque sans interruption jusqu'en 1932. Quelques interventions limitées, en 1956 et 1969, eurent lieu, avant la reprise de travaux de recherche importants en 1983. Le site est actuellement en cours de fouille.

Le site de La Micoque n'est pas un abri-sous-roche comme la majorité des gisements périgourdins mais une aire plate au pied d'un abrupt rocheux. Les recherches récentes ont établi que le site était une plage de galets du Manaurie qui coule maintenant un peu plus bas dans la vallée. Cette plage recevait parfois, par ruissellement, du sable et de la terre rouges, provenant du versant de la colline. Ces apports terreux rougeâtres sont visibles sur le témoin.

Une source timide mais pérenne sourd à la base de la petite falaise; l'eau est très riche en calcaire et, pendant des milliers d'années, elle a déposé des carbonates dans les sédiments de la plage fossile, créant ainsi des zones de brèche extrêmement dures qui ont résisté à l'érosion. Ces bancs bréchifiés sont visibles sur le témoin.

Le gisement de La Micoque est un des plus anciens gisements périgourdins. Des méthodes modernes de datation ont permis d'attribuer aux niveaux supérieurs un âge approximatif de 150 000 ans, ce qui implique, pour les niveaux inférieurs – non encore datés –, un âge bien plus grand.

Les outillages des différents niveaux appartiennent au Moustérien, prouvant ainsi l'existence de cette culture pendant que l'Acheuléen régnait dans le nord de la France.

Les fouilleurs anciens ont épuisé le niveau supérieur qui contenait un très bel outillage dont un échantillonnage est présenté au musée des Eyzies.

Les occupants du site n'ont pas utilisé le feu, semble-t-il. Aucun foyer, charbon, ni os ou silex brûlé, n'a été trouvé. Le nombre des ossements de cheval est extrêmement élevé et l'on peut penser que cet animal constituait l'essentiel de l'alimentation.

Situation: *24620 Les Eyzies-de-Tayac-Sireuil (Dordogne).*

Les gisements de Laugerie et de Gorge d'Enfer

Les sites de la falaise de Laugerie

L'immense abri de Laugerie-Haute

A 25 km des Eyzies, sur la D. 47, en direction de Périgueux, le gisement de Laugerie-Haute se trouve sous une impressionnante falaise calcaire. Long de 180 m, large d'au moins 40 m, c'est un des plus grands abris-sous-roche périgourdins. Ses dépôts atteignent parfois 6 m d'épaisseur et sont surmontés par la masse considérable de rochers provenant de l'effondrement du surplomb de l'abri qui mit un terme à l'occupation paléolithique.
Connu depuis longtemps, l'abri de Laugerie-Haute (en amont) fut fouillé dès 1862 par E. Lartet, suivi par de nombreux autres préhistoriens, jusqu'aux fouilles de D. et E. Peyrony (1921-1935) qui permirent de distinguer le Périgordien (Gravettien) de l'Aurignacien, ce que ne faisait pas la chronologie en vigueur jusque-là. A Laugerie-Haute, Périgordien, Aurignacien, Solutréen et Magdalénien se succèdent.
Les travaux plus récents réalisés par F. Bordes et Ph. Smith ont précisé la stratigraphie extrêmement complète de ce site.
Dans la partie est de l'abri, sur la paroi, D. et E. Peyrony découvrirent des gravures qu'ils interprétèrent comme les représentations d'un cervidé (renne?), d'un ours et de chevaux. Mais la mauvaise qualité du support et la maladresse des auteurs des gravures rendent délicates l'interprétation des traits et ne permettent pas une attribution culturelle précise.

L'abri des Marseilles à Laugerie-Basse

En revenant vers Les Eyzies, après quelques centaines de mètres, un autre abri-sous-roche aux dimensions impressionnantes, Laugerie-Basse (= en aval), domine la route. Le site comporte l'abri classique et l'abri dit des Marseilles, mais il est probable qu'il s'agit là d'un seul et unique gisement. Les fouilles, commencées en 1863, se poursuivirent jusqu'en 1920. Les niveaux archéologiques sont tous attribuables au Magdalénien moyen et supérieur et prennent le relais de la séquence observée à Laugerie-Haute.
A proximité, un petit musée conserve le matériel archéologique provenant du site; on y remarque une belle collection d'art mobilier et d'outils en os.

Les sites du vallon de Gorge d'Enfer

A quelques centaines de mètres en aval s'ouvre le vallon de Gorge d'Enfer dans lequel plusieurs abris-sous-roche ont été découverts et fouillés: la grotte d'Oreille d'Enfer et l'abri du Poisson.
La grotte d'Oreille d'Enfer s'ouvre au sud. Fouillée elle aussi à la fin du siècle dernier et au début de ce siècle, elle a livré du Solutréen et du Périgordien. Sur une banquette calcaire de l'entrée, plusieurs figures animales étaient gravées. Afin d'en assurer la conservation, le panneau a été détaché et transporté au musée des Eyzies. On peut y voir quelques figurations animales peu caractéristiques. Leur âge est probablement gravettien.

Un saumon sculpté sur une voûte d'abri

L'abri du Poisson se trouve à quelques centaines de mètres, en redescendant le vallon vers la Vézère. Les fouilles commencèrent en 1892 mais ce ne fut qu'en 1912 que l'on découvrit la sculpture en bas relief d'un poisson. Destinée à être vendue au musée de Berlin, on tenta de la détacher de la voûte de l'abri. Mais D. Peyrony alerta les autorités qui mirent fin à cet acte de vandalisme. On

Saumon sculpté sur la voûte de l'abri du Poisson.

peut voir aujourd'hui, autour du poisson, une série continue de perforations profondes témoignant de la tentative.
Le poisson représenté est un salmonidé (truite ou saumon) de plus d'un mètre de long qui était probablement recouvert d'ocre rouge. Dans le centre de l'abri, devant le poisson, on a récemment découvert des traces d'une main négative noire.

Situation : *24620 Les Eyzies-de-Tayac-Sireuil (Dordogne).*

LUGASSON

L'éperon de Roquefort et le mégalithisme en Aquitaine

Éperon barré et allées couvertes

Amputé à son extrémité par des carrières, l'éperon naturel de Roquefort, formé par la confluence des vallées de l'Engranne et de la Petite Engranne, est barré par un talus haut de 1,70 m, plus récent que l'« allée couverte girondine » qu'il englobe.
Les fouilles effectuées sur le site ont largement contribué à faire connaître une culture du Néolithique moyen régional dit « Groupe de Roquefort », qui se développe en trois phases à partir du Néolithique ancien local (Le Roucadourien) et participera à la formation d'une culture plus récente, centrée sur les Charentes : le Groupe des Matignons (selon J. Roussot-Larroque).
Les gens du Groupe de Roquefort enterraient leurs morts dans de petits coffres de pierre, au centre de longs tumulus, tel celui de Bernet à Saint-Sauveur, long de 16 m, large de 14 m et haut de 1 m, constitué de sable et qui ne recouvrait qu'un corps. Ils les déposaient aussi en nombre dans des

grottes et des abris naturels (Campniac, à Coulounieix-Chamiers, en Dordogne).

En dehors de trois dolmens à couloir du nord du département de la Gironde (Le Gurp à Grayan — aujourd'hui détruit par la mer —, le Cluseau de Ganesse — également détruit — et le dolmen polaire du tumulus de Bernet à Saint-Sauveur), qu'il faut rattacher aux dolmens charentais, le mégalithisme ne fait son apparition en Aquitaine qu'à la fin du Néolithique, avec le Groupe Isle-Dordogne, auteur des allées couvertes. En Gironde, 41 sépultures mégalithiques ont été recensées.

L'allée couverte de Roquefort, d'une longueur de 14 m, d'une largeur moyenne de 1,40 m et d'une hauteur de 1,30 m, correspond à la définition du type « allée couverte girondine ». Sur la face interne de la dalle de fond se voit une série de 7 cupules de 5 cm de diamètre formant un demi-cercle qu'il faut peut-être comparer aux colliers des allées couvertes de Bretagne et du Bassin parisien. Lors des fouilles du début du siècle, les restes d'au moins 120 corps y furent découverts.

Les allées couvertes girondines se distinguent des allées d'Aquitaine, qui leur seraient antérieures, par leur largeur et leur hauteur constante d'un bout à l'autre du monument. Elles sont aussi plus longues.

Les allées d'Aquitaine les mieux conservées en Gironde sont celles de Curton, Pitray et Barbelière. Ce type architectural s'étend au sud de la Charente-Maritime à la Dordogne, au Lot, au Lot-et-Garonne, au Gers et aux Landes.

Par leur hauteur décroissante du fond vers l'entrée, elles sont comparables aux allées de l'Aude et de Catalogne et, dans une certaine mesure, à celles du Pays basque.

À quelques centaines de mètres de l'éperon de Roquefort se trouvent les menhirs de Pontaret, les Grandes Bornes, distants l'un de l'autre de 280 m. Le premier s'élève à 1,60 m au-dessus du sol ; le second, couché, est long de 1,75 m. Alors que le premier sert de limite entre Lugasson et Frontenac, le second est à la rencontre des trois communes de Lugasson, Frontenac et Blasimon, dont les maires, une fois l'an, se réunissaient en ce lieu pour y festoyer et montrer ainsi leurs bons rapports de voisinage.

Parmi la vingtaine de menhirs recensés en Gironde, le plus haut est celui de Saint-Sulpice-de-Faleyrens qui, avec 5,20 m de hauteur, 3 m de largeur et 1,50 m d'épaisseur, pèse une cinquantaine de tonnes.

Situation : *33119 Lugasson (Gironde).*

Monument de Roquefort à Lugasson.

MARQUAY

L'abri-sous-roche du Cap-Blanc

La frise sculptée du Cap-Blanc

L'abri du Cap-Blanc se trouve à 6 km des Eyzies, sur la rive droite de la Grande Beune. Sur la pente exposée au sud, un abrupt rocheux domine l'abri, profond de 3 à 4 m et long d'environ 20 m. Une construction protège la frise sculptée.

Découvert en 1909 par P. Peyrille, et fouillé par lui-même et quelques terrassiers pour le compte d'un amateur bordelais, cet abri fut doublement victime d'une très mauvaise fouille. En l'absence de tout contrôle stratigraphique, plusieurs niveaux d'occupation

Frise de chevaux sculptés.
Abri du Cap-Blanc.

furent mélangés et l'on ne peut plus actuellement préciser à quels stades du Magdalénien ils appartenaient. En outre, par ignorance et manque d'habitude, les terrassiers détruisirent la partie basse de la frise sculptée qui ornait le fond de l'abri.
C'est en construisant le mur de protection que l'on trouva à la base du remplissage de l'abri une sépulture humaine. Le squelette fut vendu au Field Museum de Chicago.

Une frise sculptée longue de 15 m

Cette frise comporte cinq grands chevaux dont l'un mesure plus de 2 m de long, un bison superposé à l'un des chevaux précédents, un autre bison dans la partie droite de la frise.
Il convient d'ajouter à cet ensemble d'autres représentations moins lisibles qu'il est délicat d'attribuer avec précision à un animal.

Un chef-d'œuvre de l'art paléolithique

La frise sculptée du Cap-Blanc est exceptionnelle par la qualité de l'œuvre, en dépit de la destruction qu'elle a subie, et par l'harmonie de sa composition. Une étude récente, réalisée par A. Roussot, a révélé que le corps des animaux devait être recouvert d'ocre car une observation minutieuse a montré qu'il subsiste un peu de ce colorant dans des anfractuosités de la paroi.
La présence, dans le remplissage archéologique, d'un fragment détaché de la paroi et portant un bison en bas relief permet d'attribuer un âge magdalénien, moyen ou supérieur, à ce chef-d'œuvre de l'art paléolithique.

Voir aussi: *A quelques centaines de mètres du Cap-Blanc la petite grotte de La Grèze renferme une gravure profonde de bison attribuable au style II d'André Leroi-Gourhan (Périgordien ou Solutréen).*

Situation: *24620 Marquay (Dordogne).*

La Chaire à Calvin

Le gisement magdalénien de la Chaire à Calvin, à Mouthiers (Charente), a été fouillé depuis la fin du siècle dernier par de nombreux préhistoriens. Les résultats des dernières fouilles, dues à J.-M. Bouvier, permettent d'attribuer l'essentiel des occupations du site au Magdalénien moyen.

La paroi du fond de l'abri porte une frise sculptée découverte en 1927 au cours des fouilles de P. David. On peut y voir, de gauche à droite, sur une longueur de près de 3 m, un bovidé et un équidé gravides puis une scène d'accouplement de chevaux. À plus d'un mètre sur la gauche, un bison peu lisible a été remarqué, ainsi qu'une petite tête de cheval découverte récemment. Au moment de la découverte, P. David signalait des traces de peinture sur la frise.

Visite: *Elle est intégrée dans un circuit estival comportant la visite du Roc-de-Sers. (Office de tourisme, Angoulême).*

L'abri du Roc-de-Sers

Tête de bison sculptée sur un bloc. Angle-sur-l'Anglin (Vienne). Musée des Antiquités nationales, Saint-Germain-en-Laye.

L'abri du Roc, situé dans la commune de Sers (Charente), fut fouillé jusqu'en 1952. Des éléments de la frise sculptée furent découverts par H. Martin, en 1927, dans les niveaux archéologiques. Il s'agit de blocs ornés isolés qui rendent la reconstitution d'une frise quelque peu hypothétique.

Les blocs sont ornés de chevaux, bovidés, ovibos, anthropomorphes, renne (?), oiseaux, bouquetin et bison. Les figurations ont été réalisées par gravure, gravure profonde, bas-relief.

L'âge de ces œuvres est très incertain : Magdalénien ancien ou Solutréen.

MEYRALS

Grotte de Bernifal

Tectiformes et mammouths

Elle fut découverte en 1902 par D. Peyrony, qui y pénétra par un puits creusé dans la voûte rocheuse. Par la suite, l'entrée naturelle de la galerie fut déblayée. Il n'y avait pas de traces d'occupation humaine, mais D. Peyrony rapporte que l'entrée aurait été colmatée volontairement par l'homme préhistorique. Sans argument archéologique plus précis, on ne peut retenir cette hypothèse.

Dans la première salle, outre des signes et des mains négatives, on peut voir des silhouettes de mammouths, bovidés et bisons. Un rétrécissement — le « Passage » — présente lui aussi des représentations de mammouth et des tectiformes.

La salle qui fait suite est ornée de chevaux, bisons, de ponctuations, de mammouths, d'un anthropomorphe et de divers signes.

Situation : *24220 Meyrals (Dordogne).*

Lascaux.
Grand cerf monochrome. Entrée du diverticule axial.

MONTIGNAC

Grotte de Lascaux

La chapelle Sixtine de la Préhistoire

Lascaux, comme Font-de-Gaume, est l'une des cinq plus belles grottes ornées préhistoriques du monde. Mais celle de Lascaux, la plus belle de toutes, par mesure de sauvegarde, n'est plus ouverte au public.

Le 12 septembre 1940...

L'histoire de la grotte de Lascaux commence le 12 septembre 1940 : quatre jeunes écoliers de Montignac cherchent, sur la colline dominant la ville, l'entrée d'un souterrain contenant, dit-on, un fabuleux trésor. Ils ne trouvent point d'or, mais les plus belles fresques préhistoriques connues.

Trop visitée

Peu de temps après la découverte, la guerre finie, on aménage la grotte en vue de son exploitation touristique. Les travaux de terrassement pour abaisser le niveau du sol, réalisés sans contrôle des préhistoriens, détruisent de nombreux vestiges enfouis. Inaugurée en 1948, la grotte connaît un grand succès. En 1962, elle reçoit plus de 1 500 personnes par jour... qui introduisent sur leurs vêtements et leurs chaussures des spores et des bactéries, rejettent chacune plusieurs litres de gaz carbonique et de vapeur d'eau, et dégagent de nombreuses calories.

La grotte est malade

Il n'en fallait pas plus dans ce milieu presque clos pour provoquer une prolifération des micro-organismes — la « maladie verte » — et la formation sur les peintures d'un voile de calcite opaque — la « maladie blanche ». Très rapidement, les responsables de la conservation de la grotte doivent se rendre à l'évidence : les fresques magdaléniennes de Lascaux sont condamnées si l'on n'intervient pas énergiquement et rapidement. Mais les différentes tentatives de climatisation et de filtrage se révèlent, par leurs conséquences, aussi dangereuses que le mal dont souffrait la grotte.

La grotte est sauvée mais interdite

En 1963, A. Malraux, ministre de la Culture, prend la décision d'interdire la grotte au public et confie à une équipe de scientifiques la mission d'arrêter le processus de dégradation et de rétablir des conditions favorables à sa conservation. La grotte est maintenant sauvée, elle a retrouvé son aspect initial et se porte bien. Mais il a fallu renoncer à l'ouvrir de nouveau au public ; seuls les techniciens, les spécialistes et les chercheurs sont autorisés à y pénétrer. L'amateur peut cependant admirer les œuvres des

Lascaux II et Le Thôt

Afin de donner au public une idée du talent des artistes magdaléniens de Lascaux et pallier le préjudice économique causé par la fermeture de la grotte, le département de la Dordogne a réalisé, à quelques centaines de mètres, un fac-similé de la salle des Taureaux et du diverticule axial de la grotte originale.

Cette reproduction artificielle est implantée dans une ancienne carrière abandonnée. Grâce à des relevés précis de l'original, la copie des fresques a été réalisée en utilisant des colorants naturels identiques à ceux des artistes magdaléniens. Une commission scientifique et administrative a contrôlé la fidélité de la réalisation. À l'entrée du fac-similé, une exposition montre des reproductions du mobilier archéologique trouvé dans la grotte lors des travaux d'aménagement.

Le Thôt

Non loin de Montignac, en direction des Eyzies-de-Tayac, au lieu-dit Maillol, dans un parc d'attractions, un bâtiment d'architecture contemporaine abrite une exposition sur l'art pariétal préhistorique avec projection de films. On peut y voir également une intéressante maquette du fac-similé de Lascaux.

Dans le parc, quelques animaux animent un paysage magnifique : bisons d'Europe, cheval de Prjevalski, aurochs (issu de sélections génétiques).

Plusieurs reconstitutions d'habitats préhistoriques ont été réalisées par la direction des Antiquités préhistoriques d'Aquitaine, à la demande du département de la Dordogne : une hutte magdalénienne de la vallée de l'Isle, une partie de l'habitat de Pincevent (Seine-et-Marne), la maison en os de mammouth de Mezerich (U.R.S.S.). Réalisées à partir des documents scientifiques issus des fouilles, ces reconstitutions ont permis de vérifier quelques hypothèses sur les techniques architecturales paléolithiques et sur leur longévité.

Récemment, un mammouth est venu compléter le parc d'attractions. Brillante réalisation électromécanique, ce fac-similé animé est d'un réalisme naturaliste poussé et d'un effet ludique certain.

artistes magdaléniens grâce aux photographies, films et fac-similés qui ont été réalisés avec un grand souci de fidélité.

Un chef-d'œuvre

La grotte de Lascaux est exceptionnelle à plusieurs titres. Certains panneaux ont été peints sur un revêtement de calcite blanche couvrant le calcaire ocre dans lequel la grotte s'est formée, ce qui donne aux couleurs un éclat et une vivacité que l'on ne retrouve nulle part ailleurs. Les artistes ont disposé leurs œuvres dans un souci permanent de composition d'un ensemble graphique et coloré unique. Il y a, dans la quasi-totalité des peintures et gravures de Lascaux, une homogénéité stylistique qui permet de dire qu'il s'agit de l'œuvre d'une même école — sinon d'un même artiste —, possédant une exceptionnelle maîtrise technique de son art, au service d'une grande créativité. Ces peintures et gravures, vieilles de plus de 17 000 ans, forcent l'admiration. Leur conservation pour les générations futures est un devoir.

Situation : *24290 Montignac (Dordogne).*

PÉRIGUEUX

Musée du Périgord

Le Régourdou et Chancelade : le Paléolithique en Périgord

Constitué dès le début du XIXe siècle à partir des collections provenant des recherches effectuées par les archéologues périgourdins W. de Taillefer et J. de Mourcin sur le site de Vésone à Périgueux, le contenu de cet établissement, bien que varié (ethnographie exotique, géologie), reste dominé par l'archéologie.

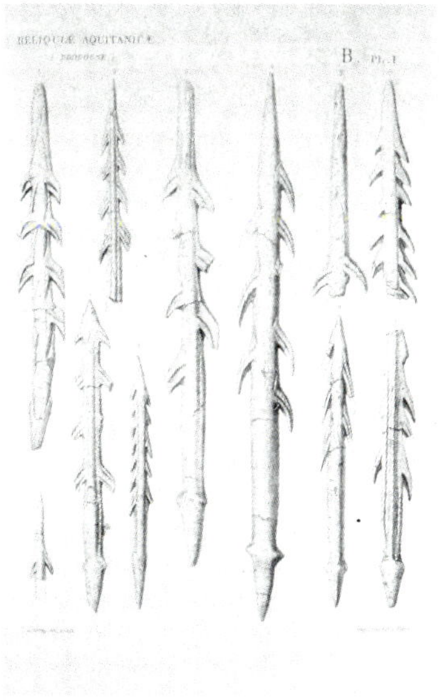

Harpons magdaléniens. Musée du Périgord. Extrait de Reliquae Aquitanicae.

Les industries moustériennes

Dans la salle Féaux sont présentés les outillages du Paléolithique ancien et moyen du Périgord. A côté de bifaces acheuléens du sud-ouest de la France figurent de beaux exemplaires de ces outils issus des sites de plein air de la vallée de la Dordogne (Bergeracois) et de la vallée de la Vézère, avec des outillages de La Micoque. Les petites séries de l'Acheuléen de la vallée de l'Isle (Trélissac, sablières de Rodas, Croix du Duc à Chancelade) sont originales. La diversité des industries moustériennes peut s'observer à travers les outillages surabondants des gisements périgourdins, parmi lesquels les

bifaces triangulaires du Moustérien de tradition acheuléenne des sites de la région de Bergerac, façonnés dans un silex à zonation multicolore dit «du Bergeracois».
Le squelette d'un homme de Néandertal assez complet — il ne lui manque que la calotte crânienne — découvert en 1957 dans la grotte du Régourdou, proche de Lascaux (Montignac), est attribué à une phase würmienne ancienne, datée de 70000 B.P.

La première figuration animalière

Dans la salle Hardy, plusieurs blocs aurignaciens de l'abri Blanchard à Castelmerle témoignent de l'apparition de l'art à cette période. Ils portent de simples cupules creusées, des anneaux dégagés dans la roche, des gravures largement incisées évoquant des organes génitaux féminins mais aussi la toute première figuration animalière peinte.

Les silhouettes de Termo-Pialat

Sont également présentées les exceptionnelles silhouettes féminines gravées de Termo-Pialat et la figure humaine gravée sur os de l'abri de Cro-Magnon. La sépulture magdalénienne de Chancelade, découverte en 1888 à Raymonden par M. Hardy et M. Feaux, a été reconstituée et il faut glaner, parmi les autres vitrines, les objets de la culture matérielle, souvent remarquables, qui accompagnaient le squelette. Celui-ci est l'un des mieux conservés de cette population magdalénienne, maintenant connue par les restes de 180 adultes et 70 enfants provenant pour la plupart de sites du sud-ouest de la France.
Moins célèbre pour la Préhistoire récente que pour le Paléolithique, le Périgord tient un rang non négligeable en ce qui concerne le Néolithique et les Âges des Métaux.
De la période néolithique datent un bel ensemble provenant de la grotte de Campniac, site éponyme d'un groupe du Néolithique récent, et des matériaux des grands ateliers de taille du silex du Bergeracois.
L'Age du Bronze local est illustré par une série d'objets surtout métalliques, menant des origines de la métallurgie à l'aube du Premier Age du Fer, parmi lesquels on remarque le petit dépôt de haches de Hautefort et une belle épée, du Bronze moyen. Quant aux collections de l'Age du Fer, elles ne manquent pas non plus d'intérêt.

Situation : *22, cours Tourny, 24000 Périgueux (Dordogne).*

Musée d'Aquitaine

Le musée d'Aquitaine rassemble de très importantes collections relatives à l'Aquitaine agricole, maritime et commerçante, à l'ethnographie régionale et à l'archéologie.

Les collections préhistoriques sont riches et variées. Il convient de citer la collection Daleau, provenant de Pair-non-Pair, et la collection Lalanne, qui comporte beaucoup d'éléments périgourdins : bas-reliefs de Laussel dont la célèbre «Vénus à la corne» et le «Chasseur», un bison sculpté trouvé lors des fouilles au Cap-Blanc. Ces collections préhistoriques se sont encore enrichies récemment.

Situation : *20, cours Pasteur, 33000 Bordeaux (Gironde).*

Vénus à la corne.

La Chapelle-aux-Saints

C'est dans cette grotte de Corrèze qu'en 1908 les abbés L. Bardon et J. et A. Bouyssonie découvrent la première sépulture néandertalienne. Le squelette reposait dans une fosse entourée d'outillages moustériens de type Quina et des vestiges d'une faune froide attribuable au Würm. Ce squelette, l'un des plus complets que l'on connaisse, est celui d'un individu de sexe masculin âgé d'une cinquantaine d'années.

L'intérêt de cette première découverte a déjà été souligné: «La découverte de ce squelette humain joua un rôle considérable en paléo-anthropologie: d'une part, ce fut la première découverte tout à fait indiscutable d'un squelette dans un niveau archéologique moustérien; d'autre part, la très belle étude de M. Boule fut la première description détaillée d'un Néandertalien et, de ce fait, elle servit de base à tous les travaux ultérieurs sur ce fossile» (d'après C. Farizy et B. Vandermeersch, 1988, La Chapelle-aux-Saints in Dictionnaire de la Préhistoire, *Paris, P.U.F.)*

Le site est visible depuis le bord de la route D 15 entre Vayrac et La Chapelle-aux-Saints (Corrèze).

PEYZAC-LE-MOUSTIER

Le Moustier

☆☆

L'abri classique, site éponyme du Moustérien

En amont des Eyzies, sur les bords de la Vézère, Le Moustier se situe à la confluence des vallées du Vimont et de la Vézère. Plusieurs sites s'étagent dans les abrupts rocheux qui longent la rivière dans cette zone de gorges encaissées, entre Les Eyzies et La Roque-Saint-Christophe. Le panorama est spectaculaire et, dans cette portion de vallée protégée au titre des sites naturels depuis quelques années, on rencontre successivement les gisements célèbres dont le Bout du Monde, Liveyre, L'Angle, La Madeleine, Tursac, Reignac, Le Ruth, Le Moustier, La Roque-Saint-Christophe n'en sont qu'un chapelet.

Au Moustier, au-dessus du village, le massif rocheux offre quelques abris dont seuls les deux principaux ont été intensément occupés au Paléolithique: l'abri classique en haut et l'abri inférieur.

L'abri supérieur du Moustier est actuellement vidé. Les premières fouilles furent entreprises dès 1863, par E. Lartet et H. Christy. Ils recueillirent là les industries de silex qui furent qualifiées pour la première fois en 1869 de «Moustérien» par G. de Mortillet. D'autres chercheurs dont M. Bourlon et D. Peyrony finirent de fouiller cet abri désormais classique et site éponyme.

Ce n'est que plus tard, à partir de 1907, que l'abri inférieur fut exploité. L'archéologue suisse Otto Hauser y découvrit, le 10 avril 1908, un squelette humain attribué à l'homme de Néandertal.

D. Peyrony réalisa de grandes fouilles, dont les résultats furent publiés en 1930; il prit l'initiative de l'achat de l'abri par l'État en 1910. C'est à partir des industries recueillies par D. Peyrony, et conservées au musée national de Préhistoire des Eyzies dont il fut le fondateur, que F. Bordes proposa au début des années 50 une classification des industries moustériennes. Elles ont été définies par cet auteur sur la base d'une analyse statistique des types d'outils qui les composent. L'accent était alors mis sur un aspect relativement nouveau de l'étude des cultures préhistoriques, à savoir la coexistence à une période donnée d'industries relativement voisines mais suffisamment différentes sur le plan matériel pour être individualisées sur le plan de leur appartenance culturelle. Cette vision buissonnante des industries moustériennes tiendra le pas face à une interprétation plus fonctionnelle de la variabilité des assemblages lithiques. Les divers types de Moustérien, finalement individualisés par F. Bordes à la suite de D. Peyrony et M. Bourgon, sont le Moustérien typique, le Moustérien de tradition acheuléenne, le Moustérien à denticulés, le Moustérien charentien subdivisé en type Quina et type Ferrassie. Seuls les trois premiers sont présents au Moustier.

La séquence stratigraphique des dépôts conservés au Moustier se compose de deux grands ensembles dont seule la partie supérieure est lisible de façon claire, la partie inférieure n'apparaissant qu'à la faveur d'un sondage profond dont seule une des faces est plus ou moins visible, selon la saison, du fait du battement de la nappe phréatique.

Les dépôts archéologiques se développent sur près de 5 m d'épaisseur. Un panneau récapitulatif permet de localiser les principaux niveaux archéologiques :

— L'ensemble inférieur est constitué de dépôts limoneux bien visibles dans la coupe. Ils constituent une couche homogène, brune, compacte, de sédiments fins d'origine fluviatile mis en place par les eaux de la Vézère ; ils contiennent peu d'industrie (niveaux A à F).

— Les niveaux supérieurs sont constitués de fragments de calcaire détachés de la paroi par l'action du gel. Ils renferment de grandes quantités de vestiges lithiques et osseux, ainsi que de nombreux fragments charbonneux. Cette séquence a été datée par la thermoluminescence à partir d'une série de silex brûlés. Les dates observées montrent que la partie supérieure des dépôts s'est mise en place entre 50 000 et 40 000 ans, soit très rapidement pour cet ensemble de couches de 3 m d'épaisseur.

Les ensembles moustériens suivants sont contenus dans ces dépôts : Moustérien typique dans la couche B puis Moustérien de tradition acheuléenne qui renferme des bifaces dans la couche G et Moustérien à denticulés interstratifiés dans les couches F et I ; la couche K serait un mélange de Moustérien à denticulés et de Périgordien ancien à sa surface. La couche L, qui surmonte toute la séquence, appartiendrait à l'Aurignacien.

Le fait le plus remarquable à noter, devant l'imposante coupe stratigraphique, est l'extraordinaire densité de vestiges de toutes sortes accumulés par l'homme dans cet abri au cours de la phase la plus ancienne de la dernière glaciation de Würm. En effet, certaines couches contiennent plus de silex taillés, d'os et de débris charbonneux, résidus de foyers entretenus par les hommes de Néandertal, que de sédiments naturellement apportés par les agents climatiques. Ces niveaux reflètent donc l'importance de l'occupation humaine dans cet abri qui, à l'époque, s'ouvrait très largement sur les berges de l'ancienne Vézère.

Situation : *24620 Peyzac-Le-Moustier (Dordogne).*

POITIERS

Musée Sainte-Croix

De l'érudition du XIXe siècle aux recherches récentes

La Société des antiquaires de l'Ouest, une des plus anciennes sociétés savantes françaises, fondée en 1834, commença très tôt à constituer un musée, constamment enrichi par la générosité de ses membres. Primitivement conservé dans une vaste salle de l'ancien échevinage, ce musée a été transféré dans un bâtiment moderne construit sur l'emplacement de l'ancienne abbaye de Sainte-Croix. Les collections de Préhistoire sont présentées dans une salle du sous-sol. Au noyau primitif constitué par les collections du musée de la Société des antiquaires de l'Ouest se sont adjoints des produits de fouilles récentes.

Les collections néolithiques

Elles comportent, pour l'essentiel, des mobiliers sépulcraux. Un coffre funéraire, de la transition du Néolithique ancien au Néolithique moyen, venant de Saint-Martin-la-Rivière (Vienne) a été reconstitué avec ses blocs d'origine. Le vase qu'il contenait, ainsi que celui d'un autre, voisin, sont exposés dans la même vitrine que les ensembles recueillis lors de la fouille des sépultures mégalithiques du Néolithique moyen de Luxé (Charente), du Néolithique final de Puyraveaux (Deux-Sèvres), ou en abri-sous-roche, à Bellefonds (Vienne). Cet abri a révélé, sous la couche funéraire, un très important niveau du Néolithique ancien d'obédience méditerranéenne à céramique apparentée au Cardial et un niveau mésolithique. Ainsi, le musée de Poitiers peut-il offrir une vision complète de l'évolution du Néolithique du centre-ouest de la France.

L'Age du Bronze

De l'Âge du Bronze, le musée possède quelques dépôts fort connus : celui de Notre-Dame-d'Or et celui du Verger-Gazeau, dépôt d'un type rare car composé uniquement de pièces de harnachement de chevaux. Une partie du dépôt de Vénat, prêt de la faculté des sciences, est également présentée, avec le vase qui le contenait et son couvercle restaurés. Une reconstitution du rempart du Camp Allaric à Aslonnes évoque le village de la fin de l'Âge du Bronze, à l'époque où apparaît le fer (plaquette du dépôt de Vénat). Les mobiliers des tombes à char du Poitou, de Gros-Guignon et de Sénéret, les plus occidentales connues, du VIe siècle avant notre ère, méritent l'attention avant la poursuite de la visite du musée.

Situation : *Musée de la Société des antiquaires de l'Ouest et de la ville de Poitiers, 3 bis, rue Jean-Jaurès, 86000 Poitiers (Vienne).*

PRIGNAC-ET-MARCAMPS

Grotte de Pair-non-Pair

Première manifestation d'art pariétal sur la façade atlantique

La grotte de Pair-non-Pair, découverte en 1881 par F. Daleau, a été fouillée par lui jusqu'en 1913. Ainsi furent mis au jour plusieurs niveaux de Moustérien, des occupations châtelperroniennes, aurignaciennes et gravettiennes, et peut-être solutréennes. La grotte est ornée de gravures profondes qui ne furent découvertes par Daleau qu'en 1883. Elles se répartissent de part et d'autre de l'entrée sur plusieurs panneaux : mammouths, bovidés, ours, chevaux, renne, bouquetin, mégacéros et rhinocéros constituent le bestiaire pariétal de la grotte. Certaines figures portaient des traces de pigment noir ou rouge.

L'âge des gravures de Pair-non-Pair peut être rapporté au début du Paléolithique supérieur et, plus précisément, au Gravettien (Périgordien supérieur).

Les gravures et les vestiges abondants des

occupations préhistoriques antérieures font de cette grotte un des plus importants sites girondins. Malheureusement, elle fut découverte trop tôt, à une période où les préhistoriens ne pouvaient en estimer convenablement l'intérêt. Il faut souligner toutefois que F. Daleau apporta un soin extrême à rendre compte en permanence de ses observations.

Situation: *33710 Prignac-et-Marcamps (Gironde).*

ROUFFIGNAC

Grotte de Rouffignac

La grotte aux cent mammouths

La grotte de Rouffignac, appelée aussi «Cro de Granville», se trouve à 4 km au sud du village de Rouffignac. Connue depuis longtemps, puisqu'on y exploitait l'argile au xve siècle, cette immense grotte renfermait de nombreuses œuvres pariétales préhistoriques qui, bien que signalées au Moyen Âge, ne furent révélées qu'en 1947 par un groupe de spéléologues périgourdins et confirmées en 1956 par L.-R. Nougier et R. Robert. Il y eut, lors de la découverte, une vive polémique mettant en doute l'authenticité des dessins; mais au vu d'arguments décisifs, l'âge préhistorique de la décoration est désormais accepté par la totalité des spécialistes.
La grotte s'ouvre par un large porche qui fut occupé longuement pendant le Mésolithique, au premier Âge du Fer et à l'époque gallo-romaine.

L'art du Magdalénien supérieur

Les figurations pariétales sont essentiellement des dessins en noir et des gravures faites au burin ou par tracé digital.
Le mammouth est de très loin l'animal le plus fréquemment représenté, ce qui a valu à la grotte le surnom tapageur de «Grotte aux cent mammouths». Viennent ensuite bisons, chevaux, rhinocéros et bouquetins, quelques félins, un ours, une antilope saïga(?), un cervidé indéterminé, trois figures anthropomorphes, des signes serpentiformes et tectiformes. L'organisation des dessins, notamment sur le «Grand Plafond», dénote un souci certain de composition. Pour des arguments stylistiques, on attribue l'art pariétal de Rouffignac au style IV, comme Les Combarelles, Bernifal et Font-de-Gaume, c'est-à-dire au Magdalénien supérieur.

Situation: *24580 Rouffignac (Dordogne).*

Quelques animaux représentés dans la grotte de Rouffignac.

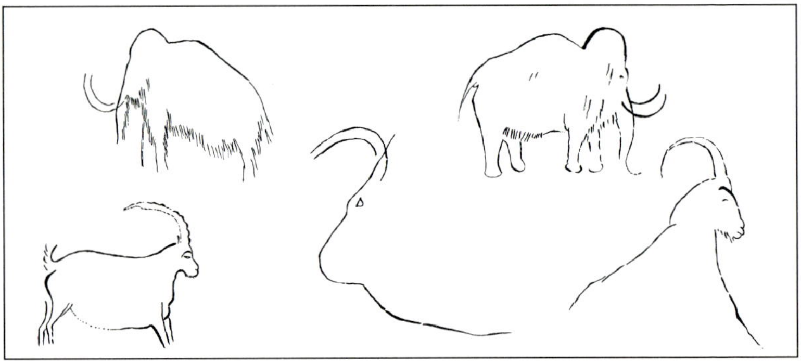

SAINT-CÉSAIRE

La Roche à Pierrot

Un Néandertalien célèbre

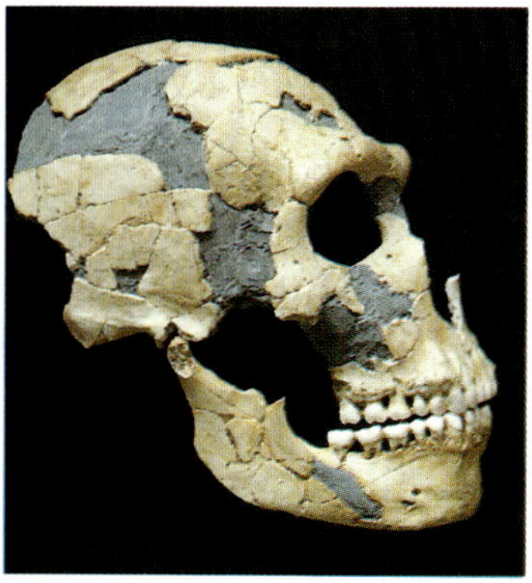

Crâne néandertalien de Saint-Césaire. Musée de la Mérine, Saint-Césaire.

Cet abri-sous-roche situé à une dizaine de kilomètres de Saintes a été fouillé plusieurs années par F. Levêque. C'est un des quelques sites où l'on peut observer en détail le passage du Paléolithique moyen au Paléolithique supérieur à travers une séquence bien développée de Moustérien, de Châtelperronien et d'Aurignacien. Il fait partie d'un ensemble de gisements où cette évolution à partir des industries châtelperroniennes peut être reconnue et replacée dans un cadre chronologique et environnemental : la grotte du Renne à Arcy-sur-Cure (Yonne), la Grande Roche à Quinçay (Vienne), la grotte des Cottés (Vienne) mais aussi La Ferrassie, le Trou de la Chèvre (Dordogne) ou le Piage, le Roc de Combe (Lot) en Aquitaine. Ce site revêt une importance particulière depuis que l'on y a trouvé un squelette néandertalien associé à l'industrie châtelperronienne. L'ensemble des couches moustériennes qui débute la séquence culturelle est dans l'ensemble très riche ; un très beau sol d'habitat, constitué d'un amoncellement d'abondants vestiges lithiques et osseux, a été dégagé et moulé. Il est actuellement exposé dans le petit musée de Saint-Césaire.

Le squelette néandertalien a été découvert en 1979, dans la couche 8, où il coexistait avec une industrie à pointes de Châtelperron typiques et autres outils du Paléolithique supérieur (grattoirs, burins) sur lames. Les corrélations palynologiques permettent de dater cette couche de 35000 B.P. Au-dessus, l'ensemble aurignacien se compose de plusieurs niveaux à travers lesquels cette industrie évolue d'une forme archaïque qualifiée de Protoaurignacien à un Aurignacien ancien puis en Aurignacien évolué.

Du Moustérien au Châtelperronien

Le squelette humain est typiquement néandertalien. Il laisse penser que l'auteur du Châtelperronien n'est pas un *Homo sapiens sapiens* mais encore un homme de Néandertal, dont les ancêtres ont été les porteurs, durant plusieurs dizaines de millénaires, des industries moustériennes — de conception si différente — et que les deux groupes humains ont coexisté un certain temps en Europe occidentale. Dans ce cas, la disparition de la lignée des Néandertaliens se serait opérée très progressivement, puisqu'ils auraient eu le temps d'assimiler un changement culturel aussi important que le passage du Moustérien au Châtelperronien.

Situation : *Musée de la Mérine, Les Bujoliers, 17770 Saint-Césaire (Charente-Maritime).*

SAINT-CIRQ

Grotte de Saint-Cirq

Le Sorcier

Découvertes en 1952 par B. Mortureux, les premières gravures étaient localisées dans la salle murée, sur la paroi droite. Par la suite, en 1953, d'autres gravures furent remarquées, dont le fameux «Sorcier».

Cette grotte se trouve à quelques dizaines de mètres du gisement qui contenait des niveaux d'occupation du Magdalénien moyen et supérieur, mais elle ne contenait aucun vestige archéologique significatif, à l'exception d'ossements animaux (bouquetin) mis au jour à l'occasion du creusement de la tranchée permettant d'accéder plus facilement aux gravures de la zone profonde.

Dans la première salle figurent un bison et un cheval acéphales, un cheval et quelques figurations fragmentaires; dans la partie profonde, un cheval partiel, un bouquetin et un anthropomorphe, dit le «Sorcier», qui a malheureusement souffert de moulages clandestins.

Ces œuvres peuvent être rapportées au Magdalénien ancien pour la salle d'entrée et au Magdalénien moyen pour la salle profonde.

Voir aussi: *Un petit musée a été installé sur le site. On peut y voir une série d'objets et d'ossements préhistoriques rassemblés par le propriétaire dont certains proviennent de la grotte et du gisement fouillé au début du siècle.*

Lors de la construction du musée, une fouille de sauvetage a permis de mettre au jour une occupation du Magdalénien final.

Situation: *24260 Saint-Cirq (Dordogne).*

SAVIGNAC-DE-MIREMONT

La Ferrassie

De nouveaux venus remplacent l'homme de Néandertal

Le site de La Ferrassie est situé à 3 km au nord du Bugue, en direction de Rouffignac, sur la route D 32. Sur le flanc exposé au sud d'un petit vallon, un abrupt rocheux constitue le site préhistorique comportant, d'une part, une petite grotte et un abri modeste ne présentant plus l'un et l'autre un grand intérêt et, d'autre part, un grand abri beaucoup plus spectaculaire, rempli de sédiments variés dans lesquels s'interstratifiaient les nombreux niveaux d'occupation préhistoriques. Le site fut trouvé au début du siècle en élargissant la route et fouillé peu après. Récemment, de 1968 à 1973, de nouvelles fouilles ont été entreprises par l'équipe de H. Delporte.

Des sépultures de 40 000 ans

Le grand abri de La Ferrassie est à plus d'un titre l'un des plus importants gisements paléolithiques périgourdins. Les niveaux moustériens correspondant aux premières occupations du site ont livré huit squelettes néandertaliens: deux adultes — un homme de 40-45 ans, une femme de 25-35 ans —,

les restes plus ou moins complets de trois enfants de 10,3 et 2 ans et de trois nouveau-nés ou fœtus. Les squelettes étaient intentionnellement disposés dans des fosses creusées en différents endroits du site. Ces sépultures, qui sont parmi les plus anciennes de l'histoire de l'humanité, constituent les premiers éléments d'une spiritualité de l'homme, il y a près de 40 000 ans.
L'outillage de ces niveaux constitue un faciès type du Moustérien, le «Moustérien type La Ferrassie», dont on peut voir une belle collection au musée des Eyzies.

Homo sapiens sapiens

Dans le grand abri de La Ferrassie, on peut également observer le remplacement des Néandertaliens, auteurs des industries moustériennes et châtelperroniennes qui les surmontent dans la stratigraphie, par les porteurs d'un outillage nouveau : l'Aurignacien. Ces nouveaux venus sont des hommes modernes (*Homo sapiens sapiens*), comparables à ceux qui ont été trouvés dans l'abri de Cro-Magnon aux Eyzies ; ils occupent le site pendant près de 10 000 ans, y abandonnant de très nombreux vestiges grâce auxquels les préhistoriens ont pu suivre l'évolution des techniques et des outillages.
Cette occupation exceptionnellement longue du site sert de référence en France et en Europe pour la chronologie, la typologie, la technologie des premières cultures du Paléolithique supérieur. C'est notamment l'évolution des formes de pointes de sagaie en os aurignaciennes, particulièrement nombreuses à La Ferrassie, qui sert de référence chronologique et stylistique pour la culture aurignacienne d'Europe occidentale.

Situation : *24260 Savignac-de-Miremont (Dordogne).*

SERGEAC

Le vallon de Castelmerle

Un vallon très fréquenté

Sur la rive gauche de la Vézère, en amont du Moustier, au lieu dit Castelmerle, le ruisseau des Roches coule dans le vallon comportant plusieurs gisements préhistoriques fouillés entre 1878 et 1914.

L'abri des Merveilles :	Moustérien et Gravettien
L'abri Blanchard II :	Moustérien et Gravettien
L'abri Blanchard I :	Aurignacien
L'abri Castanet I :	Aurignacien
L'abri Castanet II :	Aurignacien et Gravettien
L'abri Reverdit :	Magdalénien moyen
Les Rochers de l'Acier :	Gravettien
L'abri Labattut :	Gravettien et Solutréen (?)
L'abri de La Souquette :	Aurignacien, Solutréen (?) et Magdalénien.

Cet ensemble de Castelmerle est une des plus fortes concentrations de gisements préhistoriques de la vallée de la Vézère. Malheureusement, les fouilles qui y ont été pratiquées anciennement n'ont pas été rigoureusement menées. Une exposition

d'une partie des vestiges parmi les plus spectaculaires est visible à la ferme-auberge de Castelmerle, dont la terrasse domine le vallon.
Plusieurs de ces abris ont livré des œuvres d'art. Dans les abris Blanchard et Castanet, ce sont des blocs gravés et peints de l'Aurignacien; à l'abri Labattut, une dalle calcaire fragmentée portant des représentations en noir et rouge d'un bison, d'un mammouth, ainsi que d'un cervidé et un bloc calcaire gravé d'un cheval, attribuables au Gravettien.
Des travaux de fouille sont en cours pour contrôler les observations des anciens fouilleurs.

Situation: *24290 Sergeac (Dordogne).*

TEYJAT

Grotte de Teyjat

Un troupeau gravé dans la calcite

La grotte de Teyjat, découverte à la fin du siècle dernier, est aussi connue sous les noms de abri Mège ou grotte de la Mairie. Les œuvres d'art pariétales furent identifiées par P. Bourrinet et D. Peyrony en 1903; ceux-ci pratiquèrent d'importantes fouilles dans les années qui suivirent.
La partie décorée est proche de l'entrée. Elle fut réalisée sur une grande coulée stalagmitique qui, après s'être brisée, se scinda en deux; l'une est en position initiale, l'autre est légèrement décalée. Ces deux plaques finement incisées portent une cinquantaine de représentations animales: rennes, chevaux, vaches, taureaux, cerfs, ours, bisons. Les gravures sont d'une qualité exceptionnelle. D'après les analogies stylistiques qui existent entre les gravures de la coulée stalagmitique et celle qui décorait une plaquette trouvée lors des fouilles dans un des niveaux d'occupation, on peut dater l'ensemble orné du Magdalénien supérieur.

Deux groupes d'animaux gravés sur dalles de calcite dans la grotte de Teyjat.

Situation: *24300 Teyjat (Dordogne).*

Grotte de Villars

Découverte par le Spéléo-Club de Périgueux en 1953, cette longue grotte présente trois salles décorées : dans la première, des chevaux, des ponctuations et des bisons ; dans la seconde, des chevaux, des bisons, des bouquetins et une silhouette féminine ; dans la dernière, des bisons, un cheval, un bouquetin, un homme et un bison affrontés.

Le style des œuvres les rapproche de celles de Lascaux ou de Pech-Merle et, par conséquent, inciterait à les attribuer au Magdalénien ancien.

TURSAC

La Madeleine

Le site éponyme du Magdalénien

« Bison se léchant » ; bois de renne ; 10,5 cm. Magdalénien supérieur. Musée des Antiquités nationales, Saint-Germain-en-Laye.

L'abri-sous-roche de La Madeleine est le site éponyme de la dernière grande culture préhistorique du Paléolithique, le Magdalénien. Situé en amont des Eyzies sur les berges de la Vézère, il fut fouillé dès 1865 par Lartet. En 1911, D. Peyrony y entreprend des fouilles importantes pour la connaissance du Magdalénien moyen et supérieur (Magdalénien IV, V et VI de certains auteurs).

Entre 14000 et 11000 B.P., l'outillage en silex des Magdaléniens n'a pas connu de grandes transformations. L'outillage osseux, par contre, semble avoir subi une évolution ; ainsi, les harpons dotés d'un seul rang de barbelures dans le Magdalénien moyen (IV) présentent dans le Magdalénien plus tardif une double rangée de barbelures convexes ou anguleuses (Magdalénien supérieur). Le bel outillage lithique et osseux, ainsi qu'une partie de l'art mobilier de La Madeleine, sont conservés au musée national de Préhistoire..

En 1926, D. Peyrony trouva à la base du Magdalénien moyen la sépulture d'un enfant de 5 à 6 ans, étendu sur le dos, portant une parure de coquillages (dentales et turitelles) et de dents percées.

Situation : *24620 Tursac (Dordogne).*

Bretagne, Pays de Loire, et Basse-Normandie

Bordé par les plaines calcaires du Bassin parisien au nord-est et celles du seuil du Poitou au sud-est, le Massif armoricain, granitique et schisteux, constitue l'essentiel de la région de l'Ouest. Vaste promontoire au relief tourmenté, la péninsule bretonne s'enfonce dans la mer

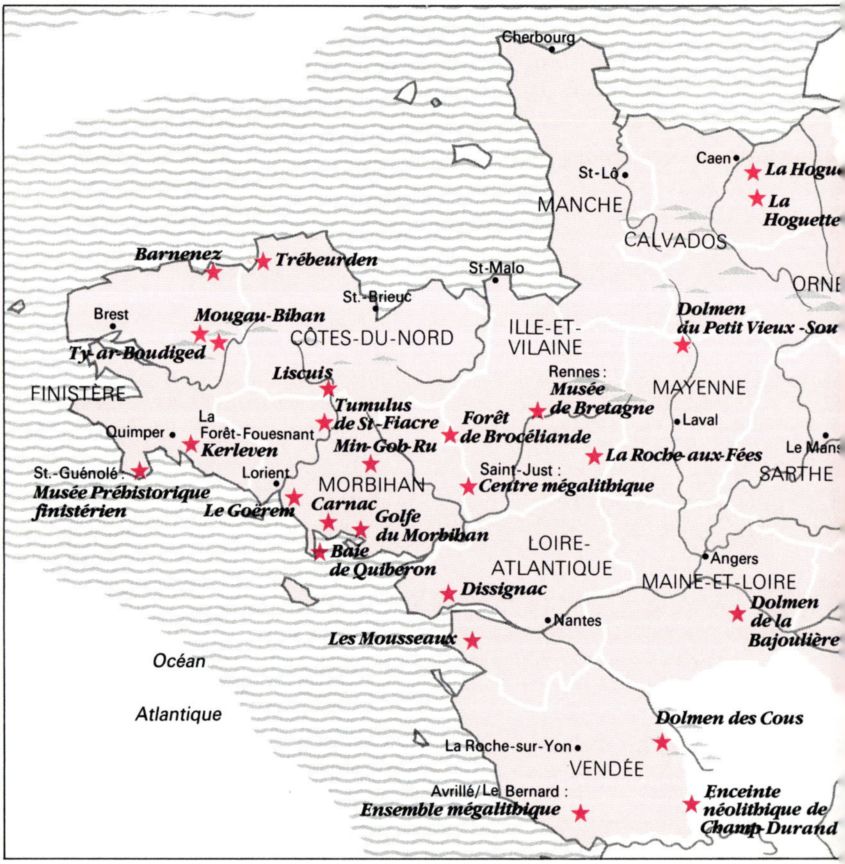

Golfe du Morbihan et baie de Quiberon

La presqu'île de Rhuys, le golfe du Morbihan et ses îles, la zone comprise entre la rivière de Crach et celle d'Etel, ainsi que la presqu'île de Quiberon, forment une région chargée d'un lourd passé préhistorique, marquée dans son sol de manière très visible par des milliers de pierres dressées, des dolmens et des tumulus; et le seul nom de Carnac suffit à créer une des images les plus fortes de la Bretagne.

Les monuments mégalithiques qui parsèment cette région sont donc indissociables et méritaient une présentation commune en première place.

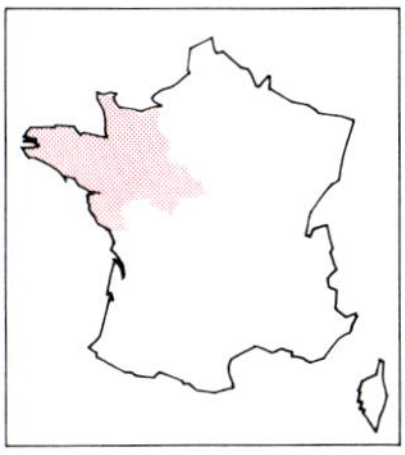

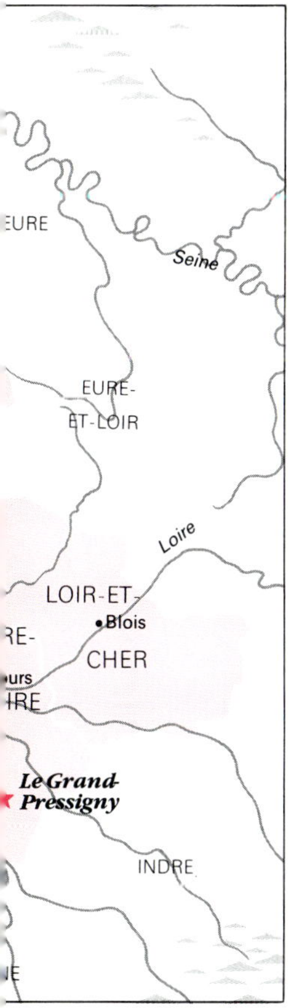

entre la Manche au nord et l'océan Atlantique. Paysage maritime aux côtes très découpées, c'est aussi une terre de bocage aux champs entourés de haies vives, voire par endroits de murets en pierre sèche qui disparaissent peu à peu sous l'effet des cultures extensives.

C'est une région au sous-sol imperméable, présentant un climat océanique doux et humide soumis aux vents d'ouest dominants.

La Bretagne est formée de deux lignes de hauteurs (monts d'Arrée et landes du Mené au nord, Montagne Noire et landes de Lanvaux au sud) séparées par les zones plus basses des bassins de Châteaulin et de Rennes.

Au nord, la Basse-Normandie est composée de la presqu'île du Cotentin et de la plaine de Caen bordée au sud par les collines de Normandie, partie intégrante du Massif armoricain, tout comme la majorité de la Vendée au sud de la Loire dont les hauteurs de Gâtine sont un prolongement du sillon de Bretagne.

Avec les grandes glaciations quaternaires, cette façade maritime s'est beaucoup modifiée. Ainsi, le niveau de la mer était-il une centaine de mètres plus bas lors du dernier épisode glaciaire, il y a quelque 15 000 ans. Une grande partie du plateau continental, aujourd'hui sous les eaux, abritait les hommes du Paléolithique. Peu de vestiges de ces périodes nous sont parvenus, et l'on connaît mieux ce qui fit la gloire archéologique de cette région, les dolmens et les menhirs du Ve au IIIe millénaires avant J.-C., même si les idées erronées des celtomanes du XIXe siècle, largement répandues, sont encore parfois difficiles à chasser des mémoires.

Bretagne, Pays de Loire et Basse-Normandie.

Des pierres dressées par milliers

La région du golfe du Morbihan et de la baie de Quiberon constitue véritablement l'un des plus hauts lieux de la Préhistoire française, surtout pour ce qui concerne ce phénomène si particulier qu'est le mégalithisme — dolmens et menhirs. Le nombre de monuments est

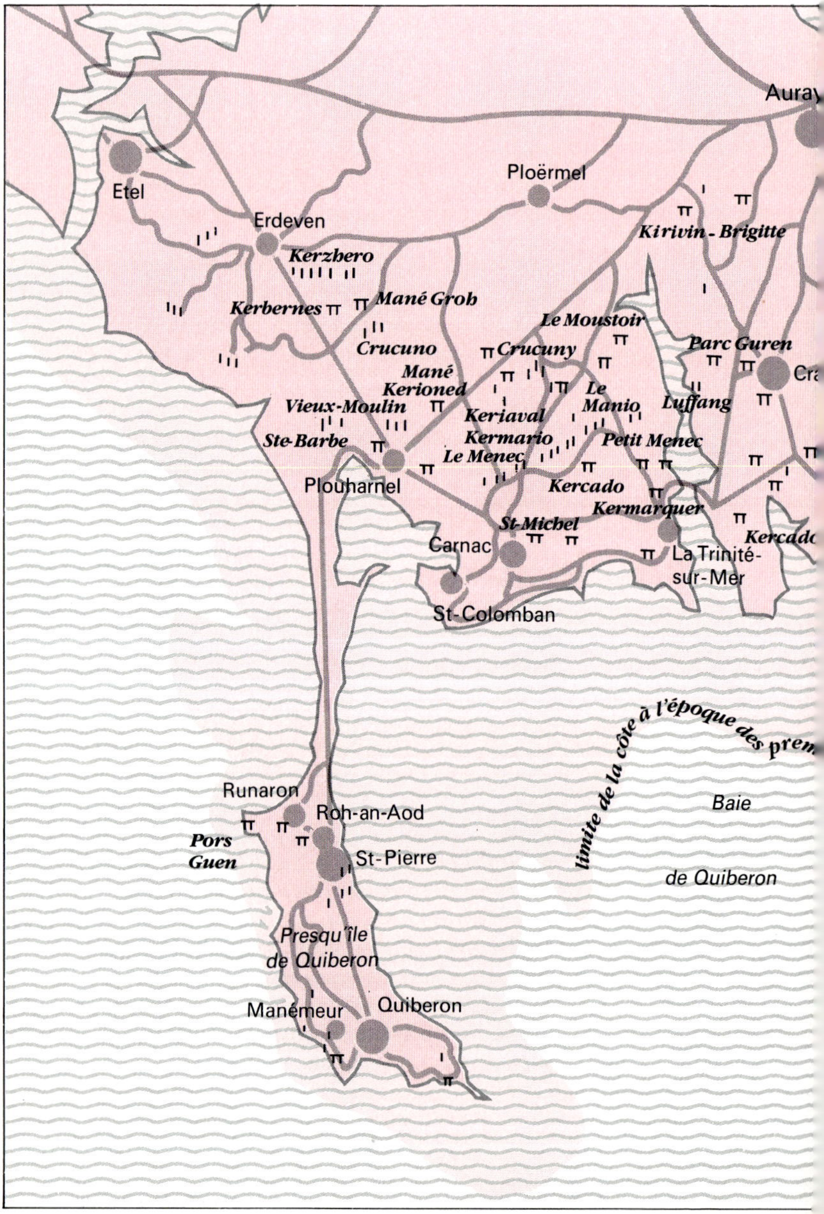

imposant, et il a fallu effectuer un choix sévère pour ne présenter que les plus représentatifs. Bien d'autres sont visitables, mais de nombreux sont encore enfouis dans les broussailles. Il reste beaucoup à faire dans la mise en valeur et la protection du patrimoine architectural mégalithique de la France!

Le visiteur doit prendre soin de se munir d'une lampe électrique et, aussi, prévoir des bottes pour certains déplacements.

GOLFE DU MORBIHAN
ET BAIE DE QUIBERON

Presqu'île de Rhuys

Gigantesques tumulus

Sarzeau
Menhir de Kermaillard-le-Net

Ce menhir, appelé «Scalehir» ou «la motte de beurre», a été redressé en septembre 1988. Il avait attiré l'attention de J. Le Cornec, qui avait remarqué des gravures sur la face cachée (devenue nord-ouest).

La pierre dépasse légèrement 5 m de longueur. Une fois redressée, on a remarqué sur sa face nord-ouest la gravure d'un cartouche carré de 60 cm de côté et d'un croissant de 80 cm de long. Une hache emmanchée est gravée sur la tranche nord-est; dix-sept cupules sont visibles sur la face sud-est, de même qu'une grande lame de hache disposée transversalement, plus difficilement décelable, vers le haut de cette face. Tout cela en fait un monument exceptionnel, qu'il faut rapprocher de ceux de Locmariaquer et de Kermarquer.

Arzon
Tumulus de Tumiac
(«La Butte de César»)

Bien en vue et bien signalé, à droite de la route qui rejoint Port-Navalo, il forme une colline impressionnante d'environ 50 m de diamètre et de 15 m de hauteur. C'est l'un des grands tumulus dits «carnacéens».

La masse de terre recouvre un cairn de 28 m de diamètre qui abrite un coffre mégalithique, en position décentrée, fouillé en 1862. Le coffre, recouvert d'une grosse dalle, mesure 4,80 m de long et contenait un riche mobilier archéologique: des haches polies, certaines brisées, d'autres perforées, d'autres entières et de toute beauté, ainsi que des perles et pendeloques en roches rares.

Il semble que ce soit le tombeau d'un haut dignitaire qui vécut au IVe millénaire avant J.-C.

Tumulus du Petit-Mont

Cette masse de pierres, défigurée par des fortifications de la dernière guerre, renferme un ensemble architectural des plus intéressants daté du Néolithique moyen atlantique. Il fut fouillé, sous la direction de J. Le Cornec.

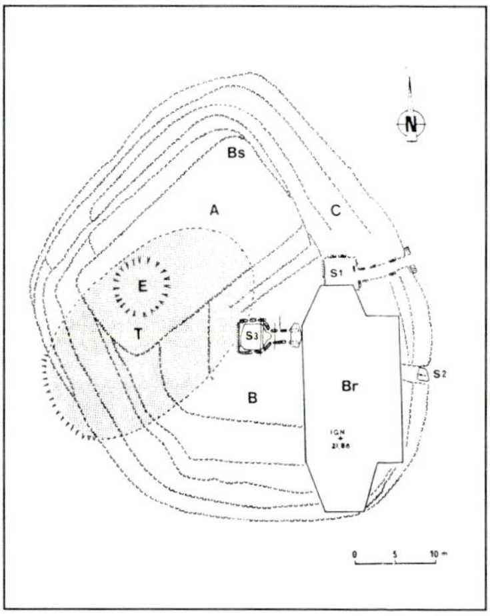

Tumulus du Petit-Mont à Arzon (d'après J. Le Cornec).

Quatre phases évolutives sont à distinguer.

— Un tertre ovalaire (T), dont on ne sait encore ce qu'il recouvre.

— Un cairn trapézoïdal (A) construit en partie au-dessus de T et dont on ne sait non plus ce qu'il cache. Tous les deux sont orientés sud-ouest/nord-est.

— Un cairn secondaire (B), au sud du premier. Il contient une chambre mégalithique polygonale à couloir d'accès (S3), où plusieurs gravures provenant de dalles en réemploi sont visibles. Le sol est formé d'une dalle unique. Elle appartenait, dans une phase antérieure, à une grande stèle avec tête et épaules dégagées qui fut abattue. Sur ce dallage ont été recueillies plusieurs poteries du Néolithique moyen.

– Dans une phase terminale (C), l'ensemble des cairns A et B est occulté par une série de parements et deux nouveaux dolmens à couloir sont construits en avant du dolmen S3. La chambre S1 possédait des gravures remarquables, en partie détruites par la construction allemande. La chambre S2 doit se trouver sous le bunker.

Le tertre primitif fut élaboré au milieu du Ve millénaire avant J.-C., alors que le dolmen du deuxième cairn (B) fut utilisé au début du IVe millénaire avant J.-C. La quatrième phase (C) ne doit pas être de beaucoup postérieure à la troisième. Quant à la phase A, elle se situe obligatoirement à la fin du Ve millénaire avant J.-C.

Dolmen de Grah-Niohl

Dolmen avec cellule greffée sur le couloir, ce monument est assez comparable à celui des Mousseaux B, à Pornic (Loire-Atlantique). Un menhir est dressé devant l'entrée : cinq piliers portent des gravures qui appartiennent au répertoire de l'époque : signes en U, crosses, haches emmanchées, écusson.

Situation : *56370 Sarzeau ; 56640 Arzon (Morbihan).*

L'île aux Moines et le dolmen de Gavrinis

L'un des plus célèbres dolmens de Bretagne

Vannes

Avant tout, une visite au musée de la Société polymathique du Morbihan s'impose. Nombre des magnifiques objets découverts, dans la deuxième moitié du XIXe siècle, dans les monuments mégalithiques du Morbihan s'y trouvent exposés.

Île aux Moines

On peut retenir deux monuments, sur la douzaine connus dans l'île.

Kergonan

Il s'agit d'un alignement curviligne de pierres dressées. Sa forme générale ressemble à celle de l'idole néolithique en écusson ; la base mesure 95 m et la hauteur 70 m. Il est ouvert au sud-est. Selon Z. Le Rouzic, l'un des menhirs porte une hache gravée.

Dolmen du Pen-Hap

Au lieu dit Boglieux, sur une hauteur à droite du chemin qui conduit de Kerno à Pen-Nioul, la chambre mégalithique (5 m^2)

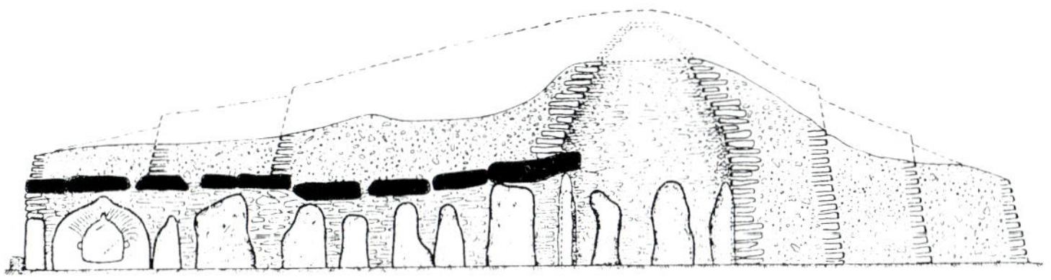

L'Ile Longue à Larmor-Baden : dolmen à couloir avec chambre couverte en encorbellement (d'après L. Bonneau et Z. Le Rouzic).

Cromlechs et idoles en écusson

Er-Lannic

Sur l'îlot d'Er-Lannic, où l'on n'aborde pas, se trouvent les célèbres « cromlechs » dont l'un, entièrement immergé, et l'autre, en partie sur l'estran, en partie sur l'îlot lui-même, témoignent de la remontée du niveau marin depuis le Néolithique. En fait, ces alignements curvilignes de pierres dressées paraissent, comme à Kergonan (île aux Moines), représenter des écussons ouverts à la base dans le secteur est.

Lors des fouilles de 1923 à 1926, Z. Le Rouzic mit au jour une série de caissons et de foyers en rapport plus ou moins direct avec les menhirs. Parmi les 800 kg de tessons de poteries recueillis, on retiendra les restes de quelque 162 vases-supports décorés, typiques du Néolithique moyen local et que l'on retrouve dans beaucoup de dolmens à couloir, depuis les îles anglo-normandes de Jersey et Guernesey jusque sur les bords de la Charente et de la Vienne.

L'île Longue

On n'aborde pas davantage sur cette île, propriété privée, mais il faut savoir qu'il s'y trouve un magnifique monument, aujourd'hui bien ruiné : il s'agit d'un dolmen à couloir avec chambre couverte en encorbellement, dans un cairn circulaire en pierre sèche, à double parement.

Parmi les cinq piliers décorés, se remarque tout particulièrement une idole en écusson.

du dolmen de Pen-Hap servit d'habitation à une misérable famille de pêcheurs (4 personnes) jusqu'en 1840.

C'est un dolmen à couloir à chambre quadrangulaire ouverte au sud-est. Le pilier de gauche, en entrant dans la chambre, porte trois gravures : sur sa face externe — qui était donc cachée par le tumulus —, une « hache-charrue » (comme sous la Table des Marchand à Locmariaquer) ; sur sa face interne, une hache dans sa gaine (?) et, sur le chant, côté couloir, la représentation (selon R.-S. Minot) d'une déesse dans le style du dolmen coudé des Pierres Plates à Locmariaquer. Cette gravure est sans doute plus tardive que les deux autres, et la première, cachée, implique la reprise de ce support dans un autre monument (dolmen ou pierre dressée) détruit. D'autres gravures, de moindre intérêt, occupent le pilier qui fait face à celui-ci au fond de la chambre.

Bono

Dolmen du Rocher

Peut être vu après Gavrinis, si l'on doit ensuite rentrer sur Auray.

Dans une futaie de pins, se dresse le tumulus, restauré en 1904, qui contient un dolmen coudé fait de deux parties en couloir presque à angle droit de 11,50 m et 7,60 m, au bout desquelles la chambre s'élargit jusqu'à 3 m. Plusieurs gravures sont décelables sur les piliers, dont un écusson du style de Luffang, à Crach.

Non loin du monument, de petites éminences sont les tumulus d'une nécropole de l'Âge du Fer.

Larmor-Baden

Dolmen de Gavrinis

À l'extrémité sud de l'« île aux Chèvres » se trouve l'un des plus prestigieux dolmens du monde atlantique ; il vient d'être en partie restauré par les soins de C.-T. Le Roux.

Au moment de son édification, au Néolithique moyen, Gavrinis était rattaché à la côte nord de l'actuel golfe du Morbihan, mais séparé de l'îlot d'Er-Lannic, distant de seulement 300 m, par le profond estuaire de la rivière de Vannes.

Dans cette masse de 50 m de diamètre et de près de 8 m de haut, seule la partie antérieure du cairn a été étudiée, ainsi que la chambre et le devant de l'entrée (« parvis »),

Tumulus de Gavrinis à Larmor-Baden.

au cours des travaux menés de 1979 à 1984. Les murs de parement du cairn ont pu être mis en évidence.

Le couloir et la chambre sont connus depuis 1832. Ce dolmen entièrement mégalithique présente la particularité unique d'avoir ses 29 piliers entièrement décorés de gravures. En outre, les nouvelles fouilles ont permis d'établir que d'autres gravures existaient au dos de certains piliers, de même que sur la face cachée de la dalle de couverture de la chambre. Certains blocs proviennent donc du démembrement d'un monument antérieur, voire du débitage de grandes stèles. En effet, la table du dolmen de Gavrinis porte des gravures qui se raccordent à d'autres de la table du dolmen des Marchand, à Locmariaquer. Ainsi, une stèle décorée de 14 m de long qui se dressait à Locmariaquer, à 4 km de là, fut-elle abattue et débitée en trois morceaux dont l'un servit de couverture à la Table des Marchand, l'autre à Gavrinis, le troisième recouvrant probablement le coffre mégalithique du tumulus d'Er-Grah, à Locmariaquer.

Situation : *56000 Vannes ; 56780 Île-aux-Moines ; 56400 Bono ; 56790 Larmor-Baden (Morbihan).*

Dolmen de Mané-Rutual à Locmariaquer.

Grand menhir de Locmariaquer

Reconstitution du grand menhir de Locmariaquer à partir des dalles de couverture des dolmens de la Table des Marchand (en bas), du dolmen de Gavrinis (au milieu) et de celui de Er-Grah (en haut). (Dessin C.-T. Le Roux).

Une société paisible ?

Les découvertes faites à Gavrinis — et quelques autres — sont d'importance pour tenter de comprendre la société de l'époque. L'idée généralement répandue d'une société égalitaire et paisible que prônaient les chercheurs d'après-guerre s'estompe rapidement devant l'image de ces groupes humains abattant les idoles de leurs prédécesseurs (ou voisins), même s'ils utilisèrent longtemps les mêmes symboles. Peut-on parler de « schisme » dans la religion mégalithique ouest-atlantique... Pourquoi, après tout, ces gens auraient-ils été plus civilisés que nous ?

Après une utilisation qui nous échappe quelque peu (sépulture d'une famille de très haut rang, sanctuaire collectif ?), le monument fut condamné à son tour : façade incendiée et masquée par un amoncellement de pierres, couloir bouché sur sa longueur et ensemble du tumulus recouvert d'une épaisse couche de sable.

Le menhir d'Er-Grah et la Table des Marchand

Le plus grand menhir du monde

En partant d'Auray, on peut voir au passage le dolmen de Kirivin-Brigitte, couvert d'une grosse table de granit.

Crach

Dolmens du parc Guren

Deux dolmens à couloir sous tumulus, distants de 40 m, chambre circulaire et couverte à l'origine en encorbellement, ont été restaurés en 1926.

Dolmen de Luffang

C'est un dolmen coudé dont manquent les dalles de couverture. Certains piliers portent des gravures, dont la plus célèbre, dite « Le Poulpe », est au musée de Carnac.

Sur la route vers Locmariaquer, il est possible de voir les monuments de *Kerran*, *Kercadoret* et de *Kerveresse*.

Locmariaquer

L'ordre logique se suit du nord au sud.

Tumulus de Mané-Lud

C'est un tumulus carnacéen ovalaire, de 80 m de longueur, 50 m de largeur et 5,50 m de hauteur, qui cache en son centre un cairn circulaire et son coffre de pierre. Dans sa

La théorie était trop belle...

Selon le professeur Thom et son équipe, qui effectuèrent de nombreux levés topographiques dans la région, le grand menhir d'Er-Grah aurait servi de « cran de mire » à un gigantesque observatoire utilisant d'autres monuments des alentours, sur Quiberon et Arzon, dans le but de suivre les variations cycliques de l'orbite lunaire. Les alignements de Carnac auraient alors servi de calculateurs. Cette théorie résiste difficilement à l'analyse, surtout quand on sait que les points de visée utilisés par Thom dans l'élaboration de sa théorie n'étaient pas édifiés quand le grand menhir d'Er-Grah fut abattu.

partie orientale, des petits menhirs, sur une ligne, supportaient chacun une tête de cheval. À l'autre extrémité, en position secondaire, se trouve un dolmen à couloir ouvert au sud, au coin d'une maison récente. Un des intérêts de ce dolmen à chambre quadrangulaire est sa décoration abondante : bateau, signes en U, en cornes, haches, emmanchées ou non. Un autre intérêt vient de sa dalle de couverture, énorme bloc, bien plus grand que nécessaire, ce qui permet de penser qu'il s'agissait d'une stèle débitée et réemployée dans cette construction.

Menhir d'Er-Grah

Le grand menhir d'Er-Grah fut la dalle de pierre la plus imposante dressée au monde à cette époque. Il dépassait 20 m de longueur et son poids approchait 350 t. On imagine les efforts nécessaires pour réaliser un tel exploit technique, qui dut nécessiter la participation de plusieurs milliers de per-

Dolmen de Mané-Rutual

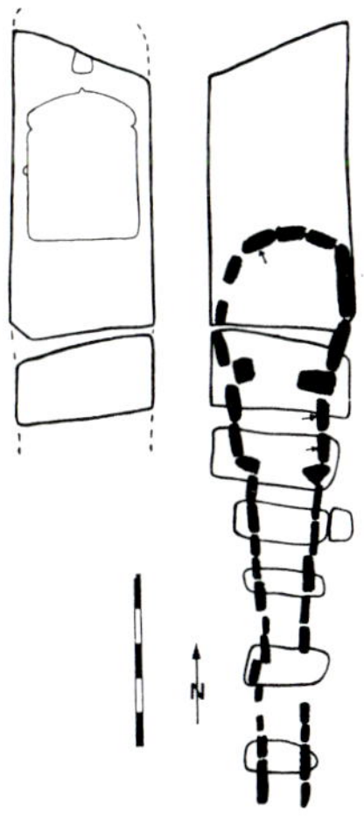

A gauche, face inférieure de la dalle de couverture avec gravure de l'idole en écusson (d'après Z. Le Rouzic et J. Keller).

Une civilisation antérieure

Dans la petite région de Locmariaquer (et également de l'autre côté du golfe du Morbihan), et avant la construction des grands dolmens de Mané-Rutual, de la Table des Marchand, de Mané-Lud et de Gavrinis, il y eut une époque où les Néolithiques ont érigé de très grandes stèles décorées, peut-être en rapport avec de longs tumulus, sur lesquelles étaient représentés l'idole en écusson, des bovidés, des haches-charrues, des haches et des crosses.

Ces découvertes récentes modifient les conceptions relatives au mégalithisme atlantique, phénomène plus complexe qu'on ne l'imaginait il y a quelques années encore, et qui n'a pas fini de surprendre.

Dolmen des Pierres plates à Locmariaquer.

sonnes. Une énorme hache est gravée sur l'une de ses faces, celle aujourd'hui tournée vers le ciel, et que piétinent malheureusement des milliers de personnes.
Cette prouesse ne fut pourtant pas respectée et l'idole fut abattue, dès l'époque néolithique, avant que le dolmen voisin de la Table des Marchand ne fût édifié.
Le grand menhir était planté à l'extrémité sud du long tumulus qui possède un coffre de pierre dans sa partie nord. C'est une hypothèse qui pourrait être émise également au Mané-Lud.

La Table des Marchand

Tout près des quatre fragments du grand menhir d'Er-Grah, le dolmen à couloir connu sous le nom de « Table des Marchand » vient de connaître une nouvelle jeunesse. Le cairn (ou tumulus), entièrement dégagé, permet de voir que le monument, à l'origine, était inclus dans une masse de pierres à plusieurs degrés de murs périphériques.
À l'intérieur de la chambre, la dalle du fond est une des plus belles réussites de l'art mégalithique. Taillée dans une dalle de grès, elle fut préparée en forme de grand écusson. Sa face visible porte deux panneaux de crosses tournées à droite et à gauche, avec une cupule centrale autour de laquelle apparaissent nettement, sur les photos du début du siècle, des rayons comparables à ceux du soleil.
Ce « champ de blé » sous la lumière solaire est à l'intérieur d'une gravure en écusson présentant une sorte de chevelure latérale. D'autres signes occupent la partie inférieure, plantée dans le sol, et la partie postérieure. Une fois encore, cette dalle a dû appartenir à une stèle installée à l'air libre et en réemploi dans ce monument.
Il en est de même de la dalle de couverture, également gravée, qui se raccorde à celle du dolmen de Gavrinis.
L'ensemble présentait en particulier deux bovidés aux longues cornes et une grande hache-charrue.
Dans le couloir, des gravures serpentiformes se voient sur le troisième pilier à gauche.
Lors des fouilles, un sol d'habitat néolithique a été mis en évidence au-dessous et autour du dolmen, peut-être en rapport avec la dalle gravée qui fut ensuite intégrée au dolmen.

Dolmen de Mané-Rutual

Ce grand dolmen à couloir présente deux particularités essentielles. La première réside dans le fait que la chambre est dédoublée par deux piliers transversaux au bout d'un couloir surbaissé. Dans l'antichambre, les deux piliers de droite portent des gravures ; un pilier au fond de la chambre est également décoré. La deuxième particularité vient de la dalle de couverture, démesurée, où figure une très belle gravure en écusson. C'était en fait à l'origine une grande stèle, comme Er-Grah et l'ensemble des dalles de couverture de Gavrinis et de la Table des Marchand.

Tumulus de Mané-er-Hroeck

Au sud de Locmariaquer, ce tumulus carnacéen est un énorme tas de pierres d'une dizaine de mètres de haut, 100 m de long et 60 m de large qui fut creusé en cratère en 1863. Un caveau de 4 × 3 m contenait un magnifique ensemble archéologique de haches polies en roches rares (fibrolithe et jadéite), de perles et pendeloques et un anneau-disque (visibles au musée de Vannes). Dans les pierres de fermeture de l'extrémité nord-est du caveau, ont été découverts les fragments d'une stèle ornée (actuellement reconstituée à l'intérieur), autre exemple de réemploi d'un monument qui avait perdu son utilité première. On y distingue la fameuse idole en écusson dans laquelle se trouvent des crosses et des cornes. Au-dessus et au-dessous se voient des haches emmanchées et d'autres crosses. Il n'est pas impossible que la dalle de couverture du caveau ait appartenu à une autre grande stèle débitée.

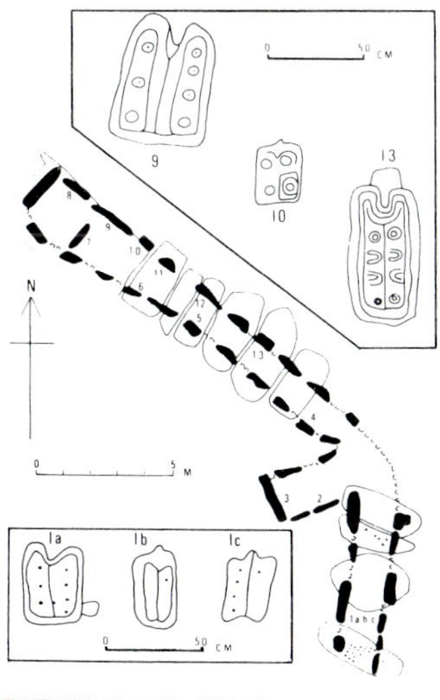

Dolmen coudé des Pierres plates à Locmariaquer et quelques éléments de sa décoration (d'après Z. Le Rouzic).

Les Pierres plates

Ce dolmen coudé, avec cellule latérale dans l'angulation, est célèbre pour ses magnifiques gravures, adaptations évidentes de la non moins célèbre idole en écusson. L'ensemble du monument atteint 24 m de longueur. Une dalle dressée près du fond délimite une petite chambre. Un menhir debout, à côté de l'entrée, fut érigé au moment des premières restaurations de Z. Le Rouzic.

Situation : *56400 Crach ; 56740 Locmariaquer (Morbihan).*

Les alignements de Carnac

Pierres dressées et tumulus carnacéens

Carnac

Musée de Préhistoire

Il faut partir de Carnac, après avoir commencé la visite de ce secteur par le magnifique et récent musée de Préhistoire, où sont présentés les produits des recherches archéologiques régionales, tant paléolithiques (Saint-Colomban, Carnac) que mésolithiques (sites de Téviec et Hoëdic) et néolithiques (parures, poteries, mégalithisme, gravures...).

Dolmen de Kermario à Carnac.

Tumulus Saint-Michel

Ce tumulus carnacéen de 125 m de long, 60 m de large et 12 m de haut est surmonté d'une chapelle dédiée à saint Michel.
Il est formé d'un long cairn central qui recouvrait un caveau principal dans lequel fut recueilli un abondant mobilier archéologique fait de perles de jaspe et de turquoise, de pendeloques et de très belles haches polies dites « d'apparat », au milieu de restes osseux humains.
Aux alentours, des caissons très frustes ont livré des ossements de bovidés.
Il semble que le cairn central ait été recouvert d'une épaisse couche d'argile et surmonté d'une chape de pierre. Un dolmen à couloir a été ajouté dans la partie orientale.

La Trinité-sur-Mer

Dolmens de Kervilor, Mané-Bras et Er-Rohec

Trois dolmens à couloir occupent un même tumulus à Mané-Bras et deux autres à Er-Rohec.

Dolmen de Kermarquer

Ce dolmen à couloir comporte une cellule latérale greffée sur la chambre polygonale. Il est inclus dans un tumulus de terre circulaire limité par un cordon de pierres périphérique, structure peu commune dans le mégalithisme atlantique.

Les alignements

Le Petit Menec

Avec cet alignement débute par l'est, à La Trinité-sur-Mer, la série des alignements qui conduit jusqu'au nord de Carnac. Ici se voient encore huit rangées irrégulières d'une centaine de pierres dressées. L'ensemble paraît converger vers une structure circulaire.

Kerlescan

Les *alignements* de Kerlescan (Carnac) sont formés de 13 rangées de menhirs, sur 350 m de long. Les plus hautes pierres, à l'ouest, aboutissent à un *cromlech*, presque rectangulaire et plus ou moins fermé, associé au nord à un *tumulus* allongé très bas, lui-même marqué à l'ouest par un *menhir* haut de 3,70 m.

Plus au nord, à partir du long tumulus, se trouve une autre *enceinte de pierres dressées*, la plus grande de la région. Ces enceintes en fer à cheval ne sont pas sans rappeler la forme en écusson des idoles néolithiques.
Au milieu et au nord des alignements, un chemin conduit au *dolmen à entrée latérale* de Kerlescan, situé à l'intérieur d'un tumulus rectangulaire de 40 m de long limité par des dalles dressées jointives. La couverture du dolmen, de même que les dalles échancrées qui servaient de portes à l'entrée et au milieu de la chambre, ont disparu.

Le Manio

Après Kerlescan, un chemin à droite permet de rejoindre le *quadrilatère de pierres dressées* du Manio (Carnac), de forme trapézoïdale allongée, et non loin de là un *menhir* isolé, haut de 6,50 m, qui domine les alignements de Kerlescan au sud-ouest.
On revient à la route ; sur la droite encore, se trouve le *tertre du Manio*, qui est surmonté par quelques pierres dressées de l'alignement de Kermario, et qui se reconnaît facilement par le *menhir*, bien plus haut que les autres, qui en marque son extrémité est.
De nombreux petits caissons de pierre furent trouvés dans le tertre, lors des fouilles de 1922 qui mirent aussi en évidence des gravures serpentiformes verticales (toujours visibles) à la base du menhir indicateur.

Le Menec

Alignement le plus spectaculaire de Carnac, il est souvent le premier visité, si l'on aborde le circuit dans l'autre sens.
À l'ouest de l'alignement, une première *enceinte* ovoïde de pierres dressées enserre le village. De hauteur décroissante de l'ouest vers l'est, l'alignement se compose de plusieurs files plus ou moins parallèles qui changent légèrement de direction vers le milieu de l'ensemble avant d'aboutir à une autre *enceinte* difficile à discerner.

Kermario

C'est le plus long des alignements de Carnac. Il est composé de sept rangées principales de pierres dressées au nombre de 1029 sur 1128 m. Du côté des plus hautes pierres, à l'ouest, devait exister une enceinte aujourd'hui détruite par un parking, sur lequel se voit au sud un *dolmen à couloir* sans son tumulus.

Kercado

Dans le bois du château de Kercado (Carnac), se trouve un beau *dolmen à couloir* à chambre quadrangulaire, dans un tumulus circulaire, daté de 4600-4700 avant J.-C. Un *menhir*, peut-être plus récent, le surmonte. Autour du cairn subsiste une *enceinte de pierres dressées*. Une grosse hache emmanchée est visible au plafond de la chambre, d'autres motifs sont visibles sur quelques dalles.

Dolmens de Mané-Kerioned et de Keriaval

À l'extrémité orientale des alignements du Menec prendre à gauche, puis plus loin à droite à l'embranchement avec la route d'Auray : les dolmens de Mané-Kerioned sont bien visibles à gauche, celui de Keriaval n'est pas très loin à droite.

Les trois dolmens de Mané-Kerioned semblent avoir été inclus dans un tumulus quadrangulaire dont quelques pierres dressées limitaient le pourtour. Probablement, le petit dolmen central, perpendiculaire aux deux autres à chambre trapézoïdale, leur est-il antérieur.

Il faut descendre quelques marches modernes pour atteindre le dolmen de l'est, intéressant par les gravures qu'il présente sur huit de ses dalles. En particulier à droite, un pilier en ogive porte un grand écusson à l'intérieur duquel toute une série d'autres symboles plus ou moins énigmatiques sont représentés.

Le dolmen de Keriaval, assez ruiné, présente un plan peu courant, avec chambre terminale à l'ouest, deux chambres greffées sur le couloir au nord et une au sud, un peu dans le style des dolmens transeptés.

Non loin du dolmen se voient les restes d'un petit alignement sur quatre rangs.

Tumulus de Crucuny

À l'entrée nord du village se dresse le gros tumulus de Crucuny, haut d'une douzaine de mètres, fouillé en 1922. Plusieurs autres tertres tumulaires existent aux alentours, de même que des menhirs, dont un, décoré de haches emmanchées à sa base, est planté sur le gros tumulus.

À quelques centaines de mètres au sud, subsistent les traces d'une enceinte (cromlech) de pierres dressées dont trois portent des gravures.

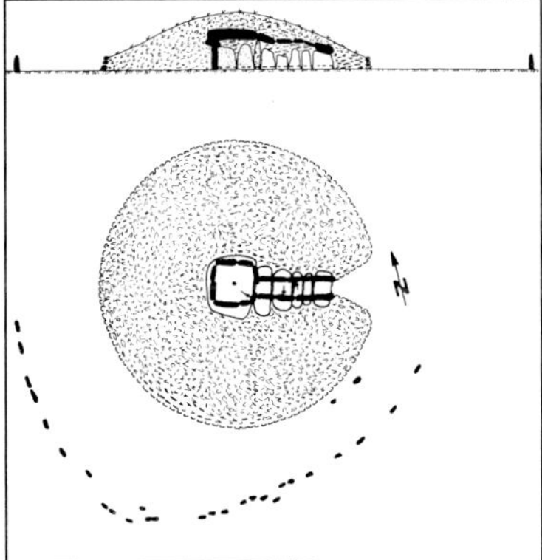

Dolmen à couloir de Kercado dans son tumulus et entouré d'une enceinte de pierres dressées (d'après Z. Le Rouzic).

Le Lizo

Le camp néolithique du Lizo est connu de longue date. C'est un promontoire granitique naturel, bordé à l'est par la rivière de Crach. La surface occupée, qui mesure environ 180 m de long et 100 m de large, est limitée par un double rempart sur tout son pourtour. Un dolmen à couloir dans son tumulus se dresse au centre du site.

Selon Y. Lecerf, le système défensif est formé d'un fossé doublé vers l'extérieur d'un petit talus de 1 m de hauteur et vers l'intérieur d'un glacis de pierres qui s'appuyait sur un gros talus de 4 m plus haut que le fond du fossé. Une palissade de bois était implantée à la limite entre glacis et talus.

Le Moustoir

C'est un tumulus carnacéen de 90 m × 40 m, haut de 8 m. Sa fouille, effectuée en 1865 par une tranchée dans l'axe du monument, ne permet pas de comprendre son agencement interne.

Au centre se trouvait un foyer supportant une grande urne. À l'ouest, une chambre rectangulaire contenait un mobilier archéologique fait de quelques poteries du Néolithique moyen, de silex, de perles et d'os ; à l'est, deux caveaux fermés étaient pratiquement vides.

Le tumulus est surmonté d'un menhir haut de 2 m. Un autre menhir, près de la route, atteint 3,30 m de haut.

Situation: *56340 Carnac; 56470 La Trinité-sur-Mer (Morbihan)*

Dolmen de Mané-Kérioned à Carnac.

De Plouharnel à Erdeven

Dolmens à couloir et enceintes de pierres

Plouharnel

Le tumulus de Rondossec, au sortir de Plouharnel, à gauche, contient trois dolmens à couloir parallèles.
Le dolmen nord à long couloir possède une cellule latérale greffée sur le côté sud de sa chambre quadrangulaire. L'autre grand dolmen a une chambre plus trapézoïdale; quant au troisième, il paraît avoir été ajouté entre le deuxième et le bord du tumulus.
Deux bracelets en or de type portugais, vieux de 4 000 ans (Age du Cuivre) montrent un dépôt secondaire dans le monument.
Vieux-Moulin: c'est un petit alignement de six menhirs à gauche de la route. Certains veulent y voir un petit reste d'une vaste enceinte mégalithique.
Sainte-Barbe. En 1875, Lukis comptait huit rangées de menhirs composant cet alignement et une enceinte de pierres dressées. Aujourd'hui, il ne reste que 37 pierres.
Crucuno. Il ne subsiste que la chambre mégalithique de ce long *dolmen* à couloir, tout près d'une maison d'un village qu'il a aidé à construire par l'emploi de divers éléments. On dit que l'ensemble chambre-couloir atteignait autrefois 24 ou 27 m de longueur.
La chambre a servi à des usages divers dans un passé plus ou moins récent: elle servit d'abri à un broyeur de chanvre, de salle de cabaret les jours de fête et on y enferma même l'idiot du village, au début de ce siècle.

Erdeven

Mané-Groh. Dans un tumulus allongé, ce dolmen présente la particularité d'avoir une chambre compartimentée.
Mané-Bras. Sur une colline se dressent deux tumulus. L'un contient deux dolmens, dont l'un avec chambre à cabinet latéral; l'autre abrite un dolmen à chambre compartimentée.

Le « Quadrilatère » de Crucuno

Un petit chemin à l'est du village de Crucuno conduit à un monument un peu particulier, dit le « quadrilatère », qui a fait couler beaucoup d'encre par ses caractéristiques métriques et astronomiques troublantes. Il s'agit en effet d'un rectangle matérialisé par des pierres dressées dont les côtés sont orientés sur les points cardinaux et les diagonales sur les levers du soleil aux solstices d'été et d'hiver. Deux côtés consécutifs et la diagonale sont dans le rapport 3-4-5 (triangle dit pythagoricien qui permet de tracer un angle droit). La connaissance de ce rapport paraît effectivement une chose acquise dès cette époque néolithique et se retrouve sur plusieurs monuments avec l'emploi d'une unité de mesure dont le professeur A. Thom a montré qu'elle serait de 0,829 m, son « yard mégalithique ».

Kerzhero. Cet alignement de menhirs est malheureusement coupé par la route Plouharnel-Erdeven.
L'ensemble devait s'étendre sur plus de 2 km de longueur, jusqu'au nord du dolmen de Mané-Groh.

Situation : *56720 Plouharnel; 56410 Erdeven (Morbihan).*

Les alignements de Kerzhero à Erdeven.

Presqu'île de Quiberon

Des restes humains exceptionnels en Bretagne

Signalons tout d'abord les dolmens de Rohan-Aod, de Runaron (sur une place du village) et ceux de Pors Guen (Port-Blanc) dont l'un a livré plusieurs squelettes.

Saint-Pierre

Les alignements du Moulin se composent de cinq rangées de menhirs, en éventail, sur une distance de près de 60 m. À partir du fond des alignements, on rejoint par un petit sentier ce qu'il reste d'une grande enceinte de pierres dressées selon un arc ovoïde ouvert à l'est.

Kervihan/Croh-Collé

C'est un éperon rocheux au-dessus de la mer, protégé du côté de la terre par un talus en barrage bordé d'une ligne de pierres dressées. Cet habitat néolithique, occupé à un moment où le niveau de la mer était plus bas que de nos jours, a fourni en 1868 un abondant matériel archéologique qui se trouve actuellement au musée de Vannes.
Sur la route côtière en direction de Port-Maria se dressent plusieurs menhirs, un dolmen (Manémeur) et une allée couverte, à la pointe de la Guérite.

Conguel

Derrière la colonie de vacances S.N.C.F. se trouve un grand menhir ; à l'entrée même de cette colonie, sur le côté de la route, le petit dolmen de Conguel passe pratiquement inaperçu. Une des parois de la chambre est constituée d'un pointement granitique naturel. L'intérêt principal de ce petit dolmen à couloir réside dans le fait que deux niveaux d'occupation avec squelettes (ce qui est exceptionnel en Bretagne, à cause de l'acidité des sols) y ont été découverts.

Situation : *56170 Quiberon (Morbihan).*

Le mégalithisme atlantique

En dehors du golfe du Morbihan et de la baie de Quiberon, le reste de la région Bretagne-Pays de Loire-Basse Normandie est également profondément marqué par le phénomène mégalithique. De beaux ensembles régionaux sont à souligner : les grands monuments à chambres multiples construites en pierre sèche de la plaine de Caen ; les allées couvertes aux seins sculptés des Côtes-du-Nord ; les impressionnants tumulus de Barnenez et des îles Carn et Gaignog dans le Finistère ; les gigantesques dolmens angevins, véritables monstres du mégalithisme, qui occupent une région centrée sur l'Anjou et le Saumurois jusqu'en Bretagne au Nord et la côte vendéenne au Sud ; les dolmens transeptés de l'embouchure de la Loire, souvent comparés à certains monuments irlandais qu'ils pourraient avoir influencés ; la région du sud-ouest de la Vendée si riche en monuments de différents types...

Moins spectaculaires, les tumulus de l'Age du Bronze, de même que certains sites paléolithiques, ont livré des objets de très haute qualité qu'il ne faut pas manquer de voir dans les musées régionaux (Penmarch, Rennes, etc.).

AVRILLÉ, LE BERNARD

Ensemble mégalithique

De l'organisation territoriale des dolmens et des menhirs

Dans le sud de la Vendée, au bord de l'océan Atlantique, les communes d'Avrillé, Le Bernard, Saint-Hilaire-la-Forêt, Saint-Vincent-sur-Jard et Le Givre regroupent l'un des ensembles mégalithiques les plus importants du Centre-Ouest.

Les dolmens à couloir atlantiques de la phase la plus ancienne sont présents sur les hauteurs du Pey-de-Fontaine — où l'énorme tumulus en contient plusieurs —, au Pé-Rocher, ainsi qu'au Terrier-Papin, à Girondin, à Savatole II, aux Créchaudes, à Rassoliette et au Grand-Bouillac.

Les dolmens angevins plus récents sont représentés par le monument de La Frébouchère (dont la table cassée en deux approchait les 100 t), celui de La Cour-du-Breuil et, peut-être aussi, celui de La Sulette.

Les autres dolmens sont bien dégradés et difficilement classables, bien que Savatole III et La Pierre-Folle soient parfois considérés comme des allées couvertes, ce qui est très douteux.

Pratiquement tous les dolmens ont été édifiés sur les terrains calcaires, au sud du massif de granit porphyroïde d'Avrillé, alors que la plupart de leurs éléments constitutifs sont justement des dalles de ce granit, ce qui a donc nécessité un transport, parfois sur plusieurs kilomètres. Au contraire, tous les grands menhirs sont dressés au nord, sur le massif d'Avrillé.

Le territoire mégalithique s'organise de part et d'autre des vallées de l'Allière et d'un affluent du Troussepoil qui forment une large dépression est-ouest, bordée au sud par les dolmens et au nord par les grands menhirs. C'est probablement dans ces vallées qu'étaient situés les villages. Cependant, depuis l'époque néolithique, le niveau de la mer est remonté de plusieurs mètres et des alluvions se sont déposées dans les vallées des ruisseaux côtiers. Un site d'estran, occupé depuis le Néolithique ancien, à la pointe du Grouin du Cou à La Tranche-sur-Mer, commune voisine, à 4 m au-dessous des plus hautes marées actuelles, est une preuve rigoureuse de cette remontée du niveau marin.

Aiguilles de pierre dressées vers le ciel

Si l'on ne comprend souvent pas très bien la raison d'être des menhirs, on peut cepen-

Des villages sous les eaux

L'installation des premiers agriculteurs dans cette région paraît correspondre à un choix délibéré. En effet, les terres calcaires sont propices à la culture des céréales, base de la nourriture quotidienne ; dans les vallées, larges et bien abritées, les villages peuvent s'implanter auprès des points d'eau et l'élevage se développer sur les prairies des alentours. La chasse peut se pratiquer dans les forêts de chênes verts du massif primaire, et la mer, toute proche, permet la collecte des coquillages, la pêche à pied, voire même dans de toutes petites embarcations taillées dans un tronc d'arbre. Peu d'endroits de la côte atlantique réunissent de telles conditions de vie, c'est probablement là l'explication de l'installation humaine, reconnue dès le Néolithique ancien, à la fin du VIe millénaire avant J.-C., à La Tranche-sur-Mer et Longeville-Plage.

Dolmen angevin de La Frébouchère au Bernard.

dant noter qu'ils ne correspondent pas tous à un même usage.

Quelques-uns d'entre eux paraissent liés à des dolmens. C'est le cas à Girondin, au Pé-Rocher, à Rassoliette, au Grand-Bouillac et, surtout, au dolmen de La Frébouchère qui est entouré de plusieurs menhirs (Le Pré-Haut, Le Pré-Bas, Les Ouches, Le Bois, La Mancellière...). D'autres voisinent des sources, comme à la Fontaine Saint-Gré. Il en est d'individuels (La Boilière, Beaulieu...) ou groupés par deux, un grand et un plus petit (La Pierre, La Rainière...). Mais ce qui caractérise ce territoire ce sont les petits alignements, généralement nord-sud, qui comptaient jusqu'à sept pierres (Le Bois de Fourgon, Les Francles-Boisières, le Camp de César, les Vieilles-Vignes, Beauchêne, La Guimardière...) et dont on ne sait toujours pas ce qu'ils représentent. Beaucoup de ces pierres ont aujourd'hui disparu ou gisent au fond des bois.

Au Plessis, commune du Bernard, trois grands menhirs (il en subsiste deux) marquaient le sommet d'un triangle d'environ 100 m de côté.

Seul le menhir du Russelet, dans la plaine de Longeville, est un bloc de grès. Les autres sont en granit et le plus grand, au Camp de César, a une longueur totale de 8,70 m (7 m au-dessus du sol).

Voir aussi:
Cette région va se voir prochainement doter d'un « Centre du mégalithisme » à Saint-Hilaire-la-Forêt, d'où partiront des circuits de visite et où seront exposés au public les techniques de montage des différents types de dolmens et menhirs ainsi que leur système de fonctionnement dans la société de l'époque néolithique.

Situation: *85440 Avrillé; 85560 Le Bernard (Vendée).*

BAZOGES-EN-PAREDS

Dolmen des Cous

Une autre image du dolmen

Au sud de Bazoges-en-Pareds, sur un plateau calcaire qui domine le confluent de deux cours d'eau, le Loing et l'Arkanson, subsistent les restes d'un important ensemble mégalithique, dont un dolmen fait de grosses dalles dans un tas de pierres, une pierre couchée qui peut avoir été un menhir, et un troisième monument circulaire à gradins construit en pierre sèche.

L'extraction de pierres pour l'entretien des chemins vicinaux en permit la découverte en 1910 ; une fouille expéditive fut effectuée en 1913-1914 sous la direction de M. Baudouin et L. Rousseau. De nouvelles recherches y ont été conduites en 1974-1975.

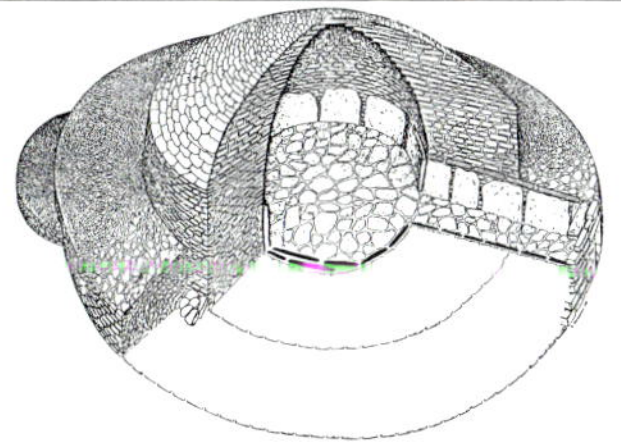

Monument mégalithique de type dolmen : les Cous à Bazoges-en-Pareds.

Le monument se compose d'une chambre dallée à peu près circulaire d'environ 4,50 m de diamètre, à laquelle on accède par un couloir long de 5 m, large de 1 m, ouvert à l'est. Sa couverture était réalisée à l'aide de dalles plates entassées qui se débordaient l'une l'autre pour former un encorbellement prenant appui sur un anneau de pierres large de 2,50 m autour de la chambre. L'ensemble était solidement maintenu par un second anneau de pierres haut de 1,20 m et ayant lui aussi 2,50 m de large. Cette « tour » à deux étages mesurait donc 15 m de diamètre et pouvait atteindre 5 à 6 m au-dessus du sol.

Les fouilles du début du siècle ramenèrent des restes osseux de 150 personnes placés dans des logettes de pierre entassées dans la chambre et accompagnés d'ossements d'animaux, offrandes alimentaires.

Des poteries trouvées écrasées devant l'entrée correspondent à des dépôts placés sur le mur périphérique au Néolithique moyen.

Situation : *85390 Bazoges-en-Pareds (Vendée).*

BRECÉ

Dolmen du Petit Vieux-Sou

Premiers contacts avec les peuples du Nord ?

Le nord de la Mayenne est riche en monuments mégalithiques — allées couvertes et dolmens à entrée latérale.

Sur le rebord d'un plateau qui domine la rivière la Colmont, à une centaine de mètres au sud de la ferme du Petit Vieux-Sou, un dolmen, daté du Néolithique final — début du IIIe millénaire avant J.-C. —, a été fouillé et restauré par R. Bouillon, de 1978 à 1982. L'édifice se présente sous la forme d'une chambre longue de 11 m et de 1,40 m de largeur et de hauteur, à laquelle on accède par un couloir court situé au milieu du long côté sud-ouest. Ce couloir débouche sur une face bien parementée d'un cairn qui devait entourer le monument. L'échancrure, obtenue par bouchardage d'un pilier au passage du couloir à la chambre, indique un système de fermeture aujourd'hui disparu.

Le Petit Vieux-Sou est à rapprocher des sépultures à entrée latérale armoricaines : Quessoy, Saint-Quay-Perros, Trégastel, Ploubazlanec... et normandes : Saint-Symphorien-des-Monts, Bretteville. On retrouve des plans identiques en Europe du Nord et plus particulièrement en Hollande (Hunebedden), sans que des relations certaines entre les deux groupes puissent être assurées. On préfère y trouver une origine locale par allongement de la chambre et raccourcissement du couloir des dolmens à couloir régionaux.

Situation : *53120 Brecé (Mayenne).*

BRENNILIS

Dolmen en V de Ty-ar-Boudiged

Un dolmen à plan en V

Au centre du Finistère, à 25 km au sud de Morlaix, le dolmen en V de Ty-ar-Boudiged (« La Maison des Fées »), inclus dans un tumulus de forme ovale, limité à l'origine par de grosses dalles dressées, est un monument mégalithique imposant : longueur interne proche de 13,50 m, largeur de 1 m à l'ouverture et 2,20 m au fond. La hauteur des parois latérales augmente progressivement de l'entrée (1,20 m) au fond (1,75 m). Une partie, longue de 5 m, peut être considérée comme un couloir à ciel ouvert, alors que la chambre est couverte par trois grosses dalles. Mais en fait, cette différenciation chambre/couloir n'est pas réellement marquée. Une dalle dressée au milieu de la chambre ne supporte pas la couverture et peut être comparée à une stèle comme on en trouve dans certains dolmens : dolmen à couloir de l'île Guennoc (Finistère), dolmen angevin de La Frébouchère au Bernard (Vendée)...

En raison de l'architecture du dolmen et de son tumulus, Ty-ar-Boudiged fait la transition entre les dolmens à couloir et les allées couvertes, à tumulus souvent ovale. D'autres monuments de ce type sont connus en Bretagne, en particulier le dolmen de Crugou, à Pleuven (Finistère). (Voir La Forêt-Fouesnant, p. 198).

Situation : *29218 Brennilis (Finistère).*

COLPO

Dolmens de Min-Goh-Ru

Tels des pots de chrysanthèmes...

Sur les landes de Lanvaux, le site de Min-Goh-Ru, au nord de Larcuste, à 120 m d'altitude, comportait trois tumulus. Le premier fut détruit en 1967, les deux autres, à proximité immédiate, ont été étudiés entre 1968 et 1972 par J. L'Helgouach et J. Lecornec.

Sur la façade sensiblement rectiligne du cairn nord (I) s'ouvrent au sud-est les couloirs donnant accès à deux chambres funéraires de forme arrondie et limitées par des

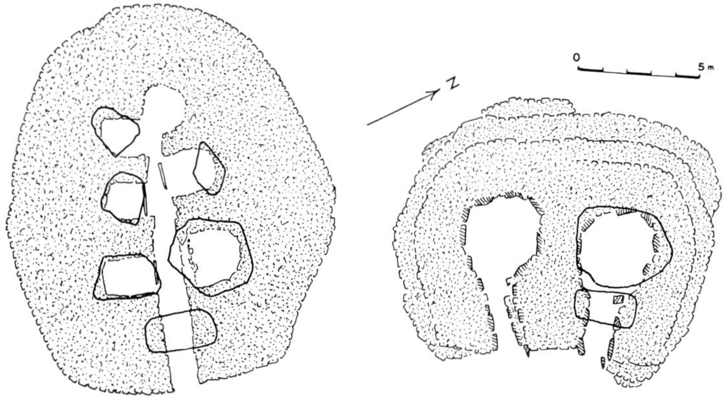

Les tumulus de Min-Goh-Ru, Larcuste à Colpo (d'après J. L'Helgouach et J. Lecornec).

dalles dressées. Mais alors que la chambre nord est recouverte par une grosse dalle de pierre, celle du sud devait être couverte par un montage de dallettes en encorbellement qui s'est effondré.

À quelques mètres au sud du premier, le cairn sud (II), de forme ovale, à façade rectiligne située dans le prolongement de l'autre, renferme un long couloir desservant six chambres (deux en bout et deux de chaque côté) construites pour une grande part en pierre sèche et qui étaient recouvertes chacune par une dalle de pierre.

Des gravures en U à branches recourbées ornent certains piliers des dolmens du cairn nord. Interprétées comme un symbole d'une déesse néolithique, on pourrait aussi bien y voir des paires de cornes de bovidés.

Plusieurs vases du Néolithique moyen, trouvés devant la façade du cairn I, correspondent à des offrandes déposées sur les murs de parement, près des entrées.

Situation: *56390 Colpo (Morbihan).*

Crosses et haches gravées

La région environnante autour de Colpo est riche en monuments mégalithiques avec, plus spécialement, le menhir de Kermarquer, à Moustoir-Ac, et l'allée couverte de Men-Goarec, à Plaudren.

Le **menhir de Kermarquer** *est un bloc de granit de Lanvaux dont les arêtes concordent avec les points cardinaux. Légèrement incliné, il dépasse 6,70 m au-dessus du sol. Des sculptures ornent trois faces: deux crosses sur la face sud-ouest; deux crosses sur la face sud-est; trois crosses indiscutables (peut-être deux autres) et deux croissants qui rappellent l'extrémité recourbée des cornes d'un bovidé sur la face nord-est.*

*L'***allée couverte de Men-Goarec** *n'a que 7 m de longueur et présente un décor de deux seins en relief placés dans un cartouche. À 100 m de là, l'allée couverte ruinée de Kerallant, à Saint-Jean-Brévelay, possédait une gravure de hache emmanchée.*

COMMANA

Allée couverte de Mougau-Bihan

Le mystère des «poignards chypriotes»

À 20 km environ au sud-ouest de Morlaix, l'allée couverte de Mougau-Bihan est un des plus beaux monuments de ce type. Longue de 14 m, elle est bordée par la juxtaposition de grands piliers de granit formant des parois sensiblement parallèles, distantes d'environ 1,30 m. Deux parties composent l'ensemble : l'allée proprement dite dont l'entrée au nord-nord-ouest ne comporte pas d'antichambre marquée, dont la hauteur sous plafond varie de 1 m à 1,50 m vers le fond et qui est couverte par quatre grosses dalles; et la cellule terminale, derrière la dalle de chevet, couverte par une cinquième dalle et ouverte au sud-sud-est. Ainsi, du bord de la route, c'est la cellule terminale qui apparaît en premier; l'entrée latérale pratiquée au nord-est n'est pas celle d'origine, qui se trouvait à l'autre extrémité. Il ne subsiste aucune trace visible du tumulus qui devait envelopper cette allée couverte.

Mougau-Bihan est renommé surtout pour ses gravures : une belle hache emmanchée sur la dalle de chevet; deux paires de seins superposées sur le second pilier sud à partir de l'entrée; et trois représentations de «poignards», comme on en connaît dans l'allée couverte de Prajou-Menhir, à Trébeurden, où existent aussi des paires de seins.

Ces «poignards» ont fait couler beaucoup d'encre. Certains les assimilent à quelques pièces semblables trouvées dans l'ouest de la France et qui proviendraient de l'île de Chypre. D'autres ont observé que l'extrémité n'est pas pointue mais arrondie; il ne peut donc s'agir de poignards. Les pièces connues en France ont une origine préhistorique plus que douteuse et pourraient être des importations plus ou moins récentes... Le débat reste ouvert.

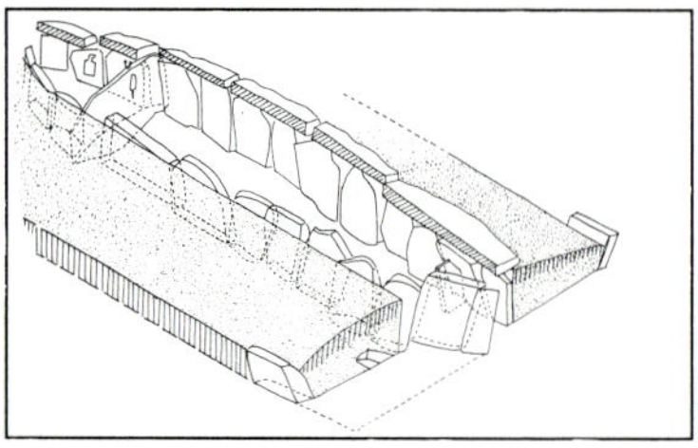

Allées couvertes de Mougau-Bihan à Commana et de Prajou-Menhir à Trebeurden (d'après J. L'Helgouach).

Situation : *29237 Commana (Finistère).*

ESSÉ

Dolmen de la Roche-aux-Fées

Un géant du mégalithisme

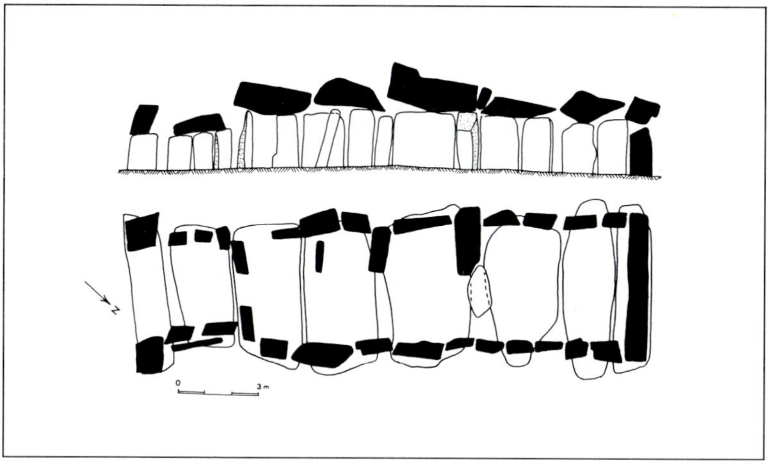

Dolmen angevin de la Roche-aux-Fées à Essé (d'après J. L'Helgouach, P.-L. Gouletquer et Y. Onnée).

À 2,5 km au sud-est d'Essé, le dolmen de la Roche-aux-Fées est l'un des plus spectaculaires monuments mégalithiques de France. Trois parties forment les 19,50 m de sa longueur totale.

L'entrée est marquée par un porche trilithe ouvert au sud-est (direction du lever du soleil au solstice d'hiver), formé de deux piliers carrés et d'un linteau à 1,40 m de hauteur, parfaitement bouchardé.

On pénètre ensuite dans une antichambre surbaissée (1,20 m) longue de 3,75 m et large de 3 m. Deux dalles transversales réduisent le passage dans la chambre, qui dépasse 14 m de long pour 4 m de large et près de 2 m de hauteur. Cette chambre est subdivisée en quatre compartiments inégaux en taille par trois dalles dressées placées perpendiculairement à la paroi sud-ouest.

Il s'agit donc d'un dolmen de type angevin, nombreux en Anjou, dans le Saumurois et jusqu'en Vendée littorale (voir le «Dolmen de La Bajoulière», p. 215).

Ses éléments constitutifs sont en schiste rouge. Ils dépassent parfois les 40 t et semblent avoir été transportés sur plus de 4 km.

Toujours connu vide et sans tumulus de recouvrement, un rôle funéraire lui est parfois refusé et seul l'aspect sanctuaire accordé. Des fouilles effectuées ailleurs (La Bajoulière) montrent que ce type architectural peut avoir été sous tumulus, et avoir servi au dépôt de corps humains (La Pierre-Folle à Thiré, Vendée), ce qui n'est pas incompatible avec un temple.

Selon la légende, le dolmen fut construit par les fées qui s'ingénient à modifier fréquemment le nombre des piliers, d'où un comptage qui peut mettre en difficulté le bonheur d'un jeune couple si l'un et l'autre ne trouvaient pas le même nombre de pierres en faisant le tour du monument chacun de son côté.

Situation: *35150 Essé (Ille-et-Vilaine).*

Les monuments du type de La Hogue

Tous se situent dans la dépression centrale de la Basse Normandie : tumulus de la Butte, à Vierville (Manche), en bordure du golfe de Carentan ; tumulus de Colombiers-sur-Seulles, de La Hogue et La Hoguette, à Fontenay-le-Marmion, butte du Hu à Condé-sur-Ifs, tumulus d'Ernes dans le Calvados ; l'un des tumulus d'Habloville (Orne) et, probablement, quelques autres aujourd'hui disparus.

Installés sur des hauteurs, ils occupent la bande de terrains calcaires jurassiques au nord-est du Massif armoricain. Avec les monuments comparables des îles Anglo-Normandes (la Sergenté, à Jersey), cet ensemble architectural se raccorde aux grands cairns bretons du Nord-Finistère (Barnenez, à Plouézoch), avec toutefois des différences dans l'agencement interne (disposition rayonnante des chambres avec couloir en Normandie).

Les chambres funéraires sont toutes construites en pierre sèche sur un plan circulaire. Leur diamètre varie de 3,25 m à 5,20 m avec une moyenne légèrement supérieure à 4 m. Parfois, la chambre était limitée par des dalles dressées devant le mur périphérique (Colombiers-sur-Seulles) ; le fond était généralement pavé de dalles calcaires pouvant délimiter un compartimentage interne de la surface. Des fosses existent dans une chambre à La Hogue et à Vierville.

Les couloirs d'accès à la chambre funéraire varient de 2 à 10 m de longueur, la moyenne se situant légèrement au-dessus de 6 m, pour une largeur de 0,80 m. Ils étaient couverts de dalles juxtaposées à environ 1,30 m de hauteur et leur extrémité paraît avoir été obturée par un muret en pierre sèche.

En Normandie, la présence de ces structures en terrain calcaire a permis, comme en Poitou-Charentes, la conservation des ossements, contrairement à ce qui se passe dans les terrains acides du Massif armoricain. Pour autant, il n'est pas facile d'y voir clair dans les coutumes funéraires de l'époque.

Le nombre d'inhumés par chambre circulaire varie de 4 à 28, la moyenne se situant autour d'une dizaine ; les plus grandes chambres sont celles qui abritent le plus grand nombre de corps. On arrive à des chiffres identiques pour des monuments comparables en Poitou-Charentes — et même pour des monuments à chambre quadrangulaire en pierre sèche —, alors qu'à Vierville B, dont la chambre est carrée, une cinquantaine d'individus sur trois niveaux ont été dénombrés. Il s'agit,

FONTENAY-LE-MARMION

Tumulus de La Hogue et de La Hoguette

Des chambres funéraires en pierre sèche

Distants de 500 m l'un de l'autre, les tumulus de La Hogue et de La Hoguette se trouvent à peine à une dizaine de kilomètres de Caen. Comme tous les monuments de ce type à couloir et chambre circulaire inventoriés en Basse Normandie, ils furent édifiés sur les points hauts (ou très près de sommets) — caractère qui les associe aux dolmens à couloir d'Armorique et de Poitou-Charentes.

et La Hoguette en Normandie

dans ce dernier cas, d'un monument particulier qui montre des coutumes funéraires différentes ou une utilisation plus longue.

Dans la phase primaire qui nous intéresse ici, on constate qu'il y a peu d'inhumés, de tous âges et des deux sexes, ce qui paraît correspondre à une courte phase d'utilisation. Mais des vidages peuvent avoir eu lieu pour laisser la place à de nouveaux venus.

En dehors de quelques cas particuliers, la première impression est celle d'un désordre dans l'agencement des os humains de la chambre. Quand on y regarde de plus près, on remarque que les corps ont été couchés en position fléchie sur le côté, et une observation de J. Dastugue, faite lors des fouilles effectuées à La Hoguette, indique toute l'importance de cette position : en effet, les deux talons (calcaneum) d'une femme enceinte décédée ont été perforés afin d'y passer un lien permettant le maintien du corps dans la position repliée.

Dans la chambre A de La Hogue, par exemple, les ossements étaient déposés pêle-mêle ; on trouva huit mandibules mais aucun crâne. Soit il s'agit d'un remaniement postérieur, sans aucun rapport avec le groupe utilisateur du monument ; soit il s'agit de sépultures volontairement déplacées par les utilisateurs eux-mêmes, hypothèse qui paraît la plus acceptable. Œuvre d'une communauté, qui peut être familiale, la tombe sert à toute cette communauté. La Hogue et La Hoguette peuvent appartenir à un même village, chaque chambre représentant une famille, et les deux monuments se succédant dans le temps, ce que semble indiquer la qualité de la construction de La Hogue, supérieure à celle de La Hoguette.

Les observations de G. Verron et A. Chancerel ont permis de constater que dans les monuments de la première série (ex. : La Hoguette), les ossements sont le plus souvent en connexions anatomiques et ne représentent que peu d'individus accompagnés d'un pauvre mobilier archéologique et de quelques restes de faune ; dans la deuxième phase qui correspond à Vierville A ou La Hogue, les ossements humains sont en désordre, parfois brûlés, et représentent un plus grand nombre d'individus qu'accompagnent un mobilier plus riche et varié et des vestiges de faune nombreux (offrandes alimentaires).

Mais quelle était la durée réelle d'utilisation de ces chambres funéraires ? C'est encore une énigme.

La Hogue

La Hogue, site fouillé au début du siècle dernier, est de forme vaguement quadrangulaire, à angles plus ou moins arrondis ; il mesure 43 m de long et 31 m de large, un mur bien appareillé en limite la périphérie. Plusieurs niveaux en gradins devaient permettre d'atteindre son sommet qui pouvait culminer à 8 ou 10 m au-dessus du sol. Il renfermait 12 chambres funéraires circulaires disposées de façon rayonnante, sans souci donc pour l'orientation des couloirs d'accès. Les couloirs en pierre sèche, qui peuvent atteindre jusqu'à 10 m de longueur, étaient couverts par des dalles et le fond paraît avoir été dallé, alors que les toitures des chambres étaient réalisées par un montage en encorbellement.

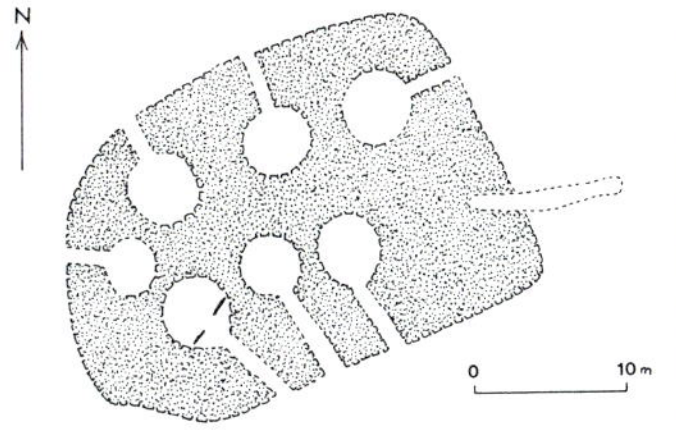

Cairn de La Hoguette à Fontenay-le-Marmion (d'après R. Caillaud et E. Lagnel).

La Hoguette

Lorsque les fouilles de La Hoguette ont été entreprises en 1964 par R. Caillaud et E. Lagnel, le cairn, en raison de sa très faible élévation, était à peine discernable à la surface du sol. Un mur de forme vaguement quadrangulaire et orienté nord-est/sud-ouest ceint le monument qui contient sept chambres circulaires ; chacune est reliée à l'extérieur par un couloir. Leur disposition rayonnante est identique à celle de La Hogue et unique en France. Le tumulus formait une masse d'environ 30 m de long et de 20 m de large. Le plus souvent le fond des chambres était dallé de pierres plus ou moins grandes sur lesquelles les corps avaient été déposés. La chambre VI de La Hoguette avait été partagée en deux par deux dalles dressées laissant entre elles un passage d'un mètre dans l'axe du couloir. Seule l'arrière-chambre contenait des restes humains.

D'autres cas d'aménagement interne des chambres sont connus. Ainsi la chambre N de La Hogue renfermait un compartiment fait de dalles dressées occupant environ un tiers de la chambre (partie bien dallée) : il était riche en ossements humains. Mais l'aménagement le plus énigmatique reste celui de la chambre M de La Hogue, fouillée en 1829 : les fouilleurs y trouvèrent une dalle calcaire qui reposait sur deux piliers verticaux, table en forme d'autel qui correspond précisément à la définition populaire (mais fausse) du dolmen.
Une datation dans la deuxième moitié du Ve millénaire avant J.-C. est attestée dans la chambre VI de La Hoguette.

Situation : *14320 Fontenay-le-Marmion (Calvados).*

LA FORÊT-FOUESNANT

Tumulus de Kerleven

Dolmens à chambre compartimentée

L'extension d'un terrain de camping est à l'origine de la destruction d'une partie du tumulus d'un ensemble mégalithique un peu particulier situé sur une petite éminence, entre la plage de Kerleven et l'estuaire de l'anse Saint-Laurent. La fouille et la restauration de ce qui restait furent assurées par C.-T. Le Roux, entre 1961 et 1965.
Il s'agissait à l'origine d'un tumulus trapézoïdal allongé, en deux parties, dans le style de Barnenez. De la partie occidentale ne subsiste qu'un couloir. Deux chambres quadrangulaires et leurs couloirs d'accès occupent la partie orientale. Leurs parois, faites de pierres dressées et de murets en pierre sèche, étaient recouvertes par un montage en encorbellement — fait relativement rare sur de tels plans en Armorique, plus courant semble-t-il dans les dolmens angoumoisins des Charentes. Des dalles dressées à l'intérieur des chambres limitent des compartiments. Une cellule a été ajoutée au fond de la chambre ouest. Ces dolmens à chambre compartimentée forment un ensemble architectural régional dans le Sud-Finistère.

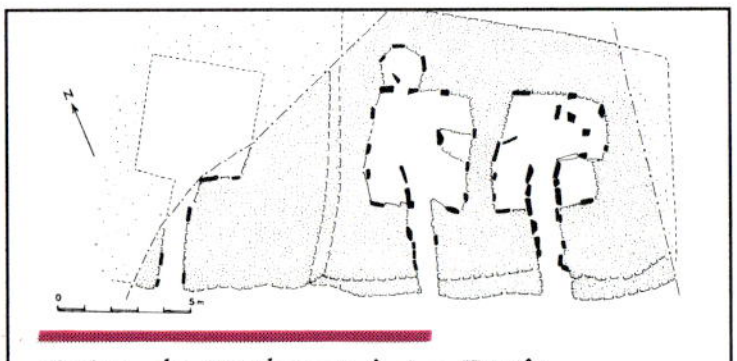

Cairn de Kerleven à La Forêt-Fouesnant (d'après C.-T. Le Roux et J. L'Helgouach).

Le matériel archéologique recueilli au cours des fouilles dans le cairn de Kerleven montre une première utilisation au Néolithique moyen (Chasséen atlantique).

Situation : *29133 La Forêt-Fouesnant (Finistère).*

GÂVRES

Dolmen en équerre du Goërem

Tombe de chef, sanctuaire...

Découvert en 1963 à l'extrémité nord de l'anse du Goërem, dans la presqu'île de Gâvres, lors de travaux d'aménagement de la dune pour y établir un lotissement, ce monument a été fouillé sous la direction de J. L'Helgouach.

Une chape de terre noirâtre de forme ovalaire de 27 m de long sur 18 m de large recouvre un cairn qui épouse sensiblement la forme du monument en équerre qu'il cache. Le couloir, long de 9 m, large de 1,20 m et haut de 1,60 m en moyenne, est limité par des dalles dressées et des murets en pierre sèche. L'accès à la chambre était fermé par une dalle dressée amovible qui bouchait un espace rétréci au bout du couloir.

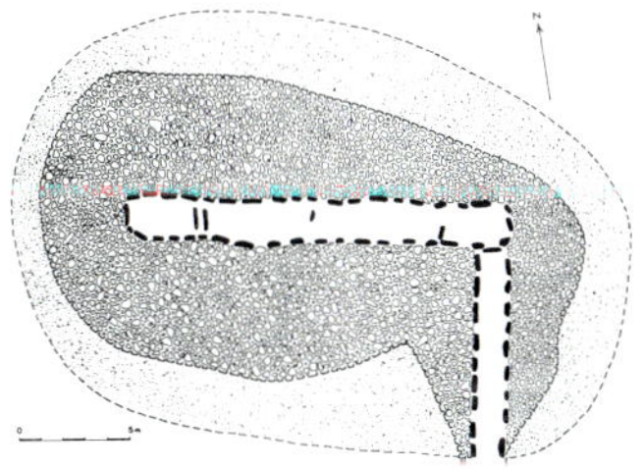

Dolmen en «équerre» du Goërem à Gâvres (d'après J. L'Helgouach).

Dans la chambre, qui se développe selon un axe est-ouest, sur une longueur de 17 m, une largeur de 1,45 m à 1,70 m et une hauteur variant de 1,25 m à 1,50 m, quatre compartiments furent mis en évidence. Les trois premiers sont séparés par des fermetures partielles, alors qu'une double dalle clôt le dernier — qui devait avoir une plus grande importance et une fonction particulière. Il y a deux gravures en vis-à-vis, dans le couloir, à l'entrée; une autre dans le premier compartiment, en face du couloir; trois dans le deuxième compartiment; deux dans le troisième et aucune dans le quatrième. On peut se demander si cette cellule terminale ne fut pas primitivement la tombe d'un personnage de haut rang, vénéré dans les autres parties du monument, bref, un véritable sanctuaire. Les plus anciens vestiges recueillis dans le dolmen appartiennent au groupe de Kerugou du Néolithique récent sud-armoricain. Un charbon de bois du compartiment terminal, daté de la fin du IVe millénaire avant J.-C., peut fixer l'époque d'édification de ce monument.

Situation: *56290 Gâvres (Morbihan).*

LANISCAT

Nécropole de Liscuis

Du dolmen en V à l'allée couverte

Dominant la confluence de la vallée du Blavet et de la gorge du Daoulas, les trois dolmens de Liscuis ne sont qu'à 6 km des célèbres ateliers de fabrication de haches polies de Sélédin, à Plussulien, dont une étude de C.-T. Le Roux a montré qu'il y avait été produit 6 000 000 de haches en 1 200 ans, au Néolithique moyen et final.

Liscuis I est un dolmen en V (voir Ty-ar-Boudiged, p. 192) long de 12 m et ouvrant au S.-O. par un vestibule court et étroit. Une dalle transversale ménage un passage triangulaire entre le vestibule et la chambre, à l'origine dallée, et dont la hauteur sous plafond varie de 1,20 à 1,60 m au fond. En arrière de la dalle de chevet se trouve une cellule ouverte sur l'extérieur et non couverte. Le monument est inclus dans un cairn ovalaire de 13 m de long et 8 m de large.

Liscuis II est une allée couverte, orientée N.-S., avec un vestibule déjeté de 2,50 m de long. La chambre, longue de 8,50 m, et large de 2,30 m, était dallée. Le passage du vestibule à la chambre est aussi marqué par une dalle échancrée. En arrière de la chambre se développe une grande cellule qui peut être un aménagement secondaire d'une cellule antérieure plus petite. Le cairn est de forme elliptique de 20 m × 12 m.

Liscuis III est aussi une allée couverte, longue de 13 m, avec un vestibule court, une dalle échancrée avec son opercule, une chambre renflée au milieu et une cellule terminale ouverte. Le tumulus est limité à l'avant par une courte façade rectiligne.

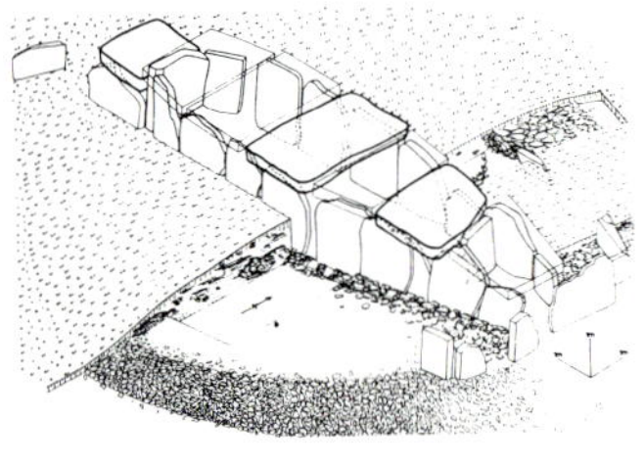

Allée couverte de Liscuis III à Laniscat (dessin de Y. Lecerf).

Plusieurs autres allées couvertes plus ou moins ruinées et de nombreux menhirs ont été édifiés dans la région de Liscuis.

Les datations radiocarbone obtenues à Liscuis paraissent indiquer une utilisation successive des trois monuments autour du passage IVe-IIIe millénaire avant J.-C.

Situation : *22570 Laniscat (Côtes-du-Nord).*

LE GRAND-PRESSIGNY

Musée de Préhistoire

Premier centre de commerce international de l'humanité

Surplombant le joli village du Grand-Pressigny, se dressent sur un piton escarpé les vestiges d'une puissante forteresse féodale, qu'un de ses seigneurs du XVIe siècle sut transformer avec goût en une belle demeure à la mode du temps. C'est dans la grande galerie de ce château rénové qu'est installé le musée de Préhistoire.

La salle Lecointre, consacrée à la géologie, rassemble une série d'échantillons paléontologiques provenant des différentes formations de la région, notamment de la séquence crétacée. Les matières premières utilisées par les hommes préhistoriques y sont présentées.

Le Paléolithique moyen de la région est surtout composé d'industries à bifaces, réalisées dans des matériaux de très bonne qualité, et découvertes pour la plupart dans de vastes gisements de plein air, installés sur les gîtes de matière première. Le Paléolithique supérieur lui est aussi souvent associé dans ces sites de surface.

Le commerce des lames de « poignard »

Le nom du Grand-Pressigny évoque immédiatement, pour tout préhistorien, l'un des premiers commerces internationaux de l'histoire de l'humanité. Les argiles des plateaux environnants renferment de gros rognons de silex noir ou de couleurs rappelant les différentes teintes de la cire d'abeille. Les hommes du Néolithique final, après ceux du Paléolithique, n'avaient pas manqué de reconnaître les excellentes qualités mécaniques de ce silex : le silex cire devait ainsi connaître un considérable succès. Il fut mis en circulation sous forme de longues lames, tirées de nucléi spécialement préparés désignés sous l'appellation locale de « livres de beurre », selon une technique connue dans d'autres ateliers moins célèbres, comme celui des Martins, en Charente, ou de Vassieux-en-Vercors (Drôme). Ces lames permettaient la préparation de « poignards », en fait des couteaux utilisés pour divers usages, en particulier pour moissonner. Des racloirs à encoches terminales étaient également produits en abondance avec le même silex.

Dès le début de la recherche préhistorique au XIXe siècle, les savants s'intéressèrent aux ateliers de la région du Grand-Pressigny et à son silex cire si caractéristique, et on ne tarda pas à reconnaître — ou croire reconnaître — leurs produits un peu partout en Europe. On en signala jusqu'en Tchécoslovaquie ! La recherche actuelle se montre plus prudente : la couleur cire d'un silex ne suffit plus pour affirmer une provenance pressignienne. On recherche des preuves plus objectives, que les microfossiles contenus dans la matière, entre autres, peuvent fournir. Une révision critique des attributions est en cours ; mais, si les plus longs trajets demandent encore confirmation, le cheminement par voie d'échanges au Néolithique final ne fait pas de doute : des silex trouvés en Belgique ou en Suisse, par exemple, proviennent bien de Touraine.

Les ramassages dans les labours ont certes alimenté d'innombrables musées, mais ils n'ont pratiquement pas entraîné de fouilles scientifiques. Aussi, la fouille d'un dépôt de lames, stock d'un atelier ayant échappé par un hasard inconnu à l'exportation, tel celui de La Creusette, à Barrou, revêt-il un intérêt exceptionnel : ce dépôt est présenté au musée.

Les ateliers locaux de taille du silex constituent le centre d'intérêt du musée, et la raison d'être de sa création ; les autres aspects de la Préhistoire locale y tiennent aussi une place non négligeable.

Outre les ateliers de taille, la période néolithique est représentée par de belles séries, parmi lesquelles le mobilier de la sépulture collective du Bec-des-Deux-Eaux à Ports, et des polissoirs présentés à l'extérieur des bâtiments. De l'Âge du Bronze, on remarque des éléments venant de deux dépôts de Touraine, ceux d'Azay-le-Rideau et de Chédigny.

Situation : *37350 Le Grand-Pressigny (Indre-et-Loire).*

MELRAND

Tumulus de Saint-Fiacre

Le tombeau d'un potentat

Le tumulus de Saint-Fiacre fut exploré en 1897. Il mesure 4 m de haut, son diamètre atteint 50 m. Un caveau de pierre sèche, couvert d'une dalle, était inclus dans un cairn. Sur son plancher, en bois, fut recueilli un très riche mobilier funéraire, actuellement conservé à l'Ashmoleam Museum d'Oxford : deux haches, onze poignards, deux pointes de flèche en bronze, un pendentif en ambre, des fragments d'un vase en argent.

Le tumulus de Saint-Fiacre est situé près d'une intéressante reconstitution de ferme médiévale.

Le *tumulus de la Motte*, à Lannion (Côtes-du-Nord), fut fouillé en 1939. Placé sur un plateau culminant à 95 m, le tertre, encore haut de 4,60 m au moment de la fouille, d'un diamètre de 26 à 29 m, était destiné à être vu de fort loin. Le caveau était un coffre de pierre de 1,96 m sur 1,12 m, haut de 1,08 m, au sol monolithique, recouvert de

deux tables de pierre superposées. A l'intérieur subsistaient les vestiges de deux coffrets en bois et deux haches, six poignards en bronze, sept pointes de flèche en silex, un grand aiguisoir en pierre polie et une «boîte» en électrum. Le squelette avait été détruit en raison de l'acidité du terrain.
A défaut des tertres eux-mêmes, des mobiliers peuvent être admirés au musée de Bretagne à Rennes, au musée des Antiquités nationales à Saint-Germain-en-Laye, ainsi qu'au Musée préhistorique finistérien de Saint-Guénolé-Penmarch, où figurent de belles séries de vases, le prestigieux ensemble de Kernonen et le vase de Saint-Adrien.

Situation: *56310 Melrand (Morbihan).*

NIEUL-SUR-L'AUTIZE

Enceinte néolithique de Champ-Durand

Triple enceinte défensive, habitat, nécropole

Au nord du Marais poitevin, la triple enceinte de fossés interrompus de Champ-Durand, découverte en 1971 par M. Marsac, a été en partie fouillée entre 1975 et 1985. La

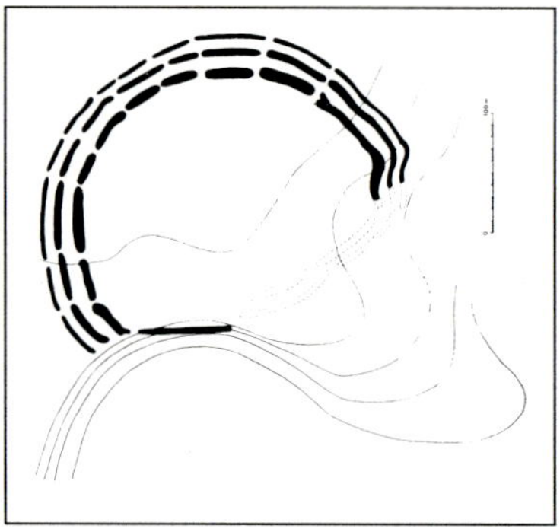

Photo aérienne et plan de la triple enceinte de fossés interrompus de Champ-Durand à Nieul-sur-l'Autize.

Tumulus armoricains de l'Age du Bronze

Au début de l'Age du Bronze, un jeu complexe de relations unit la Bretagne à l'Europe septentrionale et au Wessex en Angleterre d'une part, à la péninsule Ibérique d'autre part. On a même envisagé, avec le monde égéen et la civilisation mycénienne, des relations auxquelles on ne croit plus guère. Ce réseau étendu de relations favorise l'émergence d'une aristocratie — peut-être constituée de chefs venus de l'Europe septentrionale — qui, sans doute, assoit sa puissance en assurant la protection des populations, en réglant les flux d'échanges et en confisquant à son profit les produits de luxe : or, argent, ambre. Ces petits potentats se font inhumer dans des caveaux de bois ou de pierre, parfois englobés dans une maison funéraire en bois, enfouis sous des tumulus, volumineux tertres destinés à perpétuer leur prestige au-delà de la mort. À la même époque, des coffres de dalles de pierre recevaient les dépouilles de gens d'un rang plus modeste, même s'il était encore probablement relativement élevé.

Tombe à cercueil en bois. Tumulus de Saint-Adrien.

On distingue, parmi les tumulus, deux séries, différenciées par leur mobilier funéraire. Les tombes de la première série possèdent des armes : poignards au manche parfois décoré de clous d'or, comme à la tombe de Kernonen, à Plouvorn (Finistère), superbes pointes de flèche en silex, véritables chefs-d'œuvre de taille, et parfois des vaisselles métalliques, telle la tasse d'argent de Saint-Adrien (Côtes-du-Nord) et des parures d'ambre. Les tombes de la seconde série livrent essentiellement des vases, souvent munis de quatre anses. Les deux séries semblent décalées dans le temps, bien qu'en partie contemporaines. Les derniers tertres à poterie datent du début du Bronze moyen.

Peu de ces tertres, perdus dans les landes, sont aisément accessibles au visiteur. Beaucoup ont d'ailleurs disparu.

surface ainsi limitée mesure environ 250 m de diamètre. Au sud, les fossés prennent appui sur la vallée, actuellement sèche, des Maléons. Près de 15 m de dénivellation séparent du fond de la vallée le bord du plateau qui supporte l'enceinte. Cette forte pente paraît former une défense naturelle, renforcée dans sa partie haute par un fossé unique révélé par la fouille. C'est peut-être une des raisons du choix de l'implantation sur ce site.

Près de 2 km de fossés forment cette triple enceinte, interrompue une douzaine de fois. On ignore si les trois fossés sont absolument contemporains et si les interruptions correspondent à autant de passages. En fait, l'histoire du camp est assez longue — quelques centaines d'années à la fin du IVe et au début du IIIe millénaire avant J.-C. —, et des modifications morphologiques survenues paraissent en rapport avec des finalités différentes.

Le comblement des fossés raconte l'histoire du site

Le fossé intérieur (I), creusé dans le calcaire, peut avoir 5 à 7 m de large à l'ouverture et 2,30 m à 2,60 m de profondeur. Son fond plat est large de 3 à 4 m et les parois sont relativement abruptes. L'étude de son comblement montre que, d'une manière générale, la couche de base correspond à une période d'uniformisation en berceau, tendant à donner au fossé son «profil d'équilibre». Cette couche s'est formée assez rapidement aux dépens des parois qui se délitent sous l'action des agents atmosphériques, les éléments les plus gros ayant roulé au milieu.

Au-dessus et de manière irrégulière, se trouve une couche noirâtre qui atteint parfois une vingtaine de centimètres d'épaisseur. Formée de terre très fine, cette couche a pénétré par endroits le milieu lâche sous-jacent, donnant l'illusion de fosses. Elle est riche en vestiges archéologiques: ossements d'animaux, tessons de poteries, silex, coquillages, pouvant correspondre aux détritus d'une occupation à l'intérieur du site.

Le troisième niveau de comblement est formé d'une poche de pierres qui appartenaient à un édifice construit sur le bord du fossé et, plus particulièrement, du côté interne. On pense au parement d'une muraille qui aurait été plusieurs fois restaurée avant sa chute définitive.

Après la chute de la muraille, le fossé s'est comblé plus lentement et a complètement disparu au début de l'Âge du Bronze.

Le fossé intermédiaire (II) a une largeur moyenne de 4 m et une profondeur d'environ 2 m.

Le fossé externe (III) est encore moins large (3 m) et moins profond (1,80 m). Comme dans le deuxième, on y trouve la chute d'une muraille qui aurait donc été plus basse que celle du deuxième fossé, elle-même plus basse que celle bordant le fossé interne.

L'étude des interruptions montre que certaines d'entre elles ont été réaménagées par la construction d'une tour à partir du fond du fossé interne et par la mise en place d'un solide portail de bois.

En arrière de la muraille interne, qui pouvait avoir 5 à 6 m de large et 2,50 à 3 m de hauteur, des vestiges recueillis sur une bande d'une trentaine de mètres de large indiquent que des maisons devaient s'adosser à la muraille. Le reste de la surface interne pouvait servir à la vie communautaire et au parcage des animaux (bœufs, moutons).

Des tombes dans les murailles

Dans le comblement du fossé intermédiaire, cinq sépultures ont été découvertes qui, à l'origine, avaient été pratiquées dans la masse même de la muraille qui borde le fossé. Trois d'entre elles étaient des sépultures doubles, deux autres simples. Si l'on extrapole ce nombre à l'ensemble du fossé II, c'est une centaine de corps au moins qui auraient été déposés en ce lieu. Il faudrait y ajouter le nombre assez important d'ossements humains épars trouvés dans le comblement des fossés et qui correspondent à des dépôts secondaires, après une sépulture primaire en un autre lieu.

L'enceinte de Champ-Durand a donc eu une vocation funéraire certaine. Ce fut peut-être sa raison d'être primitive. L'endroit est alors un cimetière en même temps que lieu de culte et de rencontre. Peut-être n'était-il pas habité à cette époque.

Plus tard des interruptions furent fermées, des entrées aménagées, un système défensif élaboré. Le site paraît avoir été occupé de manière plus permanente, jusqu'au jour où il fut abandonné sans que nous en sachions encore les raisons.

De nombreuses enceintes dans le Centre-Ouest

Plus de 150 enceintes, plus ou moins comparables à Champ-Durand, ont été recensées grâce à la photographie aérienne dans le centre-ouest de la France. Très peu ont encore été étudiées. Les plus anciennes datent probablement du Néolithique moyen, mais c'est au Néolithique récent (Matignons, Peu-Richardien et dérivés), à partir du milieu du IVe millénaire avant J.-C., que les enceintes se développent considérablement, avec l'apparition d'un système d'entrée en «pince de crabe» dans la phase récente.

Situation: *85240 Nieul-sur-l'Autise (Vendée).*

PAIMPONT

CAMPÉNÉAC

NÉANT-SUR-YVEL

Mégalithes en forêt de Brocéliande

Druides et fées en Bretagne profonde

La légendaire forêt de Brocéliande, partagée entre l'Ille-et-Vilaine (Paimpont) et le Morbihan (Campénéac, Néant-sur-Yvel), a compté au moins une cinquantaine de tertres funéraires, allées couvertes, coffres, menhirs et alignements, dont quelques-uns seulement subsistent de nos jours.

Une série de grands tertres existent encore sur la bordure orientale de la forêt. C'est ainsi que la Butte aux Tombes au carrefour des routes de Tréhorenteuc à Mauron avec celle de Néant à Paimpont atteint 60 m de long, 8 m de large et 1 m de hauteur.

Récemment, plusieurs monuments ont été fouillés par les soins de J. Briard et son équipe.

L'Hotié de Viviane, ou « Maison de Viviane », dite aussi « Le Tombeau des Druides » sur la lande de Ranco à Paimpont, domine le prestigieux Val sans retour, où la fée Morgane emprisonnait ses amants infidèles.

C'est un coffre fait de 13 dalles dressées, de 2,90 m × 1,60 m, au milieu d'un tumulus de pierres curieusement disposées, qu'il a malheureusement fallu cacher sous une masse de terre pour le protéger du vandalisme. Il fut édifié au Néolithique final vers 3000 avant J.-C.

Le Jardin aux Moines, à Paimpont, est un tertre trapézoïdal, de 27 m de long et de 6 m de largeur moyenne, dont les deux grands côtés sont limités par 26 et 27 pierres dressées. Celles-ci sont des blocs de quartzite et de poudingue blanc, provenant de 3 ou 4 km, et de schistes locaux rouges, alternant avec les pierres blanches dans la partie méridionale du monument. Il est divisé en trois par des séparations transversales.

Il s'agit encore d'un monument du Néolithique final, dont la fonction est mal définie et qu'il faut comparer à celui de Notre-Dame-de-Lorette au Quillio (Côtes-du-Nord). L'origine de ces monuments est peut-être à chercher au nord de l'Europe.

Le Tombeau des Géants, à Campénéac, dit aussi « La Roche de la Vieille » (c'est-à-dire la Sorcière), n'est qu'à 1 km à l'ouest de l'Hotié de Viviane. Il s'agit d'un caveau du début de l'Âge du Bronze, aménagé dans le sol à l'aide de deux gros blocs de schiste rouge longs de 4 m et de murets en pierre sèche, qui était recouvert par un troisième bloc de schiste semblable déplacé.

À 8 m au nord, un quatrième bloc de schiste, long de 4 m également, indique qu'il y eut un petit alignement de pierres dressées qui fut détruit pour en utiliser les divers éléments à la construction du coffre et de son menhir indicateur.

D'ailleurs, d'autres petits alignements, orientés nord-sud, sont connus en forêt de Paimpont : La Pierre Drette à l'est de l'étang de Comper et un autre près de la Prise de Comper.

Plusieurs allées couvertes, souvent ruinées, sont connues en bordure même de la forêt de Brocéliande.

Situation : *35380 Paimpont (Ille-et-Vilaine) ; 56800 Campénéac, 56430 Néant-sur-Yvel (Morbihan).*

PENMARCH-SAINT-GUÉNOLÉ

Musée préhistorique finistérien

La Bretagne, des bifaces aux haches à douille

Le Musée préhistorique finistérien, situé à Saint-Guénolé, fondé en 1921, appartient aujourd'hui à l'Université de Rennes I, dont il constitue une «station scientifique extérieure». Un dépôt de fouille de la sous-direction de l'Archéologie y est associé. Il présente de riches collections de Préhistoire, de Protohistoire et d'Anthropologie concernant le Finistère en particulier, mais aussi le reste de la Bretagne.

Vase du tumulus de Botsorel. Bronze ancien.

Les collections du Paléolithique

L'essentiel des collections du Paléolithique finistérien y est conservé. Le Paléolithique inférieur comprend quelques bifaces de type acheuléen, généralement en quartz, en grès ou en quartzite (Prat-ar-C'hastel, Le Gratz, Kerac'hor, Goasquellou, Stang-Corzou, Cameuleut, Theven-Camporou), le silex étant un matériau rare en Bretagne. Ces bifaces trouvés isolément, quoique parfois stratigraphiquement en place, peuvent appartenir à l'Acheuléen.

Le Paléolithique moyen est abondant, principalement le long de la côte nord. De nombreuses pièces isolées en silex (racloirs, etc.) témoignent de cette richesse. Quelques sites, fouillés récemment, ont fourni des séries abondantes. Le gisement de Kervouster, principalement avec ses industries en grès lustré à nombreux bifaces et bifaçoïdes, comprend plusieurs niveaux d'occupation successifs et présente une évolution typologique intéressante. Ces industries, qui datent du Weichsélien moyen (environ 60000 B.P.), sont plus proches du Micoquien d'Europe centrale que du Moustérien de tradition acheuléenne. L'industrie de Tréissény, un peu plus ancienne, à petits bifaces en silex, est également à rapprocher de ce groupe régional du Bois-du-Rocher (Côtes-du-Nord).

Le Paléolithique supérieur est représenté par trois petits gisements, probablement des campements saisonniers. L'industrie d'Enez-Amon-ar-Ross possède des affinités châtelperroniennes. L'industrie de Beg-Pol se rattache nettement à l'Aurignacien. L'industrie de Beg-ar-C'hastel, caractérisée par de nombreuses lamelles Dufour, semble se rattacher à un Aurignacien primitif.

L'Épipaléolithique est illustré par deux gisements: l'industrie de la grotte de Roc'h-Toul, fouillée au siècle dernier, d'affinités aziliennes, et l'industrie de Guennoc, plus évoluée dans le sens de la «microlithisation».

Néolithique et Ages des Métaux

Le Mésolithique est représenté par les sépultures du site de La Torche, à Plomeur (Finistère).

Le Néolithique, richement fourni, comporte des produits de grands ateliers de taille de roches tenaces, comme les dolérites vertes de Plussulien (Côtes-du-Nord). De beaux ensembles proviennent des mégalithes, tels ceux des monuments de Barnenez à Plouézoch, de Carn, de l'île Guennoc.

Des mobiliers funéraires du Bronze ancien et du début du Bronze moyen, des dépôts du Bronze moyen et du Bronze final fournissent l'essentiel de la documentation disponible sur l'Âge du Bronze, dont les habitats demeurent largement méconnus. Particulièrement remarquables, l'ensemble funéraire de Kernonen, à Plouvorn (Finistère), contenait des poignards à manche enrichi de milliers de minuscules clous d'or et celui de Saint-Adrien (Côtes-du-Nord) une tasse en argent. Quant aux dépôts de bronze, on notera deux ensembles éponymes de la chronologie armoricaine : ceux de Tréboul (Finistère), du début du Bronze moyen, vers 1500 av. J.-C., et de Rosnoën (Finistère), du début du Bronze final, vers 1200 av. J.-C. De belles séries de haches et différents objets — vases des tumulus en particulier — complètent ces riches collections. Les haches à douille quadrangulaire, abondamment représentées, appartiennent déjà à l'Âge du Fer.

Sur le terre-plein du musée sont érigés de nombreux blocs, certains issus de sépultures mégalithiques. On remarque de nombreuses pierres dressées, parfaitement hémisphériques, cylindriques ou cylindro-coniques ou encore épannelées. Il s'agit de stèles de l'Âge du Fer, qu'il ne faut pas confondre avec des menhirs.

Situation : *rue du Musée préhistorique, Saint-Guénolé, 29132 Penmarch (Finistère).*

Les rivages bretons au Paléolithique

Les gisements paléolithiques armoricains sont principalement localisés en bordure des côtes.

Au Paléolithique moyen, la Bretagne semble avoir accueilli des habitats plus ou moins permanents et étroitement liés à la zone abritée des falaises de la côte actuelle, le niveau de la mer étant 20 ou 30 m plus bas.

Par contre, les sites du Paléolithique supérieur pourraient correspondre à de petits camps saisonniers occupés par des populations moins sédentaires. Ils sont aussi localisés dans un environnement assez étendu correspondant à un plus grand éloignement du rivage. Peu d'entre eux ont été conservés, la plupart ayant été engloutis sur les fonds de la Manche.

Gisement paléolithique de Karregar Yellan (Côtes-du-Nord) abrité au pied d'un rocher actuellement battu par la mer.

Les grands cairns du nord de la Bretagne

Le cairn de l'île Carn (Ploudalmézeau, Finistère)

À l'extrémité nord du Finistère, de nos jours, cet îlot granitique ne s'atteint plus à pied qu'aux marées basses. Il porte un gros cairn circulaire.

Le tumulus abrite trois dolmens à couloir. Le dolmen central, avec couloir court désaxé, est entièrement construit en pierre sèche, comme les deux autres, et couvert par un montage de dallettes en encorbellement, comme les deux autres également. Il était en parfait état de conservation, le sommet de l'encorbellement culminant à 3,10 m au-dessus du sol. Les céramiques découvertes lors de sa fouille ont donné naissance au «groupe de Carn» du début du Néolithique moyen armoricain. Ce monument paraît avoir été inclus dans un petit tumulus circulaire.

Dans une deuxième phase, une autre chambre circulaire, avec couloir d'accès légèrement sinueux, fut édifiée au sud-est. On ne connaît pas son propre cairn, en partie détruit par une carrière.

Dans une troisième phase, une autre chambre plus grande, et qui présente la particularité d'être partagée en deux par un gros mur, fut construite à droite de la première. Elle a subi une utilisation beaucoup plus tardive jusqu'au Néolithique final. À ce stade évolutif, les trois couloirs aboutissent sur une même ligne de parement extérieur.

Dans une phase ultime, cette façade fut complètement occultée par un gros massif circulaire parementé qui noie tout l'ensemble. Les monuments étaient définitivement condamnés... jusqu'aux fouilles de P.-R. Giot.

Les cairns de l'île Guennoc (Landéda, Finistère)

L'île Guennoc (ou Gaignoc) n'est accessible que par bateau, ce qui n'était pas le cas au Néolithique, où le niveau de la mer était quelques mètres plus bas que de nos jours. Trois cairns y furent édifiés qui recouvrent une douzaine de dolmens à couloir: trois dans le cairn I, trois également dans le cairn II et six (4 + 2) dans le cairn III.

Dans le cairn quadrangulaire I, les chambres circulaires et leurs couloirs sont construits en pierre sèche. Dans le cairn II, les chambres rectangulaires sont construites avec des dalles dressées dont l'une porte une crosse gravée.

Le cairn trapézoïdal III, légèrement amputé au nord, fut édifié en deux temps. Quatre chambres aux couloirs parallèles furent construites dans un premier cairn quadrangulaire. Elles sont entièrement conçues en pierre sèche et leur plan peut être circulaire, ovalaire, voire rectangulaire à angles arrondis. Des dalles dressées dans trois des chambres en entrant à gauche, par leur aspect anthropomorphe, représentent peut-être la déesse gardienne des morts. On peut imaginer qu'elles supportaient des peintures, aujourd'hui disparues.

Plus tard, le monument fut agrandi au sud par l'adjonction de deux chambres opposées, l'une ouvrant à l'est comme les quatre autres et la dernière à l'ouest, alors que l'ensemble augmentait sa forme trapézoïdale.

Les grands cairns se rencontrent sur le littoral atlantique, depuis la côte nord de la Bretagne jusqu'en Vendée (Pey-de-Fontaine au Bernard) et en Charente-Maritime (Peu-Pierroux au Bois, dans l'île de Ré). Le phénomène mégalithique connaît quelques extensions vers l'intérieur, au nord dans la plaine normande (La Hogue, La Hoguette à Fontenay-le-Marmion), en Bretagne même et au sud dans le Poitou (Sainte-Soline dans les Deux-Sèvres). Il s'agit d'un même ensemble architectural à faciès plus ou moins régionalisés.

PLOUÉZOCH

Cairn de Barnenez

Un des plus vieux monuments mégalithiques du monde

Le cairn de Barnenez fut édifié vers le milieu du Ve millénaire avant J.-C., près de l'estuaire de la rivière de Morlaix. En fait, il y eut deux monuments en ce lieu : le plus au nord occupait la situation haute : il a complètement disparu. L'autre, le plus imposant, fut établi en contrebas, à une centaine de mètres du précédent. Attaqué pour les besoins d'une carrière — ce qui valut quelques ennuis à l'entrepreneur —, il fut méthodiquement fouillé par les soins de P.-R. Giot et son équipe pendant une quinzaine d'années, à partir de 1955. Ces travaux mirent en évidence l'existence de murs en gradins bien appareillés, en pierre sèche, qui maintenaient l'ensemble du cairn contenant 11 dolmens à couloir. Orienté nord-est/sud-ouest, le cairn, de forme trapézoïdale allongée, dépasse 70 m de longueur. Il est constitué de deux parties bien visibles, les pierres le composant étant de nature différente, et aussi de couleurs distinctes (dolérite verdâtre à l'est, granit clair à l'ouest).

Il fut construit en deux phases espacées d'environ 200 ou 300 ans. Le cairn primaire, à l'est, contient cinq dolmens (G, G', H, I, J) ; le cairn secondaire, à l'ouest, en renferme six (A, B, C, D, E, F). Des couloirs long de 5 à 12 m permettent d'accéder aux chambres circulaires ou polygonales situées au milieu de la masse du cairn. Mais les deux dolmens G et G', entièrement construits en pierre sèche, pourraient appartenir à une phase encore plus ancienne, où les couloirs étaient beaucoup plus courts et plus étroits. Une dalle dressée dans la petite chambre G, à gauche en entrant, rappelle les stèles des chambres du cairn III de l'île Guennoc.

Les quatre dolmens à couloir G, G', I et J ont en commun d'être presque exclusivement construits en pierre sèche, avec seulement quelques dalles dressées dans les parois du couloir. La couverture des chambres est une voûte en encorbellement de dallettes se débordant l'une l'autre pour former une fausse coupole. Le terme de « tholos » a parfois été utilisé pour désigner ce type de montage.

Le dolmen H, exceptionnel au milieu du cairn primaire

Le dolmen H de cet ensemble présente une position particulière, centrale, au milieu des quatre autres ; il est construit avec des éléments mégalithiques. Mais, qui plus est, sa chambre, beaucoup plus vaste, est partagée en deux par deux dalles dressées de part et d'autre. Alors que l'antichambre est couverte en encorbellement, l'arrière-chambre possède un toit formé par une grosse dalle tout à fait classique. Si pour une raison ou

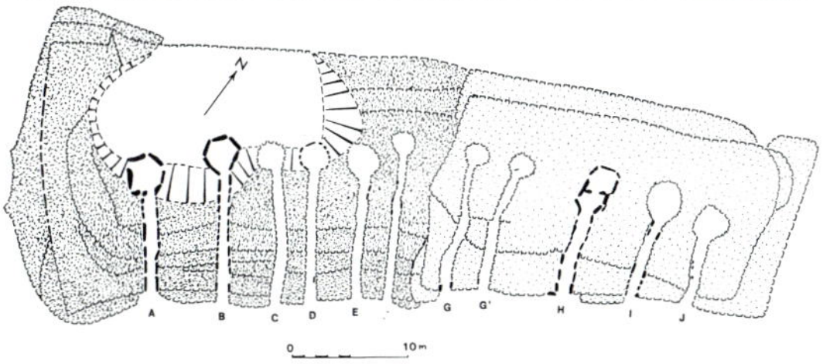

Tumulus de Barnenez en Plouézoch (d'après P.-R. Giot et Y. Lecerf).

Tumulus de Barnenez en Plouézoch.

une autre (et la carrière est un bon exemple!), la masse du cairn venait à disparaître, il resterait de ce monument un squelette mégalithique conforme à l'idée traditionnelle du dolmen.

Cette différenciation entre le dolmen H et ceux qui l'entourent dans le cairn primitif suscite bien des questions. Pourquoi est-il plus mégalithique? Pourquoi possède-t-il une chambre double? Pourquoi présente-t-il un art pariétal si développé (signes ondés, haches, arcs...)? S'agit-il de la sépulture d'un personnage de haut rang, ou d'un sanctuaire en rapport avec les quatre autres dolmens? Autant de questions auxquelles il est encore difficile de répondre, même si le sanctuaire apparaît comme la réponse la plus séduisante.

Il faut noter aussi l'existence de petites stèles dans l'entrée du couloir H. Curieusement, c'est dans l'entrée du dolmen F, à très long couloir — monument qui devient le dolmen central de l'édifice dans la phase d'agrandissement —, que deux autres petites stèles ont été trouvées devant un seuil.

Le cairn secondaire présente des éléments mégalithiques plus nombreux, surtout dans les dolmens A et B. Le passage rétréci du couloir à la chambre du dolmen A était obturé par une dalle percée d'un trou. Celui-ci avait-il un but utilitaire, en rapport avec l'ouverture de la chambre, ou plus «métaphysique»?

Les dolmens les plus extrêmes présentent une décoration pariétale: sept figures piquetées en U sur le premier pilier droit du couloir du dolmen A et un «écusson» sous la première table du couloir du dolmen J.

La destruction du cairn avait débuté au nord, en arrière des chambres A, B, C et D. Cette zone n'a pas été refermée au moment de la restauration, ce qui permet de voir la construction mégalithique de la chambre du dolmen B et les montages en encorbellement des chambres B et C, montrant la contemporanéité de ces deux types d'architecture.

Il n'a pratiquement pas été trouvé d'ossements humains, mais on sait que l'infiltration des eaux pluviales dans les sols acides est à l'origine de leur dissolution. Sur des terrains calcaires, en Normandie ou dans le Centre-Ouest, tous les monuments de type dolmen ont livré des ossements en plus ou moins grande quantité. Généralement, dans cette phase primaire du mégalithisme, les corps déposés dans les chambres étaient peu nombreux (une dizaine en moyenne), mais la chambre avait pu être vidée pour laisser la place à de nouveaux venus.

Le monument restauré est ouvert à la visite mais, pour des raisons de sécurité, seuls les chambres et les couloirs des dolmens C et D sont accessibles.

Situation: *29252 Plouézoch (Finistère).*

PORNIC

Dolmens transeptés du tumulus des Mousseaux

Les «Pierres druidiques» ont la vie dure

Longtemps connu sous l'appellation de «Pierres druidiques» — vieux souvenir des idées des celtomanes du XIXe siècle —, le tumulus des Mousseaux appartient à un ensemble de monuments qui domine au nord la ville de Pornic, construite au fond d'un estuaire.

En fait, trois tumulus se dressaient près du sommet de l'éperon des Mousseaux, alignés le long du chemin de la Motte. À l'est, le tumulus des Trois Squelettes, fouillé en 1876, dut contenir cinq ou six dolmens dont certains étaient de simples dolmens à couloir et d'autres des dolmens transeptés. Sous le Moulin de la Motte, au centre, un gros tumulus de 70 m de long n'a subi que quelques récents sondages, les maisons qui le surmontent empêchant toute fouille. À l'ouest, le cairn des Mousseaux a fait l'objet de récentes restaurations (1975-1977), sous la conduite de J. L'Helgouach.

Le cairn en gradins à triple rang de parements a une forme trapézoïdale courte. Au milieu de sa base la plus longue, au sud-est, s'ouvre le couloir de chacun des dolmens.

Le couloir de gauche, au sud, mesure 8 m de longueur et 1 m de large. De part et d'autre, à environ 4,50 m de l'entrée, deux cellules latérales se font face. Il aboutit à une chambre quadrangulaire, placée transversalement par rapport à l'axe du couloir et dont les dimensions moyennes sont de 4 m × 2 m. Sauf au niveau du croisement du couloir avec les cellules latérales, où la hauteur sous plafond atteint 2,25 m, toutes les

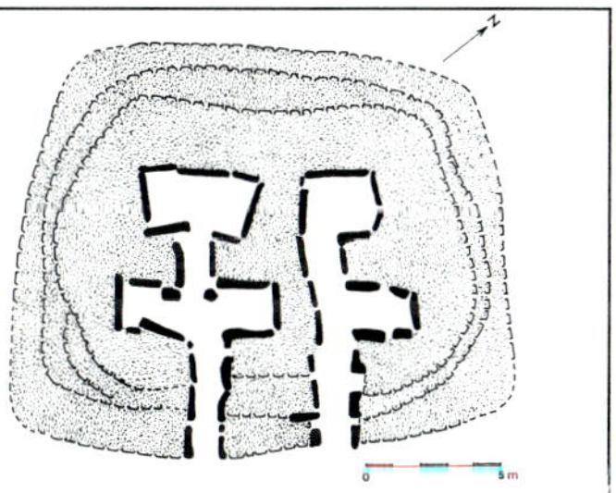

Tumulus des Mousseaux à Pornic (d'après J. L'Helgouach).

Dolmen transepté dans son tumulus quadrangulaire à La Josellère, Pornic (ci-dessous).

autres parties, couvertes de dalles, ont une hauteur de 1,80 m au-dessus du sol. L'aspect cruciforme de son plan lui vaut d'appartenir à la famille des dolmens transeptés centrée sur cette région.

Le deuxième dolmen, à droite, est comparable au premier, si ce n'est que le bord sud de son couloir est rectiligne, sans cellule latérale ni développement de la chambre de ce côté.

Les dalles qui composent les dolmens sont des blocs de grès tertiaire qui ont pu être récoltés non loin de là, alors que les murettes qui comblent les espaces entre les blocs, de même que le tumulus, sont en micaschiste. Comme dans les dolmens du tumulus de Dissignac, à Saint-Nazaire, des blocs de grès ou de quartz s'interposent entre les piliers et les dalles de couverture pour mettre celles-ci à la hauteur voulue.

Des offrandes devant la porte

Quelques observations, et en particulier l'existence d'une dalle dressée transversalement au niveau du deuxième parement dans le couloir du dolmen nord, paraissent indiquer que le monument a été agrandi dans une deuxième phase, peut-être pour en assurer la consolidation. Le démontage de la muraille, entre les deux couloirs jusqu'au deuxième parement, permettrait peut-être de découvrir des vestiges au sol qui confirmeraient cette hypothèse.

En effet, c'est en avant, entre les deux entrées, qu'ont été recueillies deux poteries écrasées sur place, qui devaient, à l'origine, avoir été posées sur la muraille elle-même. Elles appartiennent à la phase primitive du mégalithisme atlantique. D'autres vestiges furent découverts autour du monument, en particulier au sud de l'entrée du couloir du dolmen transepté, sur le petit côté sud et le petit côté nord du cairn. Ces vases appartiennent à différentes phases du Néolithique moyen. Évidemment, les chambres avaient été vidées depuis longtemps.

Aucune gravure, en dehors d'une série de cupulettes sur le montant latéral d'une entrée, n'est connue aux Mousseaux. Cependant, dans le tumulus des Trois Squelettes, non loin de là, le baron de Winnes a signalé, dans une cellule latérale d'un dolmen transepté, des gravures de crosses et de haches emmanchées comparables à celles de Dissignac et du Morbihan. Ces gravures, comme le matériel archéologique découvert aux Mousseaux, confirment que ces monuments sont datables du Néolithique moyen et marquent une évolution locale, centrée sur la baie du Bourgneuf, des dolmens à couloir.

L'inventaire de ce style architectural, outre les Mousseaux et les Trois Squelettes, concerne : les Hautes Folies (détruit), sur les hauteurs de Gourmalon ; La Joselière dans un tumulus quadrangulaire sur la côte, au Clion ; La Boutinardière (ou Prédaire) également au Clion (tous situés à Pornic) ; L'Herbaudière, à l'extrémité nord de l'île de Noirmoutier, en partie détruit par la mer ; La Planche-à-Puare dans l'île d'Yeu (Vendée). Au nord de la Brière, le Riholo, à Herbignac (Loire-Atlantique), paraît un peu à l'écart, d'autant que tous les autres sont actuellement très proches de la côte. Mais ce n'était pas exactement le cas à l'époque de leur construction car le niveau de la mer se situait quelques mètres plus bas et pouvait faire que la baie de Bourgneuf et la Brière aient été des milieux assez comparables.

Situation : *44210 Pornic (Loire-Atlantique).*

RENNES

Musée de Bretagne

Vitrine du passé préhistorique

Occupant le rez-de-chaussée du palais des Musées, le musée de Bretagne offre un panorama de l'histoire humaine de la région, des origines à nos jours. Une présentation de grande qualité sert admirablement cette ambition.

Le Paléolithique de la Bretagne est bien représenté, avec moins de détails cependant que dans le Musée préhistorique finistérien de Penmarch, à Saint-Guénolé. Une série de bifaces des Paléolithiques inférieur et moyen assure une place introductive : biface de Saint-Jacques-de-la-Lande (Ille-et-Vilaine), sans doute acheuléen, dit « le plus vieux rennais », quelques bifaces du Bois-du-Rocher (Côte-du-Nord) et un fragment de défense de mammouth de Pléneuf-Val-André (Côtes-du-Nord).
Dans les collections néolithiques, on remarque le mobilier de l'allée couverte de Gâvres (Morbihan) et un orthostate de celle, détruite, de Saint-Jean-Brévelay (Morbihan), bloc orné d'une sculpture de hache emmanchée.
Quant à l'Âge du Bronze, il est illustré par une belle série de haches et de bracelets, ainsi que par deux pièces remarquables : le torque, formé de plusieurs brins torsadés, de Cesson (Ille-et-Vilaine) (copie en galvanoplastie) et celui de Quimper (original), deux superbes bijoux en or. Les dépôts de haches à douille en bronze, production de masse des ateliers armoricains, appartiennent déjà à l'Âge du Fer.

Situation : *Palais des Musées, 20, quai Émile-Zola, 35000 Rennes (Ille-et-Vilaine).*

SAINT-JUST

Centre mégalithique

Des menhirs en bois

Dans le sud-ouest de l'Ille-et-Vilaine, le centre mégalithique de Saint-Just est le prolongement oriental de la longue traînée de monuments qui se dressent de manière presque continue sur les hauteurs des landes de Lanvaux, dans le Morbihan.

Les alignements du Moulin

Ils sont constitués de trois files de menhirs. Deux convergent vers le nord-ouest ; la troisième, à l'ouest, forme un alignement transversal dont le prolongement rejoint le point de rencontre des deux autres files. Les fouilles conduites récemment par C.-T. Le Roux sont d'un grand intérêt par la mise en évidence, en particulier, d'emplacements vides de pierres dressées qui devaient contenir de gros troncs d'arbres plantés dans le sol. Au milieu de la file sud, un foyer entouré de cinq trous de poteaux pose la question d'un édifice cultuel. Les objets disparates recueillis sur le sol indiquent une fréquentation des lieux au IVe millénaire avant J.-C. qui s'est poursuivie à l'Âge du Bronze (vases campaniformes, petit tumulus et incinération).

Deux dolmens à entrée latérale

Le *monument du Tréal*
C'est un dolmen à entrée latérale de 15 m de long qui a conservé pratiquement toutes ses dalles, plus ou moins affaissées et brisées : une dizaine de dalles de couverture et 24 piliers. La chambre est précédée d'un petit vestibule, et deux pierres plantées à angle droit marquent l'entrée latérale.
Le *« Four Sarrazin »* est également un dolmen à entrée latérale situé à l'extrémité occidentale de la Grée de Cojoux. Sa chambre (9 m), assez dégradée, occupe le milieu d'un long tumulus, où se distingue une structure quadrangulaire de pierres dressées. Elle marque les limites originelles d'un tertre, long de 24 m et large de 7 m, qui cachait le dolmen.

Tertres et alignements

Le *Tertre de la Croix Saint-Pierre*, étudié par P.-R. Giot et son équipe en 1953, est limité par une enceinte mégalithique de 20 m × 7 m et orienté est-ouest. De la structure in-

Les alignements du Moulin à Saint-Just.

terne, assez énigmatique, il ne reste que quelques calages de poteaux de bois et une dalle de pierre.

Une dizaine d'autres tertres bas, plus ou moins en voie de disparition, existent encore entre la Grée de Cojoux et la lande de Grémel.

Le *«Château-Bû»*, tertre ovalaire de 40 m de long, 26 m de large et 2 m de hauteur, n'a pas d'équivalent dans le mégalithisme de l'ouest de la France. Il paraît recouvrir une ossature pierreuse en files rayonnantes qui sont peut-être uniquement l'armature interne de la masse de l'édifice. Trois gros blocs de quartz surmontent le tertre.

L'hémicycle de la Croix Saint-Pierre, non loin des tertres bas, n'est plus constitué que d'une dizaine de blocs formant un tiers de cercle ouvert à l'est.

Citons encore les *«Roches Piquées»*, dites aussi les *«Demoiselles»*, trois menhirs qui pourraient avoir été un prolongement des alignements du Moulin situés 1 km à l'ouest.

A la *Grée de la Bocadève*, une file de blocs de quartz, de près de 500 m de long, est recoupée par une ligne transversale d'autres blocs.

Il faudrait encore ajouter le petit alignement de Bosné et plusieurs autres menhirs.

Situation: *35550 Saint-Just (Ille-et-Vilaine).*

SAINT-NAZAIRE

Tumulus de Dissignac

✵✵

Levers solaires et mégalithes

Au nord de l'estuaire de la Loire, le tumulus de Dissignac, avec ses deux dolmens internes, a été étudié et en partie restauré entre 1970 et 1980 par J. L'Helgouach et son équipe.

Le monument fut construit sur un niveau d'habitat néolithique, avec des poteries caractéristiques et de nombreuses céréales datées du tout début du Ve millénaire. Au moins deux autres cas flagrants — La Table des Marchand, à Locmariaquer (Morbihan), et La Bajoulière, à Saint-Rémy-la-Varenne (Maine-et-Loire) — de constructions dolméniques sur des habitats néolithiques devraient contribuer à convaincre les incrédules de l'âge, qui ne peut être plus ancien, de ces structures, même s'il n'est pas toujours aisé de démontrer le but funéraire premier de leur édification.

Deux couloirs limités par de grosses dalles dressées, venues d'environ 4 km, et que surmontent quelques pierres, conduisent au bout d'une dizaine de mètres à deux chambres également mégalithiques. Au lever du soleil, le jour du solstice d'hiver, les rayons pénètrent directement jusqu'au fond de la chambre. Au plafond de la plus petite se distinguent des gravures sur une surface bouchardée et polie (crosses, haches triangulaires emmanchées, hache-charrue), tout à fait comparables à l'art des monuments morbihanais.

A l'intérieur de la quadruple enceinte qui charpente la masse du tumulus, et qui montre des phases d'agrandissement, les deux chambres n'avaient peut-être pas le même rôle. La plus petite, avec son orientation précise et son décor, pourrait être un sanctuaire en rapport avec l'autre, davantage consacrée aux morts — idée que l'on retrouve à Barnenez et ailleurs.

Si un abondant matériel archéologique fut recueilli lors des récents travaux, il provient malheureusement pour une grande part des déblais de fouilles expéditives faites au siècle dernier. Les céramiques en particulier sont caractéristiques du Néolithique moyen régional.

D'autres dolmens à couloir sont connus en Loire-Atlantique, essentiellement sur les hauteurs du pourtour de la Brière et de l'estuaire de la Loire. Ils sont démunis de leur tumulus, notamment celui de l'île de la Motte près de Kerbourg, à Saint-Lyphard, et celui de la Barbière, à Crossac.

Situation : *44600 Saint-Nazaire (Loire-Atlantique).*

SAINT-RÉMY-LA-VARENNE

Dolmen de La Bajoulière

Un brontosaure du mégalithisme

À 2 km au sud de la Loire, entre Angers et Saumur, le dolmen de La Bajoulière se situe au nord du village de Fontaine, à l'extrémité sud-est de la commune de Saint-Rémy-la-Varenne. Il vient d'être fouillé et restauré par les soins du Dr M. Gruet et de B. Passini.

Il s'agit d'un volumineux monument à chambre carrée recouverte par une dalle unique, aujourd'hui fracturée, de 7,5 m de

Dolmen angevin de La Bajoulière à Saint-Rémy-la-Varenne.

Les dolmens angevins

Les dolmens angevins forment un type de monuments mégalithiques, centré sur le Saumurois et l'Anjou, qui font toujours l'objet de nombreuses discussions entre spécialistes car trop peu de fouilles, permettant de les dater à coup sûr, ont été pratiquées. Repérés par G. Daniel dès 1941 sous l'appellation de « Gallery graves of type Loire », ils furent plus précisément définis par M. Gruet en 1956 et 1967.

Les dolmens angevins sont parmi les monuments les plus imposants et les plus mégalithiques que nous ayons en France. Ils sont formés d'une chambre quadrangulaire qui peut être carrée ou rectangulaire allongée. L'élément caractéristique du type est constitué par le couloir, limité d'ordinaire à trois dalles : deux piliers latéraux soutiennent un linteau surbaissé par rapport à la hauteur de la chambre. Ce porche trilithe, plus étroit que la largeur de la chambre, est situé dans l'axe de celle-ci. Dans des monuments encore en bon état comme le dolmen de la Pidoucière, à Corzé (Maine-et-Loire), une dalle sert de fermeture à l'entrée du portique et une autre ferme le passage entre le portique et la chambre. Certains dolmens angevins atteignent des dimensions gigantesques. Ainsi le dolmen de Bagneux près de Saumur, qui se dresse dans la cour d'un café, servit de salle de bal. Ses dimensions intérieures sont les suivantes : 4,25 m de largeur à l'entrée, 5,40 m au fond et 11,30 m de longueur, soit environ 85 m^2 de surface interne... On comprend qu'ils furent souvent réutilisés en granges, bergeries, voire même en habitations.

Les dolmens angevins ne sont jamais groupés à plusieurs sous un même tumulus, ni établis en véritable nécropole. Les points hauts n'ont pas été recherchés pour leur établissement.

Une carte de répartition de ce type architectural montre qu'il est centré sur la vallée moyenne de la Loire avec une pointe en Bretagne (Voir la Roche-aux-Fées, à Essé p. 195) et une remontée dans le Bassin parisien ; il atteint la côte atlantique en Vendée (La Frébouchère au Bernard) et le nord du Massif central qu'il contourne légèrement à l'est. Son territoire semble s'exclure de celui des dolmens transeptés à l'ouest et des dolmens angoumoisins au sud. Il pourrait donc être en partie contemporain de ces deux groupes dans sa phase primitive de développement. Il paraît résulter d'une évolution locale du dolmen à couloir. Son rôle funéraire a parfois été démontré (Thiré, en Vendée), mais nous sommes en droit de nous demander s'il fut toujours édifié dans ce but. Rappelons que la construction de monuments tels que celui de Bagneux, dont on sait que les dalles proviennent de plusieurs kilomètres, a nécessité une énorme main-d'œuvre qui dut rassembler de nombreux villages sur tout un territoire. Quelle exigence métaphysique, quel pouvoir spirituel ou temporel poussait ces hommes à de telles prouesses techniques il y a 5 000 ans ? Les dolmens de Bagneux, de La Bajoulière, de la Roche-aux-Fées, ou ceux de Gennes (La Pagerie et La Madeleine), inclus (ou non) dans leur énorme tumulus, devaient être particulièrement impressionnants !

côté. Elle est limitée par dix piliers, ou orthostates, et partagée en deux parties par une autre série de dalles dressées ménageant un passage au milieu.

Devant l'entrée de la chambre se trouve un couloir court, appelé « portique » dans ce type architectural. L'entrée du portique est marquée de part et d'autre par deux piliers quadrangulaires auxquels aboutit le parement du tumulus en forme de poire qui contient le dolmen.

La position relativement basse du monument dans le paysage est à noter.

Huit dolmens et quatorze menhirs sont connus dans un rayon de 7 km autour de La Bajoulière. Sept menhirs forment une ligne

qui joint le dolmen au village néolithique du Thoureil situé à 2,4 km à l'est, sur le bord de la Loire. On peut y voir un cheminement voulu, qui relierait le village au sanctuaire (cimetière).
Cette très vaste chambre ayant été vidée depuis longtemps et réoccupée à maintes reprises, aucun vestige datant de l'époque de son édification n'y a été trouvé.
À une cinquantaine de centimètres sous le monument a été découvert un niveau d'occupation d'une culture néolithique du sud du Bassin parisien rattachable au groupe de Cerny-Sud, tel qu'il a été récemment défini.

Situation : *49250 Saint-Rémy-la-Varenne (Maine-et-Loire).*

TRÉBEURDEN

Centre mégalithique

Les « colliers » de la déesse des morts

Au nord de Lannion, dans une aire limitée (Lannion, Perros-Guirrec, Trégastel-Plage, Trébeurden, Lannion) soit une quarantaine de kilomètres, subsistent nombre de monuments mégalithiques dignes d'une visite.
Le dolmen à entrée latérale de *Crech Quillé*, à Saint-Quay-Perros, fouillé en 1963-64, est en bon état de conservation. Son tumulus allongé, dont il manque la partie est, est limité par des pierres dressées qui alternent avec des murets en pierre sèche. Un couloir court, ouvert au sud, conduit à une longue chambre suivant l'axe du tumulus. Elle mesure plus de 16 m de longueur et près de 2 m de largeur. Dans cette chambre, face au couloir, un pilier porte deux seins en relief réunis par un « collier » situé au-dessous. De telles représentations se retrouvent dans les dolmens de Prajou-Menhir et Kergüntuil, à quelques kilomètres de là. De nombreuses poteries du Néolithique récent y furent recueillies lors de la fouille.
Le dolmen de *Kergüntuil*, à Trégastel, se présente sous la forme d'une allée de 8,50 m de longueur fermée à chaque extrémité. L'accès d'origine devait se situer de l'autre côté de l'accès actuel. Au milieu du côté nord, deux dalles dressées supportent les gravures en ronde bosse de quatre paires de seins sur une même ligne. Sous chaque paire de seins, un « collier » a été gravé au trait.
Le menhir christianisé de *Saint-Uzec*, à Pleumeur-Bodou, est une magnifique dalle de granit de 8,10 m de hauteur qui porte sur sa face sud des sculptures effectuées en 1674, au moment de la construction de la chapelle toute proche. Il est surmonté d'une croix.
L'allée couverte de l'*Île Grande*, à Pleumeur-Bodou, mesure 9 m de long, 1,50 m de large et 1 m de haut ; elle est couverte par deux dalles de granit. Quelques pierres dressées marquent les limites du tumulus.
L'allée couverte de *Prajou-Menhir*, à Trébeurden, fouillée et restaurée en 1965, se compose de deux parties essentielles : une chambre longue de près de 10 m et large de 2,40 m, et une cellule terminale triangulaire dont quatre dalles dressées sont décorées. Sur la dalle entre la chambre et la cellule se voient deux gravures quadrangulaires au bord interne pointé. Celle de gauche est surmontée d'un rostre. Entre ces deux dessins, de même qu'à droite des idoles, et sur la dalle de gauche, une gravure en forme de poignard, ou pointe de lance ou spatule, a souvent été interprétée comme un « poignard chypriote », ce qui n'a absolument rien d'assuré. Des gravures identiques se trouvent dans l'allée couverte de Mougau-Bihan à Commana (Finistère). Sur cette dalle de gauche, qui porte le « poignard », une paire de seins surmonte un « collier ». Deux autres paires de seins occupent un cartouche sur une dalle latérale.
Tous ces monuments (dolmens à entrée latérale et allées couvertes) sont datés du Néolithique récent.

Situation : *22560 Trébeurden, Pleumeur-Bodou ; 22700 Saint-Quay-Perros ; 22730 Trégastel (Côtes-du-Nord).*

Les Inventaires

Les sites éponymes

Certains sites ont donné, dès le début de la science préhistorique, leur nom aux grandes cultures paléolithiques et l'usage en est maintenant général. L'inventaire de ces sites éponymes permet de présenter la démarche qui a conduit les archéologues préhistoriens à définir les grandes civilisations initiales avec leurs adaptations locales. Tel site éponyme constitue une excursion spectaculaire, tel autre se limitera à une prairie ou une forêt. Ces grands noms de la Préhistoire ont néanmoins une importance historique qui justifie leur regroupement ici.

Abbeville *(Somme)*
Les importants gisements de la haute terrasse de la Somme, à Abbeville, ont donné leur nom à ce faciès industriel du Paléolithique inférieur : l'Abbevillien, créé par H. Breuil, en remplacement de l'ancienne dénomination *chelléen*.

Aillevans *(Haute-Saône)*
Cette nécropole mégalithique, datée du IIIe millénaire avant J.-C., a permis la définition d'un type architectural spécifique à la Franche-Comté, dérivé de celui de Schwörstadt (voir mégalithes de Franche-Comté).

Argenteuil *(Val-d'Oise)*
Quelques éléments spécifiques découverts dans cette allée couverte ont été attribués à un groupe chalcolithique, « l'Argenteuillien », dont la réalité n'est pas reconnue par tous les chercheurs.

Arise (L') *(Ariège)*
Rivière de l'Ariège qui traverse la grotte du Mas-d'Azil. E. Piette a reconnu en 1865, dans la stratigraphie de la grotte, sur la rive gauche de l'Arise, un faciès industriel de l'Épipaléolithique, l'Arisien, qui pourrait être un Azilien évolué.

Artenac, *Saint-Mary (Charente)*
Grotte à sépultures collectives, datées du début du IIIe millénaire avant J.-C. et spécifiques de la culture artenacienne du Néolithique final (Chalcolithique I) de l'ouest de la France. Cette culture est caractérisée par l'apogée du silex : pointes de flèches à ailerons et pédoncule ; poignards en silex du Grand-Pressigny (Indre-et-Loire) exportés jusqu'en Hollande et en Suisse.

Augy et Sainte-Pallaye *(Yonne)*
Augy et Sainte-Pallaye sont deux sites de Bourgogne où fut défini un groupe de la fin du Néolithique ancien qui occupa le sud du Bassin parisien. On le considère désormais comme un faciès de la grande famille Cerny à la fin du Ve millénaire avant J.-C.

Aurignac *(Haute-Garonne)*
Petite grotte pyrénéenne fouillée en 1860 par E. Lartet. H. Breuil et E. Cartailhac ont proposé, en 1906, le terme d'Aurignacien pour désigner un ensemble d'industries situées entre le Moustérien et le Solutréen.

Badegoule, *Bersac (Dordogne)*
Abri-sous-roche renfermant du Solutréen à la base et du Magdalénien, d'abord considéré comme ancien puis individualisé sous le nom de Badegoulien. L'outillage comprend des burins sur encoche épais, des raclettes, petits éclats à retouche abrupte périphérique, et des petits perçoirs multiples sur éclats.

Basi, *Serra di Ferro (Corse)*
Le Basien, daté de la fin du VIe et du Ve millénaire avant J.-C., est une culture du Néolithique ancien de la Corse appartenant à la grande famille cardiale du Midi méditerranéen. Peu agriculteurs, les Basiens élèvent essentiellement des moutons.

Bayac *(Dordogne)*
C'est à La Gravette, abri-sous-roche, sur la commune de Bayac (Dordogne), que F. Lacorre définit cette industrie du Paléolithique supérieur faisant partie du Périgordien supérieur ou Gravettien.

Beaugency *(Loiret)*
Le Beaugencien est un groupe mésolithique local distinct du Tardenoisien par un nombre élevé de pointes à base transversale à retouche inverse.

Bize *(Aude)*
Les grottes de Bize, à 20 km de Narbonne, ont livré, entre autres, un matériel qui forme le groupe de Bize du Néolithique moyen, caractérisé par un décor céramique original.

Campigny, *Blangy-sur-Bresle (Seine-Maritime)*
Le Campignien est un type d'industrie lithique, avec pics et tranchets, du Néolithique moyen du Bassin parisien (Chasséen septentrional) et non une culture particulière. Cette technique se retrouve dans le Néolithique récent du Sud-Ouest.

Carn, *Ploudalmézeau (Finistère)*
Quelques poteries à fond rond, parfois décorées de cordons en moustache, furent recueillies dans la chambre, inviolée jusqu'alors, d'un tumulus de l'île Carn. Elles furent attribuées à un groupe du début du Néolithique moyen, auteur des premiers monuments mégalithiques bretons dans la deuxième moitié du Ve millénaire avant J.-C. Aucun village n'est connu de ce groupe culturel qui n'a peut-être aucune réalité.

Castellic *(Morbihan)*
Le groupe de Castellic, au Néolithique moyen, première moitié du IVe millénaire avant J.-C., occupe une zone qui s'étend du golfe du Morbihan à l'embouchure de la Loire. Une décoration cannelée assez exubérante occupe le col concave de bien des vases à fond rond.

Cerny *(Seine-et-Oise)*
Le camp du Parc-aux-Bœufs à Cerny a permis la définition du groupe de Cerny (fin du Ve millénaire avant J.-C.) dans le Néolithique du Bassin parisien. Il est contemporain des premières manifestations mégalithiques de l'ouest de la France et du groupe de Roëssen à l'est. Issu du groupe de Villeneuve-Saint-Germain, il marque son évolution des groupes à céramiques linéaires au contact d'influences méditerranéennes. Différents faciès sont connus dans l'espace et dans le temps. C'est dans cette période qu'apparaissent les premières enceintes fortifiées et des structures funéraires faites d'une longue levée de terre entre deux fossés (Passy-sur-Yonne).

Chalosse, près de Mont-de-Marsan *(Landes)*
On doit à E. Passemard d'avoir qualifié de Chalossien une industrie à pièces bifaciales massives (trièdres chalossiens) attribuables au Paléolithique inférieur.

Chambon *(Indre-et-Loire)*
Faciès du groupe de Cerny influencé par des apports méditerranéens. Il occupe le centre de la France à la fin du Ve millénaire avant J.-C. et n'est connu que par des tombes. Certaines d'entre elles sont de véritables coffres de pierre qui peuvent contenir plusieurs inhumations. Un habitat à Ligueil lui est probablement attribuable, dans une de ses phases d'utilisation.

Chancelade *(Dordogne)*
Type humain du Paléolithique supérieur défini d'après le squelette découvert en 1888, dans la grotte de Raymonden à Chancelade, dans un contexte d'industrie magdalénienne.

Charente
C'est F. Bordes qui isola, sous le terme de Charentien, un faciès du Moustérien caractérisé par le grand nombre de racloirs et qui est fréquent dans les gisements de Charente, notamment à La Quina.

Châteauneuf-lès-Martigues *(Bouches-du-Rhône)*
Le Castelnovien est une culture mésolithique du sud-est de la France définie dans un abri de Châteauneuf-lès-Martigues. Il occupe la fin du VIIe et le VIe millénaire avant J.-C. Industrie microlithique où les trapèzes sont nombreux et souvent à base concave. Dans la phase évoluée, des triangles scalènes, aussi à base concave, s'y ajoutent. Au-dessus fut découvert une séquence stratigraphique du Néolithique ancien, caractérisée par la décoration de sa céramique à la coquille de cardium (le « Cardial »).

Châtelperron, *Grotte des Fées (Allier)*
Site éponyme où fut individualisé, en 1933, par D. Peyrony, le Périgordien I. Le Châtelperronien est la première industrie de la séquence du Paléolithique supérieur en France. Il conserve un outillage lithique de type moustérien à côté d'une industrie laminaire et d'un assortiment d'outils et de parures en os, souvent remarquables.

Chassey *(Saône-et-Loire)*
Le «camp de Chassey» près de Chagny, éperon barré qui fut occupé jusqu'à l'Âge du Fer, a donné son nom à une des plus importantes cultures du Néolithique moyen de la France: le Chasséen. Celui-ci se caractérise, dans le sud de la France d'où il est originaire, par une céramique fine, lustrée et bien cuite. Les décors géométriques sont incisés avant ou après cuisson. Cette culture s'est répandue dans le Bassin parisien en modifiant quelque peu sa céramique et en utilisant un outillage de pierre plus massif (Campignien).
Dans l'Ouest, elle rencontra la culture mégalithique des dolmens à couloir et ses différents faciès qu'elle modifia en un Chasséen de l'Ouest caractérisé entre autres par un «vase-support» à fût cylindrique qui paraît avoir été un brûle-parfum et qui se rencontre dans pratiquement tous les «dolmens angoumoisins» à chambre quadrangulaire du Centre-Ouest.

Chelles *(Seine-et-Marne)*
Les sablières de Chelles ont été prises, par G. de Mortillet, comme site de référence d'une industrie du Paléolithique inférieur à bifaces grossièrement taillés: le Chelléen. Ce choix s'est avéré erroné et c'est le mot Abbevillien, introduit plus tard par Breuil, qui correspond seul à la nomenclature en vigueur.

Coincy-l'Abbaye *(Aisne)*
Dans le Mésolithique final du Bassin parisien, Coincy est un faciès du Tardenoisien caractérisé par un style de débitage de lames et lamelles, avec une majorité de triangles scalènes et des pointes dites du «Tardenois».

Conguel *(Morbihan)*
Le petit dolmen de Conguel, à l'extrémité de la presqu'île de Quiberon, a livré deux niveaux archéologiques séparés par un dallage. Les poteries brioniques décorées permettent de définir le groupe de Conguel du Néolithique final morbihannais.

Couronne (La), *Martigues (Bouches-du-Rhône)*
Village néolithique de 3 ha où se trouvaient trois habitations d'une vingtaine de mètres de longueur, faites de murs de 1 m de hauteur surmontés de palissades recouvertes de torchis. Le Couronnien est une culture du Néolithique final provençal au début du IIIe millénaire avant J.-C.

Cous (Les), *Bazoges-en-Pareds (Vendée)*
Les poteries recueillies dans la chambre et devant l'entrée du dolmen à couloir des Cous définissent le groupe des Cous du Néolithique moyen du Centre-Ouest, daté au milieu du Ve millénaire avant J.-C. dans le dolmen F0 de Bougon dans les Deux-Sèvres. Il implique la fabrication de vases carénés dans l'ouest de la France avant l'arrivée des influences chasséennes.

Crec'h Quillé, *Saint-Quay-Perros (Côtes-du-Nord)*
Le groupe stylistique de Crec'h Quillé a été déterminé à partir des fouilles d'un dolmen à entrée latérale. La céramique grossière est à fond rond ou plat, cette dernière paraissant influencée par la culture de Seine-Oise-Marne du Bassin parisien et par celle du groupe armoricain de Kerugou. Un autre vase particulier, la bouteille à collerette, est d'origine septentrionale.

Croh Collé, *Quiberon (Morbihan)*
Sur l'éperon de Croh Collé, une céramique en forme d'écuelle basse, à rupture de pente marquée et décorée de panneaux de lignes verticales et horizontales et probablement contemporaine du groupe de Kerugou, caractérise le style de Croh Collé.

Cro-Magnon (homme de), *Les Eyzies-de-Tayac (Dordogne)*
Type humain du Paléolithique supérieur découvert en 1868 dans un abri-sous-roche des Eyzies où cinq squelettes étaient inhumés dans un contexte archéologique aurignacien.

Ferrassie (La), *Savignac-de-Miremont (Dordogne)*
Dans cet abri-sous-roche des environs des Eyzies, D. Peyrony a fouillé une séquence de référence pour le Paléolithique moyen et supérieur français. Plusieurs sépultures de Néandertaliens furent découvertes dans un horizon moustérien dont l'industrie fut choisie par F. Bordes comme type d'un faciès particulier: le Moustérien type Ferrassie.

Ferrières *(Hérault)*
La culture de Ferrières occupe une vaste zone qui s'étend depuis les Alpes jusque dans l'Aude avec une concentration dans les garrigues. C'est un peuple d'éleveurs de moutons et de chèvres, qu'accompagnent quelques bovidés, et qui pratiquent l'agriculture du Néolithique récent à la fin du IIIe millénaire avant J.-C. Ils sont les auteurs des plus anciens «dolmens languedociens».

Fontbouisse, *Villevieille (Gard)*
Culture de l'Âge du Cuivre (Chalcoli-

thique) du Midi de la France caractérisée par ses maisons allongées aux murs en pierre sèche (voir Cambous).

Font-Robert (Grotte de La), *Brive (Corrèze)*
Gisement du Paléolithique supérieur, à quelques kilomètres de Brive, fouillé avant 1914 et où ont été distinguées, dans un contexte gravettien, des pointes de La Font-Robert. Elles caractérisent un faciès du Gravettien évolué, nommé Périgordien V par D. Peyrony.

Gord (Le), *Compiègne (Oise)*
Le groupe de Gord occupe, au Néolithique final, une partie du Bassin parisien et succède au groupe Seine-Oise-Marne du Néolithique récent. Il est apparenté à la culture d'Artenac de l'ouest de la France.

Gourdan-Polignan *(Haute-Garonne)*
Le nom de ce site fut utilisé par E. Piette pour le terme Gourdanien qui, dans sa chronologie, désignait une période de la gravure, par opposition à celle de la sculpture ou papalien. En effet, en 1871, dans une grotte de cette localité, il avait fouillé un riche horizon magdalénien qui avait livré de nombreuses gravures sur bois de renne et sur plaquettes.

Gravette (La), *Bayac (Dordogne)*
Gisement de pied de falaise de la vallée de la Couze où une importante séquence stratigraphique d'Aurignacien et de Gravettien a été mise au jour dès 1980. C'est à partir des niveaux supérieurs, dont le fossile principal est la pointe de La Gravette, que D. Peyrony définit le Périgordien supérieur ou Gravettien.

Kérugou, *Ploemeur (Finistère)*
Dans ce dolmen à couloir fut découvert un matériel archéologique homogène qui permit la définition d'un groupe du néolithique récent armoricain. La poterie est à fonds ronds et plats, décorée de quelques baguettes de pâtes parallèles issues du bord, par groupes, sur le pourtour du col.

Levallois, *Levallois-Perret (Hauts-de-Seine)*
C'est H. Breuil en 1931 qui a désigné sous le terme de Levalloisien un faciès industriel caractérisé par des éclats obtenus à partir de nucléus Levallois. Breuil pensait définir une culture contemporaine de l'Acheuléen dans le nord de la France alors qu'en fait, comme le montra clairement F. Bordes en 1953, il ne s'agissait que d'une méthode de débitage apparue dès l'Acheuléen mais se généralisant surtout dans le Moustérien : la méthode Levallois.

Madeleine (La), *Tursac (Dordogne)*
Très vaste abri-sous-roche sur la rive droite de la Vézère en amont des Eyzies ayant livré, dès 1863 à E. Lartet puis plus tard à D. Peyrony, des vestiges somptueux des industries et de l'art magdaléniens.

Mas-d'Azil (Le), *(Ariège)*
Immense grotte fouillée par E. Piette à partir de 1877 ; il y reconnut, au-dessus du Magdalénien, la présence de deux faciès épipaléolithiques qu'il dénomma azilien et arisien.

Matignons (Les), *Juillac-le-Coq (Charente)*
La culture des Matignons du Néolithique récent du centre-ouest de la France fut définie à partir des fouilles d'une double enceinte de fossés. Pour la première fois, apparaissent des vases à fond plat associés à des céramiques dont certaines formes rappellent le Chasséen régional. Il apparaît vers 3500 avant J.-C. en Saintonge.

Micoque (La), *Les Eyzies-de-Tayac (Dordogne)*
Gisement de pied de falaise situé sur la rive gauche du Manaurie, affluent droit de la Vézère, en amont de Laugerie où D. Peyrony définit deux ensembles industriels du Paléolithique inférieur : le Micoquien et le Tayacien.

La Montade, *Plan-de-Cuques (Bouches-du-Rhône)*
Culture mésolithique du sud de la France, le Montadien succède au Valorguien dont il est issu et semble être à l'origine du Castelnovien et du Montclusien.

Monbani, *Grand-Savart (Aisne)*
Dans la culture mésolithique du Tardenoisien du Bassin parisien, le faciès de Monbani est caractérisé par un style de débitage très régulier de lames et lamelles.

Montbolo (La Balma de), *Vallespir (Pyrénées-Orientales)*
Culture néolithique du sud de la France qui se place entre le Néolithique ancien (Cardial) et le Néolithique moyen (Chasséen). Sa poterie peu décorée est marquée par une anse verticale allongée en bobine. Elle est actuellement reconnue jusque dans le Levante espagnol.

Montclus (Baume de) *(Gard)*
Ce grand abri connaît la superposition de

32 couches archéologiques sur 7 m d'épaisseur.
À la base, se situe le « Montclusien », groupe mésolithique daté du VIIe millénaire avant J.-C.

Montmorency *(Val-d'Oise)*
Le Montmorencien est une industrie faite de gros outils en grès trouvée dans les forêts de Fontainebleau et Montmorency et attribuable au Mésolithique.

Moustier (Le) *(Dordogne)*
Localité de la rive droite de la Vézère, en amont des Eyzies, dont plusieurs abris-sous-roche recélaient des occupations paléolithiques. L'abri supérieur a livré, dès 1864, à E. Lartet une industrie sur éclats qui fut utilisée par G. de Mortillet pour introduire en 1872 le terme de Moustérien qui désigne les industries sur éclats du Paléolithique moyen réalisées par l'homme néandertalien.

Noailles *(Corrèze)*
Grotte des environs de Brive-la-Gaillarde, fouillée en 1905 par J. Bouyssonie. Elle contenait des niveaux de Périgordien supérieur (Gravettien) caractérisés par de petits burins d'angle sur troncature retouchée qui ont reçu le nom de burins de Noailles.
Le Périgordien V à burins de Noailles est un des termes de la classification de D. Peyrony.

Olha, *Cambo (Basses-Pyrénées)*
Abri-sous-roche fouillé par E. Passemard de 1917 à 1919 et ayant livré trois niveaux paléolithiques dont le plus ancien se caractérise par la présence de hachereaux sur grands éclats débités à partir de galets, dénommés éclats Olha, et celle de débitage Levallois. Ces traits ont permis la définition d'un faciès régional du Paléolithique moyen du Pays basque : le Vasconien.

Pape (Grotte du), *Brassempouy (Landes)*
Localité qui recèle plusieurs cavités ayant abrité des gisements paléolithiques. L'une d'elles, la grotte du Pape, connue depuis 1881, livra à E. Piette des niveaux du Paléolithique supérieur où il put recueillir des statuettes féminines connues sous le nom de *vénus* ; l'une d'elles, dite « à la capuche », présente une coiffure en résille.
Il créa le terme de papalien pour désigner cette industrie qui n'est autre que du Gravettien.

Pech de l'Aze, *Carsac (Dordogne)*
Cette localité recèle plusieurs abris et grottes ayant livré des industries paléolithiques dont la principale d'entre elles fut fouillée par F. Jouannet dès 1816 puis par L. Capitan et D. Peyrony et enfin par F. Bordes qui reprit les fouilles dès 1950. Dans le gisement du Pech de l'Aze IV, dont ce dernier entreprit l'étude ultérieurement (1970-1977), il décrivit une industrie moustérienne de petite taille qu'il dénomma « faciès asinipodien ».

Perte du Cros (La), *Saillac (Lot)*
Le Crosien est une culture du Néolithique récent du Lot qui succède au Chasséen. On y remarque l'association de vases à fond rond, parfois décorés de cannelures, et de vases à fond plat qui peuvent posséder un cordon horizontal provenant probablement de l'ouest.

Peu-Richard, *Thenac (Charente-Maritime)*
Le Peu-richardien est une culture du Néolithique récent du littoral charentais qui connaît plusieurs faciès sur une vaste zone s'étendant de la Loire à la Gironde, et, dans le temps, sur deux phases principales (Peu-Richardien ancien, Peu-richardien classique). Il succède aux Matignons vers 3300 avant J.-C.

Quessoy *(Côtes-du-Nord)*
Le groupe de Quessoy, du Néolithique final nord-armoricain, a été défini à partir des fouilles du dolmen à entrée latérale de Champ-Grosset.
La céramique se compose de vases à fond rond et d'autres à fond plat dont le col forme une angulation marquée avec la panse, comme dans le groupe plus oriental d'Éteauville. En fait, il y a assez peu de différences entre les groupes de Crec'h Quillé et de Quessoy, définis l'un et l'autre à partir de sépultures mégalithiques.

Quina (La), *Gardes-le-Pontaroux (Charente)*
Important gisement de pied de falaise situé sur la rive gauche du Voultron. La station amont a livré au Dr Henri-Martin une série de niveaux moustériens dont le faciès le plus fréquent comprend de nombreux racloirs fabriqués par retouches écailleuses sur des éclats souvent épais. Cette industrie a reçu le nom de Moustérien type Quina ou Charentien.

Roquefort, *Lugasson (Gironde)*
L'éperon barré a livré un matériel du Néolithique moyen régional, dit groupe de Roquefort, qui se développe en trois phases à partir du Néolithique ancien local (le Roucadourien) et participera à la formation d'une culture plus récente centrée sur les Charentes : les Matignons. Ils

enterrent leurs morts dans des coffres de pierre au centre de longs tumulus.

Roucadour, *Thémines (Lot)*
Le niveau inférieur de la grotte de Roucadour contenait un ensemble de céramiques grossières à impressions au doigt d'un Néolithique ancien de la première moitié du Vᵉ millénaire avant J.-C., dit Roucadourien. La chasse est encore une activité importante à côté de l'élevage du mouton et d'une pauvre agriculture.

Saint-Acheul, *Amiens (Somme)*
C'est dans les carrières situées sur la moyenne terrasse de la Somme que se trouve le site éponyme de l'Acheuléen, reconnu en 1854 par le Dr Rigollot et fouillé de 1914 à 1918 par V. Commont.

Saint-Étienne-de-Gourgas
(Bouches-du-Rhône)
Le Gourgasien est un groupe du Néolithique récent, à la fin du IIIᵉ mil. avant J.-C., dont la spécificité provient d'une armature de flèche piquante qui ne possède qu'un seul aileron.

Saint-Pierre-de-la-Fage
(Hérault)
Sur le Causse du Larzac, la grotte IV de Saint-Pierre-de-la-Fage possède un remplissage archéologique important dans lequel un horizon culturel du Néolithique ancien final local a pu être mis en évidence : le Fagien.

Salpêtrière (La), *Remoulins (Gard)*
Cavité de la rive droite du Gardon où fut reconnue une industrie du Paléolithique supérieur méditerranéen, le Salpêtrien, qui succède localement au Solutréen, entre 14000 et 11000 B.P.

Sauveterre-la-Lémance *(Lot-et-Garonne)*
Le Sauveterrien est une industrie mésolithique mise en évidence dans le gisement du Martinet. Il se caractérise par des microlithes tels que triangles, segments et une pointe particulière dite de Sauveterre.

Solutré, *Solutré-Pouilly (Saône-et-Loire)*
C'est au gisement du Crot du Charnier que A. Arcellin et H. de Ferry découvrirent, en 1866, un important site du Paléolithique supérieur. En 1869, G. de Mortillet choisit ce site comme station éponyme du Solutréen.

Souc'h (Le), *Plouhinec (Finistère)*
Type céramique du Néolithique moyen armoricain caractérisé par un vase arrondi à ouverture rétrécie et petites anses verticales en bobine.

Tardenois *(Aisne)*
Le Tardenoisien désigne une culture mésolithique du nord et du centre du Bassin parisien.

Tayac, *Les Eyzies-de-Tayac (Dordogne)*
C'est de La Micoque que provient le matériel qui permit en 1932 à H. Breuil de définir le Tayacien, un faciès industriel attribué au Paléolithique inférieur ou moyen selon les divers auteurs.

Teviec et Hoëdic *(Morbihan)*
Ces deux îlots de la baie de Quiberon, alors rattachés au continent, supportaient des amas coquilliers de la fin du Mésolithique local : le Teviecien. L'outillage microlithique est caractérisé par des triangles et des trapèzes. Assez souvent, une même tombe dans l'amas coquillier pouvait contenir plusieurs corps (jusqu'à six) déposés successivement, ce qui implique une réouverture de la sépulture collective.

Treilles (Les), *Saint-Jean-Saint-Paul (Aveyron)*
La grotte des Treilles a permis la reconnaissance de cette culture chalcolithique des Grands Causses de l'Aveyron et de la Lozère ; elle fut une des premières à utiliser le cuivre en France à la fin du IIIᵉ millénaire avant J.-C.

Veraza *(Aude)*
Le matériel archéologique recueilli dans la grotte de La Valette a été retenu pour former la base de la culture de Veraza à la fin du Néolithique dans l'Aude et le Roussillon. Des boutons et oreilles superposés sont une des caractéristiques de la poterie.

Villeneuve-Saint-Germain
(Aisne)
Le groupe néolithique ancien de Villeneuve-Saint-Germain marque une évolution des groupes à céramiques linéaires de la colonisation rubanée dans le Bassin parisien.

Les grottes ornées

C'est en France que se trouve la majorité des grottes ornées paléolithiques. Voici celles qui sont ouvertes au public. Nombreuses sont les cavités que la fréquentation des visiteurs condamnerait irrémédiablement, d'autres ne sont accessibles que très difficilement: nous ne les avons donc pas citées.

Cet inventaire est très représentatif de la créativité des artistes préhistoriques, de leur maîtrise technique et des progrès qu'ils ont réalisés au cours des siècles.

AQUITAINE, POITOU-CHARENTES

CHARENTE

Moutiers-sur-Boëme • **Abri-sous-roche de la Chaire à Calvin,** *voir p. 156.*

DORDOGNE

Le Bugue • **Grotte de Bara-Bahau,** *voir p. 146.*

Les Eyzies-de-Tayac-Sireuil • **Grotte des Combarelles I,** *voir p. 149.*

Les Eyzies-de-Tayac-Sireuil • **Grotte de Font-de-Gaume,** *voir p. 150.*

Les Eyzies-de-Tayac-Sireuil • **Abri du Poisson,** *voir p. 154.*

Marquay • **Abri du Cap-Blanc,** *voir p. 156.*

Marquay • **Grotte de La Grèze,** *voir p. 157.*

Meyrals • **Grotte de Bernifal,** *voir p. 158.*

Montignac • **Grotte de Lascaux II (fac-similé),** *voir p. 160.*

Rouffignac • **Grotte de Rouffignac,** *voir p. 166.*

Saint-Cirq-du-Bugue • **Grotte de Saint-Cirq,** *voir p. 168.*

Sergeac • **Abri Reverdit,** *voir p. 169.*

Teyjat • **Grotte de La Mairie ou Abri Mège,** *voir p. 170.*

Villars • **Grotte de Villars,** *voir p. 171.*

GIRONDE

Prignac-et-Marcamps • **Grotte de Pair-non-Pair,** *voir p. 165.*

LANGUEDOC

LOT

Cabrerets • **Grotte de Pech-Merle,** *voir p. 109.*

Payrignac • **Grotte de Cougnac,** *voir p. 117.*

MIDI-PYRÉNÉES

ARIÈGE

Bédeilhac • **Grotte de Bédeilhac,** *voir p. 124.*

Mas-d'Azil • **Grotte du Mas-d'Azil,** *voir p. 126.*

Niaux • **Grotte de Niaux,** *voir p. 128.*

HAUTES-PYRÉNÉES

Aventignan • **Grotte de Gargas,** *voir p. 133.*

PYRÉNÉES-ATLANTIQUES

Isturitz • **Grotte d'Isturitz,** *voir p. 129.*

Saint-Martin-d'Arberoue • **Grotte d'Oxocelhaya,** *voir p. 129.*

Dolmens et menhirs décorés du Bassin parisien et de l'ouest de la France

Dans le domaine mégalithique atlantique, de la Bretagne aux Charentes, nombreux sont les monuments de types dolmen et menhir qui présentent des gravures bien énigmatiques pour la plupart (crosses, écussons, signes cornus, en u...).

Elles apparaissent sur les grands menhirs du golfe du Morbihan souvent réemployés dans l'édification des dolmens à couloir (la Table des Marchand à Locmariaquer, le Petit-Mont à Arzon...) qui peuvent avoir aussi leur propre ornementation (piliers de Gavrinis).

Cet art mégalithique évolue au Néolithique récent, caractérisé par des paires de seins, en particulier dans les allées couvertes de Bretagne jusque dans le Bassin parisien.

NORD-PAS-DE-CALAIS, PICARDIE, ILE-DE-FRANCE, HAUTE-NORMANDIE

EURE

Dampsmesnil • Allée couverte d'Avency. Dans l'antichambre, sur la dalle de gauche, deux seins surmontés d'un triple collier.

EURE-et-LOIR

Maintenon • Dolmen de Saint-Piat (Le Berceau). L'un des deux dolmens juxtaposés dans un même tumulus a trois de ses piliers gravés ainsi que sa dalle de couverture.
Haches emmanchées, serpentiformes, idoles en écusson sont autant de motifs du répertoire armoricain des dolmens à couloir.

OISE

Boury • Allée couverte de La Bellée. Dans l'antichambre, la première dalle à gauche porte une paire de seins, et la deuxième à droite une autre paire de seins surmontée d'un collier à deux rangs.

VAL-d'OISE

Guiry • Allée couverte du Bois-Couturier. Dans l'antichambre, les dalles de droite et de gauche portent chacune une paire de seins surmontée d'un collier.

Saint-Martin-du-Tertre • Allée couverte de la Pierre-Turquaise. Dans l'antichambre, de part et d'autre du passage à la chambre, les orthostates sont décorés d'une paire de seins surmontée d'un collier à deux et trois rangs. *Voir p. 56.*

Us • Allée couverte de Dampont. Dans l'antichambre, la deuxième dalle à droite porte une paire de seins.

YVELINES

Épône • Allée couverte du Trou-aux-Anglais. Elle serait actuellement sur la commune d'Aubergenville, mais elle fut en fait transportée dans les douves du château de Saint-Germain-en-Laye, musée des Antiquités nationales.
Dans l'antichambre, le deuxième orthostate à gauche est orné d'un personnage linéaire tenant un instrument ; au-dessus, un ensemble de quatre rectangles a par-

fois été interprété comme la représentation de champs.
À droite du passage d'accès à la chambre se trouve une paire de seins surmontée d'un petit personnage. Du côté de la chambre, cette même dalle montre quelques gravures dont celle d'une hache.

Marly-le-Roi • Allée couverte du Mississippi. Dans ce monument actuellement détruit se trouvait une dalle décorée d'un carré au pourtour piqueté surmonté d'une hache emmanchée. Ce décor est à rapprocher de celui de l'allée couverte de Prajou - Menhir, à Pleumeur-Bodou, (Côtes-du-Nord).

AQUITAINE, POITOU-CHARENTES, LIMOUSIN

CHARENTE

Fontenille • Dolmen de la Grosse-Pérotte. Deux crochets juxtaposés sur le pilier de droite en entrant; une hache, tranchant en haut, sur un pilier du fond de la chambre. *Voir p. 145.*

Luxé • Dolmen de la Folatière I. Très belle crosse à manche recourbée. *Voir p. 143.*

Magne • Dolmen de Courcôme. Crochet en relief sur un orthostate. Une autre grande gravure est restée inédite.

Vervant • Dolmens de la Boixe. — La Boixe A: monument détruit, un orthostate présentait une longue crosse en relief. — La Boixe B: dans la chambre récemment restaurée, le pilier de droite en entrant, dont il ne reste que la moitié, présente plusieurs lignes en relief parallèles, comparables à la partie rectiligne de la crosse de la Boixe A.
La porte qui permet d'accéder à la cellule latérale est soulignée par une ligne incisée (une hache et un soleil en haut et à droite sont des faux récents). Dans la cellule à droite de la porte se trouve gravée en relief une autre belle hache emmanchée. *Voir p. 143.*

CHARENTE-MARITIME

Ardillières • Dolmen de la Pierre-Levée. Grande crosse en léger relief au milieu d'une dépression en forme d'écusson sur l'orthostate gauche de la chambre. *Voir p. 143.*

Sainte-Radégonde • Dolmen angoumoisin. En cours de fouille. Dans la chambre, une dalle effondrée présente deux grosses protubérances plus ou moins mutilées qui peuvent être interprétées comme des seins, voire des crochets, comme il s'en trouve sur d'autres monuments régionaux de ce type.

DEUX-SÈVRES

Bougon • Dolmen A: la gravure d'un oiseau est signalée en haut d'un orthostate de séparation de la chambre. D'autres se trouvaient sur des pierres du pourtour du tumulus. **• Tumulus B:** «Crochets» dans un des dolmens. **• Tumulus C:** «Crochets» dans la petite chambre mégalithique. **• Tumulus F:** «crochet» dans la chambre du grand dolmen angoumoisin F1. *Voir p. 138, 141, 145.*

Pamproux • Tumulus A des Lisières. Gravures mal datées sur des pierres de la chambre (collection Souché): oiseaux, personnages ...

GIRONDE

Jugazan • Allée d'Aquitaine du Curton. Gravures de cercles, demi-cercles et lignes sur la dalle du fond de la chambre.

VIENNE

Poitiers • Dolmen de la Pierre-Levée. Hache emmanchée sur la dalle de couverture qui implique peut-être un réemploi dans la construction du monument, puisque cette face était cachée par le tumulus. *Voir p. 143.*

BRETAGNE, BASSE-NORMANDIE, PAYS DE LOIRE

CÔTES-du-NORD

Penvinan • Tumulus de Tossen-Keler. Trois pierres du pourtour du tumulus portaient des décorations, serpentiformes, écusson et hache emmanchée. Leur position, inversée ou tournée vers l'intérieur, indique que ce sont des pierres en réemploi.

Pleumeur-Bodou • Allée couverte de Prajou-Menhir. Les gravures les plus spectaculaires se trouvent dans la cellule terminale. On y remarque en particulier des paires de seins et surtout l'idole en écusson, de forme quadrangulaire et au pourtour ponctué ainsi que des «spatules» parfois interprétées comme poignards chypriotes. *Voir p. 217.*

Saint-Quay-Perros • Dolmen à entrée latérale de Crec'h Quillé. Plusieurs traits gravés sur des blocs du pourtour du tumulus. Paire de seins avec collier sous-jacent sur un pilier de la chambre face au couloir. *Voir p. 217.*

Saint-Samson-sur-Rance • Menhir incliné de La Tremblais. Sur la face supérieure et les flancs, un éclairage rasant permet de distinguer un compartimentage quadrangulaire avec crosses et haches emmanchées. D'autres gravures sont de lecture difficile: «haches-charrues» et animaux, peut-être des bovidés.

Trégastel • Allée couverte de Kergüntuil. Six piliers décorés, les plus spectaculaires étant du côté nord. L'un d'eux aligne six paires de seins dont cinq réunies par un «collier» sous-jacent; une autre au-dessus et des gravures en forme de spatule. Deux paires de seins se voient aussi sur le pilier qui suit. *Voir p. 217.*

FINISTÈRE

Commana • Allée couverte de Mougau-Bihan. Très belle hache emmanchée sur la dalle du fond de la chambre. Sur les parois latérales, plusieurs piliers portent des gravures de «spatules» interprétées comme pointes de lances, et deux paires de seins sur l'un d'eux. *Voir p. 194.*

Landéda • Dolmens de l'île Guennoc (ou Gaignog). La dalle du fond de la chambre du dolmen B du cairn II montre en éclairage rasant quelques traces de gravures dont deux crosses et sept signes en forme de joug (jugiformes) ou cornes. *Voir p. 208.*

Le Conquet • Menhir de Kermorvan. Actuellement au Musée préhistorique de Penmarch, il se trouvait près d'un tumulus mal daté.
Cette gravure assez énigmatique peut représenter une hache engainée et être comparée à un exemplaire de Pen-Hap et à un autre récemment découvert à Gavrinis.

Le Trévoux • Statue-menhir de Laniscar. La partie supérieure d'une statue féminine fut découverte en 1970. Sous les deux seins en relief se distingue un collier.

Penmarch • Dolmen de Poulguen. Idoles assez comparables à celles des dolmens coudés (Les Pierres-Plates...), cupules, croisillons.

Plouézoch • Tumulus de Barnenez. — Dolmen J: idole «chevelue» sous la première dalle de couverture du couloir. — Dolmen H: c'est le plus décoré (cinq piliers). Signes ondulés, arc, haches polies, jougs (ou cornes), haches emmanchées, dans la chambre.
— Dolmen A: première pierre dressée à droite dans le couloir, signes en cornes. Toutes ces gravures sont invisibles au public. *Voir p. 209-210.*

Porspoder • Menhirs de Saint-Denec. Près des deux menhirs debout, une troisième pierre couchée porte deux gravures de haches emmanchées.

ILE-et-VILAINE

Combourg • Allée couverte de Tressé (Bois-du-Mesnil). Dans le compartiment terminal, la dalle de fond et un des côtés portent chacun la sculpture de deux paires de seins juxtaposées et d'un collier sous l'une d'elles.

LOIRE-ATLANTIQUE

Saint-Nazaire • Tumulus de Dissignac. La dalle du plafond de la petite chambre bien bouchardée et polie porte de belles gravures piquetées: crosses, haches triangulaires, grande «hache-charrue». *Voir p. 214-215.*

MORBIHAN

Arzon • Dolmen de Grah Niohl. Cinq piliers portent des gravures: cornes (jugiformes), crosses, haches. *Voir p. 177.* **• Tumulus du Petit-Mont.** Le cairn secondaire B contient une chambre mégalithique polygonale à couloir d'accès où plusieurs gravures, provenant de dalles en réemploi, sont visibles. Le sol est formé d'une dalle unique qui, auparavant, appartenait à une grande stèle avec tête et épaules dégagées. L'un des deux dolmens de la phase terminale détruit par un blockhaus possédait des gravures remarquables: haches emmanchées, roues à rayon (soleil?) crosses, idole en écusson, pieds humains, signes ondés. *Voir p. 176.* **• Tumulus de Tumiac.** Deux des dalles du caveau sont ornées de gravures, dont des signes ondés, dits jugiformes, qui pourraient être des représentations de cornes de bovidés. *Voir p. 176.*

Carnac • Menhir de Crucuny. Ce menhir est situé au sommet d'un tumulus. Sur sa base, enfouie, se trouve la gravure d'une hache. *Voir p. 185.* **• Dolmen de Kercado.** Gravures complexes sur trois piliers du couloir, et trois autres à gauche et au fond de la chambre. Une «hache-charrue» est représentée au plafond de cette chambre, comparable à celle de Mané-Rutual et de Pen-Hap. *Voir p. 185.* **• Dolmens de Kerozillé.** Des quatre dolmens détruits, deux possédaient des gravures où l'on pouvait reconnaître des crosses et des cornes. **• Dolmens de Mané-Kerioned.** Un seul orthostate de Mané-Kerioned A est décoré, alors qu'une dizaine d'orthostates du B, souterrain, présentent des gravures; une autre provenant du cairn est actuellement au musée de Carnac. Serpentiformes, haches emmanchées et nombreuses autres lignes indéterminables. *Voir p. 185.* • **Menhir du Manio.** À l'extrémité est du long tumulus, le menhir du Manio se mêle aux pierres plus petites de l'alignement de Kermario. À sa base sont gravés cinq signes serpentiformes verticaux. À ses pieds, au plafond de la dalle de couverture du coffre, est gravée une hache emmanchée. *Voir p. 184.*

Colpo • **Dolmen de Min-Goh-Ru.** Des gravures en U à branches recourbées ornent des piliers des dolmens du cairn nord. *Voir p. 192-193.*

Crac'h • **Dolmen coudé de Luffang.** Trois piliers gravés, dont deux au fond de la chambre. Le troisième, célèbre par sa décoration dite « le Poulpe », est au musée de Carnac. *Voir p. 180.* • **Dolmen à couloir de parc Guren.** Deux piliers décorés dans la chambre. *Voir p. 180.*

Erdeven • **Dolmen à chambre compartimentée de Mané-Bras.** Carré oblique gravé sur le dernier pilier gauche du couloir. *Voir p. 186.*

Gâvres • **Dolmen coudé du Goërem.** Plusieurs gravures typiques de cette architecture occupent les premiers compartiments de la chambre ainsi que deux piliers en vis-à-vis à l'entrée du couloir. Il s'agit d'une représentation évoluée de l'idole en écusson. *Voir p. 199.*

Groix (Ile de) • **Dolmens de Butten-er-Mah.** Cet ensemble complexe de dolmens à couloir comptait d'assez nombreuses gravures ; cupules et serpentiforme.

Guidel • **Statue-menhir de Kermené.** Dans les pierres du tumulus de Kermené furent découverts trois fragments du haut du corps d'une statue-menhir féminine. Le collier était ici au-dessus des seins.

Ile-aux-Moines • **Dolmen de Pen-Hap.** Le pilier de gauche en entrant dans la chambre présente une « hache-charrue » sur sa face externe (cachée par le tumulus), une hache dans sa gaine (?) sur la face interne et une déesse en écusson (?) sur le chant, côté couloir.
D'autres gravures de moindre intérêt occupent le fond de la chambre. *Voir p. 177.*

Larmor-Baden • **Dolmen du Couëdic.** De ce monument détruit une pierre gravée est connue qui se trouve au musée de Vannes. Losanges, carrés juxtaposés et autres motifs plus ou moins géométriques forment un ensemble bien visible mais difficile à interpréter. • **Dolmen à couloir de Gavrinis.** C'est le monument le plus décoré du mégalithisme atlantique. Presque tous les orthostates du couloir et de la chambre sont complètement gravés de lignes, souvent difficiles à interpréter, mais parmi lesquelles se distinguent arc, haches, crosses, serpents, idoles en écusson, etc. D'autres dessins furent trouvés au verso de certains piliers et même sur la face supérieure de la table de couverture de la chambre. Ces derniers se raccordent à ceux de la Table des Marchand à Locmariaquer. Ces deux blocs réajustés formaient, avec un troisième, une stèle décorée haute de 14 mètres qui fut donc détruite et réutilisée dans la construction de dolmens. *Voir p. 178-179.* • **Dolmen à couloir de l'Île-Longue.** Une déesse en écusson occupe pratiquement toute la surface du large pilier n° 2 du côté gauche du couloir. Le premier orthostate droit supporte aussi une idole en écusson, plus quadrangulaire et sans « chevelure ».
D'autres idoles triangulaires à « chevelure » sont visibles sur les dalles 2 et 5 du plafond du couloir, alors qu'un « arc » est gravé au-dessus, partie cachée, de la dalle 6, impliquant un réemploi de ce bloc en provenance d'un autre monument. *Voir p. 178.*

Le Bono • **Dolmen coudé du Rocher.** Trois piliers gravés dans le couloir et deux autres face à face dans la chambre. Idole en écusson spécifique à ce type architectural. *Voir p. 178.*

Locmariaquer • **Le Grand Menhir d'Er-Grah.** À une extrémité du long tumulus d'Er-Grah gisent les quatre fragments d'un énorme menhir, volontairement débité (probablement à l'époque néolithique).
Sur la face supérieure du deuxième gros fragment se distingue une grande « hache-charrue » malheureusement usée par le piétinement des visiteurs. *Voir p. 180-181.* • **Dolmen de Kerveresse.** Trois piliers décorés dans la chambre : crosse, hache emmanchée, embarcation. • **Tumulus de Mané-er-Hroeck.** Lors de la fouille de ce tumulus en 1863, une dalle décorée, brisée, fut trouvée dans le blocage du caveau central. Restaurée, elle fut placée à l'intérieur de la tombe.
Au centre se détache la gravure d'une idole en écusson dont le champ est couvert de signes ondés (cornes?) et de crosses. Au-dessus et au-dessous, plusieurs haches emmanchées sont bien visibles. Cette stèle a donc été débitée par les auteurs du tumulus dont le caveau contenait un riche matériel archéologique : haches polies exceptionnelles et perles en roche verte. *Voir p. 183.* • **Dolmen de Mané-Lud.** Dernières dalles dressées du couloir et chambre. Crosses, cornes, haches, écusson, embarcations, cupule avec rayons (soleil). *Voir p. 180.* • **Dolmen de Mané-Rutual.** L'énorme dalle qui forme le plafond de la chambre de ce dolmen porte une idole en écusson.

Il s'agit d'une grande stèle abattue en réemploi.
D'autres gravures sont visibles sur le pilier droit de la chambre et une dalle du plafond en cet endroit. Ce sont des « haches-charrues » comme on en connaît à Pen-Hap. Deux crosses aux courbures opposées sont gravées au bas de l'orthostate qui soutient cette dalle décorée. *Voir p. 182.* • **Dolmen coudé des Pierres-Plates.** Nombreuses gravures de l'idole sur quatorze piliers dont un dans le couloir, deux dans la cellule et les autres dans la chambre, en particulier du côté droit où la première gravure est devenue fort célèbre. *Voir p. 183.* • **Dolmen de la Table des Marchand.** Dalle dressée au fond de la chambre célèbre par son idole en écusson au champ couvert de crosses tournées à droite et à gauche au milieu desquelles se distingue une cupule entourée de rayons visibles encore au début du siècle. D'autres décors sur la partie enfouie et derrière prouvent que cette dalle a eu une utilisation première dans une autre situation. Au plafond se voient d'autres gravures : une grande hache et les pattes d'un bovidé dont le reste du corps se trouve sur la dalle de couverture de la chambre du dolmen de Gavrinis, impliquant qu'il s'agissait à l'origine d'une même stèle qui fut débitée par les bâtisseurs des deux dolmens.
Une autre gravure existe sur le pilier du milieu du couloir à gauche. *Voir p. 182.* • **Dolmen de Mané-Bras.** Dans la chambre de ce dolmen à couloir, l'un des deux piliers porte des gravures difficiles à interpréter, dont une crosse semble-t-il. *Voir p. 184.*

Moustoir-Ac • **Menhir de Kermarquer.** Sept crosses ont été recensées sur ce monument qui possède aussi deux gravures juxtaposées incurvées, semblables à des cornes de bovidé. *Voir p. 193.*

Plaudren • **Allée couverte de Mein Goarec.** Une paire de seins dans un cartouche en creux sur la dalle du fond. *Voir p. 193.*

Ploemeur • **Dolmen de Gruguellic.** Dans le couloir, gravures « en écusson » (idole). • **Dolmen de Tachen Pol.** Deux dalles gravées restent connues. L'une d'elles présentait entre autres un cercle pointé à rayons périphériques symbolisant peut-être le soleil.

Saint-Jean-Brévelay • **Dolmen de Kerallant II.** Une dalle décorée de ce monument détruit se trouve désormais au musée de Rennes. Hache emmanchée. *Voir p. 193.*

Saint-Philibert • **Dolmen de Kerran.** Hache emmanchée sur un orthostate.

Sarzeau • **Dolmen de Kermaillard.** En piteux état. Deux piliers décorés dans la chambre : signes ondés, idoles d'un style particulier peu visible. • **Menhir de Kermaillard.** Gravure d'un cartouche carré et d'un croissant sur sa face nord-ouest : hache emmanchée sur la tranche nord-est ; dix-sept cupules sur la face sud-est et grande lame de hache disposée transversalement. *Voir p. 176.*

Les statues-menhirs du sud de la France

Chronologiquement situées dans le IIIe millénaire avant J.-C., les statues-menhirs du sud de la France ont un rapport direct avec la représentation humaine.

Environ 150 ont été retrouvées, la plupart du temps de manière accidentelle à la suite d'un labour. Elles se répartissent en trois groupes.

Un groupe rouergat (Aveyron, Tarn et ouest de l'Hérault). Personnages, hommes ou femmes, sculptés en ronde bosse, dont la taille moyenne se situe autour de 1,50 m.

Un groupe languedocien (est de l'Hérault, Gard et Ardèche). La représentation se limite au buste et parfois seulement au visage.

Un groupe provençal, subdivisé: type du comtat Venaissin et stèles des plaines de la Durance et de Trets.

RHÔNE-ALPES, AUVERGNE

ARDÈCHE

3 statues-menhirs recensées.

Lagorce • **Serre-des-Fourches.**

Saint-Martin-d'Ardèche • **Aven-Meunier:** 2 statues.

PROVENCE-CÔTE D'AZUR, CORSE

ALPES-de-HAUTE-PROVENCE

1 statue-menhir recensée.

Villeneuve • **Les Petites-Lombardes.**

BOUCHES-du-RHÔNE

23 statues-menhirs recensées.

Eygalières • **Vallongue.**

Orgon • **Font-de-Malte** • **Mont-Sauvy.**

Sémas • **La Puagère:** 8 statues menhirs.

Trets • **La Bastidonne:** 12 fragments de statues-menhirs.

VAR

Villecroze • **Le Frigouret.**

VAUCLUSE

9 statues-menhirs recensées.

Avignon • **Le Rocher-des-Doms** • **La Balance.**

Goult • **Ponty-Sud.**

Isle-sur-Sorgue • **La Bastide.**

Le Beaucet

Puyvert • **La Lombarde:** 4 stèles.

LANGUEDOC-ROUSSILLON

AVEYRON

47 statues-menhirs recensées.
40 provenances connues.

Balaguier-sur-Rance • **Puech-du-Lac.**

Belmont-sur-Rance • **Saint-Julien.**

Brasc • **La Borie-des-Paulets.**

Broquiès • **Lacoste.**

Brousse-le-Château • **Grais.**

Calmels-et-le-Viala • **Les Maurels** • **Le Mas-Capelier:** 2 statues dont 1 disparue.

Combret-sur-Rance • **Saint-Léonce** • **Lucante.**

Coupiac • **La Prade** • **La Planas:** 2 statues.

Durenque • **La Cammazie**

La Serre • **Les Montels • Les Anglas.**
Laval-Roquecezière • **Saint-Maurice-d'Orient • Saint-Crépin.**
Martrin • **La Raffinie.**
Montagnol • **La Verrière • Cenomes.**
Montlaur • **Saumecourte 2 • Le Mas-d'Azaïs:** 2 statues dont 1 disparue.
Mounes-Prohencoux • **Les Vignals.**
Pousthoumy 2 statues.
Prohencoux • **Nougras • Mas-Viel.**
Rebourguil • **Serre-Grand.**
Rivière-sur-Tarn • **Rivière.**
Saint-Affrique • **Le Barcarel • Bournac.**
Saint-Beauzély • **La dame de Contrézoumel.**
Saint-Izaire • **Les Ardaliès:** 9 statues et fragments.
Saint-Sernin-sur-Rance • **Laval • Boutaran.**
Saint-Sever-du-Moustier • **Nicoules.**
Tauriac • **L'Église.**
Vabres • **Saumecourte 1.**

GARD
21 statues-menhirs recensées.
Baron • **Foncouverte.**
Blanzac
Bragassargues • **Château-de-Roux.**
Castelnau-Valence • **Rosseirone • La Gayette • Mas-Martin.**
Collias • **La Gaud.**
Collorgues • **Mas-Gaillard:** 2 statues.
Combas • **La Source-du-Roc.**
Euzet • **Le Colombier.**
Foissac • **La Craie.**
Montagnac • **Le Cimetière • Maison-Aube.**
Remoulins • **La Sartanette:** 2 statues et fragments.
Saint-Bénezet • **Candelaïre.**
Saint-Chaptes • **Mas-de-la-Tour.**
Saint-Maximin • **Valat-de-Droume.**
Saint-Nazaire-les-Gardiès • **Sillargues.**
Saint-Théodorit • **Les Roumanis.**
Saint-Victor-des-Oules • **Mas-Nivart.**
Sanilhac • **Montaïon.**

HÉRAULT
16 statues-menhirs recensées.
Avène
Cambon-et-Salvergues • **Foumendouire.**
Cazevieille • **Sylvie.**
Ferrières-les-Verreries • **Bouisset:** 2 statues.
Fraisse-sur-Agoût • **Cambaissy • Picarel.**
Saint-Mathieu-de-Tréviers • **Lébous:** 2 statues • **Montferrand • Gravas.**
Saint-Thibéry
Villeveyrac • **Fondouce.**
Viols-en-Laval • **Cambous:** 2 statues.
Viols-le-Fort • **Cazarils • Le Truc-de-Marti.**

TARN
24 statues-menhirs recensées.
Brassac • **Crouxigues.**
Castelnau-de-Brassac • **La Gaulière • Camboue.**
Curvale • **Flamenc:** 2 statues • **Cabarettes.**
Escroux et Roquefère • **Escroux:** disparue • **La Borie-de-Blavy.**
Ferrières • **Plannissart.**
Lacaune • **Granisse • La Pierre-Plantée • Frescaty • Laucate • Les Vidals.**
Moulin-Mage • **Rieuviel • Puech de Naudère.**
Murat-sur-Vèbre • **Le Plos:** 2 statues • **La Bessière • Les Arribats** (disparue) • **Le Col-des-Saints • Malvielle • Les Favarels • Lubio-Fernière • Paillemalbiau.**
Nages • **Triby • Lou Prat.**
Saint-Salvy-de-Carcavés • **Puech-Réal • Les Ouvradous • Les Combarels.**
Viane • **Bon-Espoir.**

(d'après A. D'Anna et X. Gutherz)

Les musées de Préhistoire

Voici l'inventaire des musées de Préhistoire connus. Ce sont des musées importants soit par l'abondance de leurs collections, soit par l'intérêt d'une collection ou d'une pièce rare.

Font également partie de cet inventaire les musées ayant fait preuve d'une grande habileté muséographique, associant à l'intérêt des collections un savoir-faire pédagogique remarquable.

Le contenu des musées constitue bien souvent le seul témoignage des sites archéologiques disparus : à ce titre ce sont bien des hauts lieux de la Préhistoire.

NORD-PAS-DE-CALAIS, ILE-DE-FRANCE, HAUTE-NORMANDIE

AISNE

Laon — *32, rue Georges-Ermant* • **Musée archéologique municipal de Laon.** Riche collection de Préhistoire et de l'Âge du Bronze de la région.

Soissons — *Ancienne abbaye Saint-Léger* • **Musée municipal de Soissons.** Préhistoire et Protohistoire.

Vervins — *3-5, rue du Traité-de-Paix* • **Musée-Centre de documentation de la Thiérache.** Préhistoire indéterminée.

ESSONNE

Étampes — *Hôtel de Ville* • **Musée municipal d'Étampes.** Préhistoire locale, Protohistoire indéterminée.

EURE

Évreux — *Ancien évêché, 6, rue Charles-Corbeau* • **Musée d'Évreux.** Préhistoire (Paléolithique), Mésolithique, Néolithique, Protohistoire.

Pont-Audemer — *64, rue de la République* • **Musée Canel.** Préhistoire indéterminée, Néolithique.

EURE-et-LOIR

Chartres — *Square Noël-Ballay* • **Muséum des sciences naturelles de Chartres.** Préhistoire indéterminée.

Châteaudun — *3, rue Toufaire* • **Musée des Beaux-Arts et d'histoire naturelle de Châteaudun.** Préhistoire locale indéterminée.

Dreux — *7, place du Musée* • **Musée Marcel-Dessal.** Préhistoire régionale indéterminée.

Senonches — *Rue du Château* • **Musée de Senonches.** Préhistoire indéterminée.

HAUTS-de-SEINE

Clichy — *Centre culturel du Landy, 80, boulevard du Général-Leclerc* • **Musée de la Société historique et archéologique de Clichy.** Préhistoire indéterminée.

LOIRET

Artenay — *Rue de Glatigny* • **Musée.** Préhistoire indéterminée.

Gien — *Château de Gien* • **Musée international de la Chasse.** Préhistoire indéterminée.

La Bussière • **Château-musée des Pêcheurs de la Bussière.** Préhistoire indéterminée.

Montargis — *7, rue du Château* • **Musée du Gâtinais.** Préhistoire indéterminée.

Orléans — *Hôtel Cabu, square Abbé-Desnoyers* • **Musée historique et archéologique de l'Orléanais.** Préhistoire indéterminée. — *2, rue Marcel-Proust* • **Musée des sciences naturelles d'Orléans.** Préhistoire générale et locale indéterminée.

Sceaux-en-Gâtinais — *Sacristie de l'église* • **Musée de Sceaux-en-Gâtinais.** Préhistoire locale indéterminée.

Vienne-en-Val — *Route de Tigy* • **Musée archéologique de Vienne-en-Val.** Préhistoire indéterminée, Protohistoire.

NORD

Bavay — *Rue de Goummeries* • **Musée archéologique.** Préhistoire indéterminée.

OISE

Beauvais — *Ancien palais épiscopal* • **Musée départemental de l'Oise.** Préhistoire (Paléolithique supérieur), Néolithique, Protohistoire.

Breteuil — *5, rue de l'Église* • **Musée archéologique de la région de Breteuil.** Préhistoire indéterminée.

Compiègne — *Hôtel de Songeons, 2, rue d'Austerlitz* • **Musée municipal Antoine-Vivenel.** Préhistoire indéterminée, Néolithique, Protohistoire.

Verneuil-en-Halatte — *12, rue Aristide-Briand* • **L'atelier d'Halatte-musée des Graffiti anciens.** Protohistoire (fac-similé).

PARIS

• **Musée de l'Homme,** *voir p. 58.*
• **Muséum d'histoire naturelle,** *voir p. 59.*

PAS-de-CALAIS

Arras — *Palais Saint-Vaast, 22, rue Paul-Doumer* • **Musée des Beaux-Arts.** Préhistoire indéterminée.

Boulogne-sur-Mer — *34, Grande-Rue* • **Musée des Beaux-Arts et d'Archéologie.** Préhistoire indéterminée.

Étaples — *8, place Général-de-Gaulle* • **Musée Quentovic.** Préhistoire (Paléolithique), Néolithique.

Montreuil-sur-Mer — *8, rue du Paon* • **Musée municipal Roger-Rodière.** Préhistoire indéterminée.

SEINE-et-MARNE

Chelles — *Place de la République* • **Musée municipal Alfred-Bonno.** Préhistoire (Paléolithique).

Jouarre — *6, rue Montmorin* • **Musée de la Tour de l'Abbaye.** Néolithique régional.

Meaux — *Ancien palais épiscopal, 5, place Charles-de-Gaulle* • **Musée Bossuet.** Préhistoire indéterminée.

Moret-sur-Loing — *Place Samois* • **Musée de Moret-sur-Loing.** Préhistoire indéterminée.

Nemours • **Musée de Préhistoire de l'Ile-de-France,** *voir p. 57.*

Provins — *7, rue du Palais* • **Musée du Provinois.** Néolithique.

SEINE-MARITIME

Dieppe — *Rue de Chastes* • **Château-musée de Dieppe.** Protohistoire.

Elbœuf — *Hôtel de Ville* • **Muséum d'histoire naturelle, de Préhistoire et d'Histoire locale.** Préhistoire indéterminée.

Le Havre — *Place du Vieux-Marché* • **Muséum d'histoire naturelle du Havre.** Préhistoire (Paléolithique), Néolithique.

Rouen — *198, rue Beauvoisine* • **Muséum d'histoire naturelle, Ethnographie et Préhistoire.** Préhistoire locale indéterminée.

SOMME

Abbeville — *24, rue Gontier-Patin* • **Musée Boucher-de-Perthes.** Préhistoire (Paléolithique).

Amiens • **Musée de Picardie,** *voir p. 55.*

VAL-de-MARNE

Bry-sur-Marne — *1, Grande-Rue Charles-de-Gaulle, mairie de Bry-sur-Marne* • **Musée Adrien-Mentienne.** Préhistoire locale indéterminée.

VAL-d'OISE

Ermont — *9, rue de la République* • **Musée archéologique, historique et ethnographique.** Préhistoire locale indéterminée, Protohistoire.

Parmain — *Hôtel de ville, place Georges-Clemenceau* • **Collections archéologiques.** Préhistoire (Paléolithique), Néolithique.

Vigny — *4, place du Château, Guiry-en-Vexin* • **Musée archéologique départemental du Val-d'Oise.** Préhistoire (Paléolithique), Néolithique, Protohistoire.

YVELINES

Saint-Germain-en-Laye • **Musée des Antiquités nationales,** *voir p. 60.*

CHAMPAGNE-ARDENNES, LORRAINE, ALSACE

AUBE

Nogent-sur-Seine — *Rue Alfred-Boucher* • **Musée Paul-Dubois — Alfred-Boucher.** Poteries (Bronze final).

Troyes — *1, rue Chrétien-de-Troyes* • **Musée des Beaux-Arts et d'Archéologie.** Âge du Bronze et Âge du Fer représentés.

BAS-RHIN

Haguenau • **Musée historique,** *voir p. 65.*

Molsheim — *Place de l'Hôtel-de-Ville* • **Musée de la Metzig.** Préhistoire locale indéterminée, Néolithique, Protohistoire.

Strasbourg • **Musée archéologique de Strasbourg,** *voir p. 66.*

Wissembourg — *3, rue du Musée* • **Musée Westercamp.** Préhistoire locale indéterminée.

HAUTE-MARNE

Chaumont — *Place du Palais-de-Justice* • **Musée municipal.** Préhistoire indéterminée.

HAUT-RHIN

Altkirch — *1, rue de l'Hôtel-de-Ville* • **Musée sundgauvien.** Protohistoire.

Kaysersberg — *62, rue du Général-de-Gaulle* • **Musée local de Kaysersberg.** Néolithique, Protohistoire.

Mulhouse — *Place de la Réunion* • **Musée historique de Mulhouse.** Néolithique.

Rouffach — *6 bis, place de la République* • **Musée cantonal de Rouffach.** Préhistoire indéterminée.

MARNE

Braux-Sainte-Cohière — *Château de Braux-Sainte-Cohière.* • **Musée régional d'orientation d'Argonne.** Néolithique.

Épernay — *13, avenue de Champagne* • **Musée municipal, section de Préhistoire et d'Archéologie régionale.** Préhistoire régionale indéterminée, Protohistoire.

MEURTHE-et-MOSELLE

Nancy — *Palais ducal, 64, Grande-Rue* • **Musée historique lorrain.** Protohistoire.

Toul — *25, rue Gouvion-Saint-Cyr* • **Musée municipal.** Préhistoire indéterminée.

MEUSE

Bar-le-Duc — *Château des ducs de Bar* • **Musée barrois.** Préhistoire indéterminée.

Clermont-en-Auvergne — *Domaine de Rarécourt de la Vallée* • **Musée «l'Art en Argonne à travers les siècles».** Préhistoire locale indéterminée.

MOSELLE

Ars-sur-Moselle-Gorze — *Le Prieuré, 22, rue de l'Église* • **Maison de l'Histoire de la terre de Gorze.** Préhistoire indéterminée (moulages).

VOSGES

Épinal — *1, place Lagarde* • **Musée départemental des Vosges et musée international de l'Imagerie.** Préhistoire locale indéterminée.

Liffol-le-Grand — *22, rue Neuve* • **Musée archéologique de Liffol.** Préhistoire indéterminée.

BOURGOGNE, FRANCHE-COMTÉ

CHER

Bourges — *4-6, rue des Arènes* • **Musée du Berry.** Préhistoire et Protohistoire régionales. — *Parc Saint-Paul, impasse Messire-Jacques* • **Musée d'histoire naturelle Gabriel-Foucher.** Préhistoire indéterminée et Néolithique.

Saint-Amand-Montrond — *Cours Manuel* • **Musée Saint-Vic.** Préhistoire locale indéterminée.

Vierzon — *Rue de la Gaucherie* • **Musée municipal.** Préhistoire indéterminée.

CÔTE-d'OR

Auxonne — *Château Prost, tour Notre-Dame* • **Musée Bonaparte.** Préhistoire indéterminée.

Beaune — *Autoroute A6, aire de Beaune-Tailly* • **Archéodrome,** *voir p. 77.*

Châtillon-sur-Seine — *Rue du Bourg* • **Musée archéologique du Châtillonnais.** Protohistoire.

Dijon — *5, rue du Docteur-Maret* • **Musée archéologique de Dijon.** Paléolithique inférieur, moyen et supérieur, Néolithique, Protohistoire.

Montbard — *Tour de l'Aubépin, parc Buffon* • **Musée du Château Montbard.** Préhistoire indéterminée.

Reulle-Vergy • **Musée des Arts et Traditions des Hautes-Côtes.** Préhistoire locale indéterminée.

Saulieu — *Place Docteur-Roclore, parvis de la Basilique* • **Musée François-Pompon.** Préhistoire locale indéterminée.

Seurre — *Maison Bossuet* • **Écomusée de la Saône.** Préhistoire indéterminée.

JURA

Lons-le-Saunier — *Mairie, place Perraud* • **Musée municipal,** *voir p. 75.* — *85, rue des Arènes* • **Musée des Beaux-Arts.** Néolithique.

NIÈVRE

Nevers — *22, place de l'Église, Marzy* • **Musée municipal Gautron-du-Coudray.** Préhistoire indéterminée.

SAÔNE-et-LOIRE

Autun — *5, rue des Bancs* • **Musée Rolin.** Archéologie indéterminée.

Azé • **Musée archéologique des grottes d'Azé.** Industrie lithique moustérienne, exposition souterraine installée dans la grotte préhistorique : ossuaire d'ours des cavernes, niveaux acheuléens, magdaléniens et Âge des Métaux.

Chalons-sur-Saône • **Musée Denon,** *voir p. 71.*

Macon — *5, rue des Ursulines* • **Musée municipal des Ursulines.** Préhistoire (Paléolithique supérieur), dont pièces de Solutré.

Montceau-les-Mines — *Syndicat d'initiative* • **Musée archéologique Jean-Régnier de Mont-Saint-Vincent.** Préhistoire indéterminée.

Romenay — *Place de l'Église* • **Musée du terroir André-Lagrange.** Préhistoire indéterminée.

Solutré • **Musée départemental.** Paléolithique supérieur (Solutréen). Reconstitution de la paroi ornée de la grotte de Tête-du-Lion à Bidon (Ardèche), seule grotte ornée datée par les méthodes de datation absolue, *voir p. 77.*

Tournus — *3, rue du Collège* • **Musée Greuze.** Préhistoire indéterminée.

TERRITOIRE-de-BELFORT

Belfort — *Château de Belfort* • **Musée d'Art et d'Histoire.** Préhistoire indéterminée.

YONNE

Avallon — *Palais de la Collégiale* • **Musée de l'Avallonais.** Préhistoire (Paléolithique moyen).

Auxerre — *3, place du Coche-Eau* • **Musée d'Art et d'Histoire.** Préhistoire indéterminée, Protohistoire.

Sens — *Place de la Cathédrale (accès par le palais synodal)* • **Musée de Sens.** Préhistoire (Paléolithique supérieur), Protohistoire.

Vermenton — *Mairie d'Arcy-sur-Cure* • **Musée de l'Hôtel-de-Ville.** Préhistoire régionale indéterminée.

Vézelay — *Place de l'Église-Saint-Père* • **Musée archéologique régional.** Préhistoire et Protohistoire indéterminées.

Villeneuve-sur-Yonne — *Porte de Sens, rue Carnot* • **Musée villeneuvien.** Préhistoire régionale indéterminée.

RHÔNE-ALPES, AUVERGNE

AIN

Bourg-en-Bresse — *Prieuré de Brou* • **Musée de l'Ain.** Préhistoire indéterminée.

Izernore — *Place de l'Église* • **Musée archéologique.** Protohistoire.

Serrières-de-Briord • **Musée archéologique.** Préhistoire indéterminée.

ALLIER

Bourbon-l'Archambault — *1, place des Thermes* • **Musée Augustin-Bernard.** Préhistoire indéterminée.

Le Mayet-de-Montagne — *Ferrière-sur-Sichon* • **Musée de Glozel.** Protohistoire (700 av. J.-C. à 100 apr. J.-C.)

Moulins — *3, place du Colonel-Laussédat* • **Musée d'Art et d'Archéologie de Moulins.** Préhistoire et Protohistoire (dépôts du Bronze final).

ARDÈCHE

Les Vans — *Centre d'Accueil, route d'Alès* • **Musée municipal de Les Vans.** Préhistoire indéterminée.

Orgnac-l'Aven • **Musée inter-**

régional de la Préhistoire, *voir p. 85.*

Privas — *Place des Récollets* • **Musée de la Terre ardéchoise.** Préhistoire indéterminée.

Ruoms-Grospierres — *Ancienne école Sainte-Cécile* • **Musée de Grospierres.** Préhistoire et Âge du Bronze.

CANTAL

Aurillac — *1, rue de la Coste* • **Musée du Vieil-Aurillac.** Préhistoire (Paléolithique inférieur et moyen), Néolithique. — *8, place de la Paix* • **Musée Jean-Baptiste Rames — 2e étage du Musée Hippolyte-de-Parien.** Protohistoire.

Saint-Flour — *1, place d'Armes* • **Musée de la Haute-Auvergne.** Préhistoire et Protohistoire (indéterminées).

DRÔME

Die — *11, rue Camille-Buffardel* • **Musée d'Histoire et d'Archéologie.** Préhistoire indéterminée, Protohistoire.

Donzère — *30, Grand-Rue* • **Musée municipal.** Préhistoire indéterminée, Protohistoire.

Nyons — *Rue Toesca* • **Musée archéologique.** Préhistoire régionale indéterminée, Néolithique, Protohistoire.

Pierrelatte — *Église des Pénitents, place des Pénitents* • **Musée archéologique de Pierrelatte.** Préhistoire indéterminée.

Vassieux-en-Vercors • **Musée-site préhistorique,** *voir p. 87.*

HAUTE-LOIRE

Le Puy-en-Velay — *Jardin Henry-Vinay* • **Musée Crozatier,** *voir p. 84.*

HAUTE-SAVOIE

Annecy — *Place du Château* • **Musée — Château.** Protohistoire.

Thonon-les-Bains — *Château de Sonnaz, place de l'Hôtel-de-Ville* • **Musée du Chablais.** Néolithique régional, Protohistoire régionale.

ISÈRE

Chanas — *44, route de Marseille* • **Musée Dolon.** Préhistoire indéterminée.

Grenoble — *30, rue Maurice-Gri-gnoux* • **Musée dauphinois.** Préhistoire (Paléolithique), Néolithique, Protohistoire.

LOIRE

Fleurs — *3, rue Victor-de-Laprade* • **Musée municipal d'Assier.** Préhistoire indéterminée.

PUY-de-DÔME

Clermont-Ferrand — *45, rue de Ballainvilliers* • **Musée Bargoin.** Préhistoire indéterminée, Protohistoire.

RHÔNE

Lyon • **Musée de la Civilisation gallo-romaine,** *voir p. 84.* • **Musée Guimet d'histoire naturelle,** *voir p. 84.*

SAVOIE

Aix-les-Bains — *Place Maurice-Mollard* • **Musée archéologique.** Préhistoire indéterminée.

Albertville — *Maison Rouge, Grande-Place, Faubourg de Conflans* • **Musée de Conflans.** Néolithique, Protohistoire.

Chambéry • **Musée savoisien,** *voir p. 83.*

PROVENCE-ALPES-CÔTE-D'AZUR, CORSE

ALPES-de-HAUTE-PROVENCE

Barrême — *Route Napoléon* • **Musée géologique du Barremieu.** Préhistoire régionale indéterminée.

Digne — *64, boulevard Gassendi* • **Musée municipal de Digne.** Préhistoire locale indéterminée.

ALPES-MARITIMES

Nice • **Musée de Paléontologie humaine de Terra Amata,** *voir p. 97.*

Menton • **Musée de Préhistoire régionale,** *voir p. 104.*

BOUCHES-du-RHÔNE

Aix-en-Provence — *Place Saint-Jean-de-Malte* • **Musée Granet.** Protohistoire. — *6, rue Espariat* • **Musée d'histoire naturelle.** Préhistoire

Allauch — *Place Pierre-Belot* • **Musée du Vieil-Allauch.** Préhistoire locale.

La Ciotat — *51, rue des Poilus* • **Musée ciotaden.** Préhistoire indéterminée.

Lambesc — *1, rue du Jas* • **Musée de Lambesc.** Préhistoire indéterminée.

Marignane — *Rue de la Cité* • **Musée-galerie Arts et Traditions populaires.** Préhistoire et Protohistoire de la cité.

Marseille — *Palais Longchamp, 142, boulevard de Longchamp* • **Muséum d'histoire naturelle.** Préhistoire indéterminée.

Martigues — *Boulevard du 14-Juillet* • **Musée Ziem.** Néolithique final de la cité et de ses environs, Protohistoire.

Saint-Cannat — *Hôtel de ville* • **Musée Suffren.** Préhistoire indéterminée.

Saint-Chamas — *Place des Pénitents* • **Musée municipal des amis du Vieux Saint-Chamas.** Préhistoire indéterminée.

CORSE-du-SUD

Levie — *Hôtel de ville* • **Musée départemental.** Prénéolithique, Protohistoire.

Sartène — *Rue Croce* • **Musée départemental de Préhistoire et Protohistoire de la Corse.** Néolithique, Protohistoire.

Sollacaro-Filitosa — *Centre préhistorique* • **Site archéologique de Filitosa et Centre de documentation.** Protohistoire, *voir p. 99.*

HAUTE-CORSE

Albertacce • **Musée archéologique Licnimoi.** Néolithique.

Aleria — *Fort de Matra* • **Musée archéologique départemental d'Aleria.** Préhistoire d'Aleria.

HAUTES-ALPES

Gap — *4, avenue du Maréchal-Foch* • **Musée départemental.** Préhistoire (Âge du Bronze).

VAR

Draguignan — *19, rue Frédéric-Mireur* • **Centre de documentation archéologique du Var.** Préhistoire indéterminée.

Le-Luc-en-Provence — *24, rue Victor-Hugo* • **Musée historique du Centre-Var.** Préhistoire indéterminée.

Saint-Maximin — *Quartier médiéval Les Arcades* • **Centre Louis-Rostan.** Préhistoire indéterminée.

Saint-Raphaël — *Place de la Vieille-Église* • **Musée archéologique.** Préhistoire indéterminée.

Toulon — *143, boulevard Maréchal-Leclerc* • **Musée de Toulon.** Préhistoire indéterminée.

VAUCLUSE

Apt — *4, rue de l'Amphithéâtre* • **Musée archéologique.** Préhistoire indéterminée.

Avignon • **Musée Calvet,** *voir p. 92.*

Cavaillon — *Chapelle de l'ancien hôpital, place Jean-Bastide* • **Musée archéologique.** Protohistoire.

Curcuron — *Maison des Frères, ancien hôtel des Bouliers, rue de l'Église* • **Musée Marc-Deydier.** Préhistoire indéterminée.

LANGUEDOC-ROUSSILLON

AUDE

Cazilhac — *Mairie de Palaja* • **Salle d'Archéologie.** Préhistoire (Paléolithique à l'Âge du Bronze).

Narbonne — *Place de l'Hôtel-de-Ville, palais des Archevêques* • **Musée archéologique.** Préhistoire régionale (Paléolithique).

AVEYRON

Millau — *Place du Maréchal-Foch* • **Musée municipal de Millau.** Collections protohistoriques (Âge du Bronze).

Rodez — *3, rue Saint-Just* • **Musée Fenaille.** Collections protohistoriques.

Roquefort-sur-Soulzon — *Rue Saint-Pierre* • **Musée municipal de Roquefort-sur-Soulzon.** Collections protohistoriques.

Villefranche-de-Rouergue — *Place de la Fontaine* • **Musée Urbain-Cabrol.** Préhistoire indéterminée.

HÉRAULT

Cruzy — *Place Roger-Salengro* • **Musée archéologique.** Préhistoire indéterminée.

Les Matelles — *Rue des Consuls* • **Musée municipal de Préhistoire.** Préhistoire régionale (Paléolithique), Néolithique.

Lodève — *Place Georges-Auric* • **Musée Fleury.** Néolithique, Protohistoire.

Marsillargues — *Château de Marsillargues* • **Musée Paul-Pastre.** Préhistoire indéterminée.

Montpellier — *5, rue des Trésoriers-de-France ou 7, rue Jacques-Cœur* • **Musée de la Société archéologique.** Préhistoire, Néolithique, Protohistoire. — *Route de Pérols, Lattes* • **Musée archéologique.** Protohistoire.

Olonzac-Minerve • **Musée archéologique.** Préhistoire indéterminée.

Saint-Pons-de-Thomières — *Rue du Barry, allée des Saintponiens* • **Musée municipal de Préhistoire régionale.** Néolithique.

Sète — *Rue François-Desnoyer* • **Musée Paul-Valéry.** Protohistoire.

LOT

Cabrerets — *Pech-Merle* • **Musée Amédée-Lemozi.** Préhistoire (Paléolithique ancien, moyen, supérieur), Néolithique, Protohistoire.

Cahors — *792, rue Émile-Zola* • **Musée municipal de Cahors.** Préhistoire indéterminée.

Figeac — *Place Vival* •**Hôtel de la Monnaie.** Préhistoire indéterminée.

LOZÈRE

Marvejols — *Mairie de Marvejols* • **Musée archéologique.** Préhistoire indéterminée, Mésolithique, Néolithique, Protohistoire.

Mende — *Hôtel de Ressouches, 3, rue de l'Épine* • **Musée Ignon-Fabre.** Protohistoire.

Pont-Ravagers • **Musée des Cévennes.** Préhistoire indéterminée, Néolithique.

TARN

Albi — *Palais de la Berbie, place Sainte-Cécile* • **Musée Toulouse-Lautrec.** Préhistoire (Paléolithique), Protohistoire.

Cordes — *Le Portail Peint* • **Musée Charles-Portal.** Préhistoire, Protohistoire.

Gaillac — *2, place Philadelphe-Thomas* • **Musée d'histoire naturelle Philadelphe-Thomas.** Préhistoire indéterminée.

Lautrec — *Hôtel de ville, rue de Mercadial* • **Musée d'Histoire locale.** Préhistoire indéterminée.

Lavaur — *Rue de la Mairie. Musée du pays Vaurais.* Préhistoire indéterminée.

Lisle-sur-Tarn • **Musée Raymond-Lafarge.** Préhistoire indéterminée.

Mazamet — *Maison Fuzier, rue des Casernes* • **Mémoire de la Terre.** Néolithique, Protohistoire.

TARN-et-GARONNE

Montauban — *Place Antoine-Bourdelle* • **Muséum d'histoire naturelle Victor-Brun.** Préhistoire (Paléolithique ancien, Paléolithique supérieur), Néolithique, Protohistoire.

Saint-Antonin-Noble-Val — *Hôtel de ville, place de la Halle* • **Musée municipal.** Préhistoire indéterminée.

MIDI-PYRÉNÉES

ARIÈGE

Foix — *Château des comtes de Foix* • **Musée départemental de Foix.** Paléolithique supérieur, Néolithique, Protohistoire.

Le Mas-d'Azil • **Musée de Préhistoire du Mas-d'Azil,** *voir p. 126.* Paléolithique supérieur.

Montségur • **Musée archéologique de Montségur.** Vestiges préhistoriques indéterminés.

Niaux • **Musée paysan de Niaux.** Quelques objets néolithiques.

Tarascon-sur-Ariège — *Salle Antonin-Gadal, porte d'Espagne.* Exposition permanente de Préhistoire et d'Archéologie : Paléolithique inférieur, Paléolithique moyen, Paléolithique supérieur, Néolithique, Âge des Métaux.

Vals • **Musée archéologique de Vals.** Âge des métaux.

HAUTE-GARONNE

Aurignac — *Rue Fernand-Lacorre* • **Musée de Préhistoire.** Préhistoire (Paléolithique inférieur, moyen et supérieur), Néolithique.

Montmaurin • **Musée de Montmaurin.** Préhistoire locale indéterminée.

Toulouse — *35, allée Jules-Guesde* • **Muséum d'histoire naturelle de Toulouse.** Préhistoire indéterminée. — *Place Saint-Sernin* • **Musée Saint-Raymond.** Néolithique, Protohistoire.

Revel — *Centre socio-culturel, boulevard Carnot* • **Musée spéléologique du grand Sud-Ouest.** Préhistoire locale.

Saint-Gaudens — *Place du Mas-Saint-Pierre* • **Musée municipal de Saint-Gaudens.** Préhistoire indéterminée.

HAUTES-PYRÉNÉES

Lourdes — *Château fort de Lourdes* • **Musée pyrénéen.** Préhistoire (Paléolithique), Protohistoire.

PYRÉNÉES-ATLANTIQUES

Au — *2, rue du Château (3e étage)* • **Musée béarnais.** Préhistoire (Paléolithique supérieur), Mésolithique.

Bayonne — *1, rue Marengo* • **Musée basque.** Préhistoire (Paléolithique supérieur).

PYRÉNÉES-ORIENTALES

Latour-de-France — *Tautavel* • **Musée de Préhistoire.** Préhistoire (Paléolithique inférieur et supérieur), Néolithique, Protohistoire.

AQUITAINE, POITOU-CHARENTES, LIMOUSIN

CHARENTE

Angoulême • **Musée de la Société archéologique et historique de la Charente,** *voir p. 146.*

Cognac — *48, boulevard Denfert-Rochereau* • **Musée du Cognac.** Préhistoire (Paléolithique), Protohistoire.

Salles-d'Angle — *«Le Bourg»* • **Musée de Salles-d'Angle.** Néolithique, Protohistoire.

CHARENTE-MARITIME

Brizambourg — *Les Bujoliers, Saint-Césaire* • **Musée de la Mérine.** Préhistoire (Paléolithique moyen).

Grandjean • **Musée de la Tour de Biracq.** Préhistoire locale indéterminée.

Jonzac — *Centre culturel des Carmes, rue des Carmes* • **Musée archéologique des Carmes.** Préhistoire indéterminée.

La Rochelle — *28, rue Albert-Ier* • **Muséum d'histoire naturelle:**
— muséum Lafaille
Préhistoire indéterminée
— muséum régional Fleuriau
Préhistoire régionale (du Paléolithique inférieur à la Protohistoire).

Pons — *Donjon de l'ancien château de Pons* • **Musée archéologique.** Préhistoire et Protohistoire locales indéterminées.

Rochefort-sur-Mer — *Vieille-Paroisse, avenue Rochambeau* • **Musée archéologique.** Néolithique, Protohistoire.

Royan — *Hôtel de ville* • **Musée municipal.** Préhistoire et Protohistoire locales.

Saintes — *140, avenue Gambetta* • **Musée éducatif de Préhistoire.** Préhistoire (du Paléolithique inférieur au Néolithique).

Saint-Jean-d'Angély — *2, rue Valentin* • **Musée de la Société d'Archéologie.** Préhistoire indéterminée.

Talmont — *Rue de l'église* • **Musée des amis de Talmont.** Néolithique.

CORRÈZE

Brive-la-Gaillarde — *15, rue du Docteur-Massénat* • **Musée Ernest-Rupin.** Préhistoire (Paléolithique).

Meymac — *Abbaye Saint-André, place du Bûcher* • **Fondation Marius-Vazeilles.** Paléolithique et Néolithique.

CREUSE

Guéret — *22, avenue de la Sénatorerie* • **Musée municipal de Guéret.** Protohistoire.

DEUX-SÈVRES

Mauléon — *Ancienne abbaye de la Trinité, place de la Mairie* • **Musée B.R.H.A.M. (Bureau de recherches historiques et archéologiques du Mauléonnais).** Préhistoire indéterminée.

Niort — *Place du Donjon* • **Musée ethnographique du Donjon.** Protohistoire.

Thouars — *3, rue Henri-Barré* • **Musée Henri-Barré.** Préhistoire indéterminée.

DORDOGNE

Bergerac — *Maison Peyrarède, place du Feu* • **Musée d'Histoire urbaine de Bergerac.** Préhistoire régionale indéterminée.

Brantôme — *Abbaye de Brantôme* • **Musée Fernand-Desmoulins.** Préhistoire régionale indéterminée.

Domme — *Place de la Halle* • **Musée Paul-Reclus.** Préhistoire locale indéterminée.

Eymet — *Château d'Eymet* • **Musée des Trois-Cantons.** Préhistoire locale (Paléolithique moyen).

Les Eyzies-de-Tayac-Sireuil • **Musée national de Préhistoire,** *voir p. 147.*

Montignac-sur-Vézère — *Place Bertran-de-Born* • **Musée Eugène-Le Roy et musée de Préhistoire.** Préhistoire indéterminée.

Périgueux • **Musée du Périgord,** *voir p. 161.*

Piégut-Pluviers — *Château de Varaignes* • **Musée d'Arts et Traditions populaires et du Tissage.** Préhistoire indéterminée.

GERS

Gimont — *Halle centrale* • **Musée cantonal de Gimont.** Préhistoire locale.

Lectoure — *Hôtel de ville* • **Musée d'Archéologie Mary-Larrieu-Duler.** Mésolithique, Néolithique, Protohistoire.

GIRONDE

Blaye — *Citadelle de Blaye* • **Musée d'Histoire et d'Art du Pays blayais.** Préhistoire indéterminée.

Bordeaux • **Musée d'Aquitaine,** *voir p. 162.*

Latresne — *Mairie de Lignan-de-Bordeaux* • **Musée d'Histoire et d'Archéologie.** Préhistoire indéterminée.

Libourne — *Hôtel de ville, place Abel-Surchamp* • **Musée Princeteau.** Préhistoire régionale indéterminée.

Lormont — *1, rue de la République* • **Musée des amis du Vieux-Lormont.** Préhistoire locale indéterminée.

Saint-Ciers-sur-Gironde — *Château de Saint-Ciers-sur-Gironde* • **Musée cantonal de Saint-Ciers-sur-Gironde.** Préhistoire indéterminée, Néolithique.

Saint-Émilion — *Logis de Malet* • **Musée d'Histoire et d'Archéologie de Saint-Émilion.** Préhistoire locale indéterminée.

HAUTE-VIENNE

Châteauponsac — *Place Saint-Thyrse* • **Musée René-Baubérot.** Néolithique.

Magnac-Laval — *Beauséjour* • **Musée de l'Hôpital rural.** Préhistoire indéterminée.

Rochechouart — *Château de Rochechouart* • **Musée municipal Albert-et-Pierre-Masfrand.** Préhistoire indéterminée, Néolithique.

INDRE

Issoudun — *Rue de l'Hospice-Saint-Roch* • **Musée Saint-Roch d'Issoudun.** Protohistoire.

Saint-Marcel — *4, rue du Prieuré* • **Salle d'exposition d'Argentomagus de Saint-Marcel.** Paléolithique supérieur, Protohistoire.

LANDES

Dax — *27, rue Cazade* • **Musée de Borda.** Préhistoire indéterminée.

Hastingues • **Musée départemental de l'abbaye d'Artous.** Préhistoire (Paléolithique), Protohistoire.

Mimizan — *Avenue de l'Abbaye* • **Musée municipal du Vieux-Bourg.** Préhistoire locale indéterminée.

Mont-de-Marsan — *6, place Marguerite-de-Navarre* • **Musée municipal de Mont-de-Marsan (Musée Dubalen d'histoire naturelle).** Préhistoire (Paléolithique), Protohistoire.

LOT-et-GARONNE

Agen — *Place du Docteur-Esquirol, hôtel de Vaurs* • **Musée des Beaux-Arts.** Préhistoire (Paléolithique ancien, moyen, supérieur), Néolithique, Protohistoire.

Gavaudun • **Salle de Préhistoire Pierre-Blot.** Préhistoire (Paléolithique ancien, moyen, supérieur), Néolithique.

Nérac — *Rue Henri-IV* • **Musée du Château Henri-IV.** Préhistoire indéterminée.

VIENNE

Châtellerault — *Pont Henri-IV* • **Musée archéologique de la Société des sciences de Châtellerault.** Préhistoire indéterminée, Protohistoire.

Chauvigny — *Place du Vieux-Marché* • **Musée-dépôt des fouilles gallo-romaines.** Préhistoire indéterminée.

Civray — *Mairie de Civray* • **Musée municipal de Civray.** Préhistoire (Paléolithique supérieur).

Lussac-les-Châteaux — *20, rue Saint-Michel* • **Musée Raymond-Touchard.** Préhistoire (Paléolithique supérieur).

Montmorillon — *Maison-dieu, 6, rue des Augustins* • **Musée préhistorique de la salle des Dîmes.** Préhistoire (Paléolithique supérieur).

Poitiers — *3 bis, rue Jean-Jaurès* • **Musée de la Société des antiquaires de l'Ouest et de la ville de Poitiers.** Préhistoire (Paléolithique), Protohistoire.

BRETAGNE, BASSE-NORMANDIE, PAYS DE LOIRE

CALVADOS

Caen — *Logis des Gouverneurs, Château* • **Musée de Normandie.** Néolithique, Protohistoire.

Orbec — *Le Vieux-Manoir, rue Grande* • **Musée municipal.** Préhistoire locale indéterminée.

CÔTES-du-NORD

Corseul — *Mairie de Corseul* • **Musée de la Société archéologique.** Protohistoire locale.

FINISTÈRE

Morlaix — *6, rue des Vignes* • **Musée des Jacobins.** Néolithique, Protohistoire.

Quimper — *1, rue du Roi-Gradlon* • **Musée départemental breton.** Protohistoire.

Saint-Guénolé • **Musée préhistorique finistérien.** *voir p. 206.*

ILLE-et-VILAINE

Rennes — *Palais des Musées, 20, quai Émile-Zola* • **Musée de Bretagne.** Protohistoire.

INDRE-et-LOIRE

Cravant-les-Coteaux — *Vieille-Église* • **Musée du Vieux-Cravant.** Préhistoire indéterminée.

Le Grand-Pressigny • **Musée de Préhistoire,** *voir p. 200.*

Sainte-Maure-de-Touraine — *Rue du Château* • **Musée de la ville de Sainte-Maure-de-Touraine.** Préhistoire indéterminée, Néolithique.

Tours — *Hôtel Gouin, 25, rue du Commerce* • **Musée de la Société archéologique de la Touraine.** Préhistoire indéterminée.

LOIRE-ATLANTIQUE

Guérande — *1, place du Marhallé* • **Musée régional de la Porte Saint-Michel.** Néolithique.

Nantes — *Musée archéologique, place Jean-V* • **Musée Thomas-Dobrée.** Préhistoire indéterminée, Protohistoire.

LOIR-et-CHER

Blois — *Château de Blois* • **Musée archéologique de la ville de Blois.** Préhistoire (Paléolithique), Néolithique, Protohistoire.

Meusnes • **Musée de la Pierre à fusil.** Préhistoire indéterminée.

Romorantin-Lanthenay — *Maison du Carroir-Doré, rue de la Résistance* • **Musée d'Archéologie Marcel-de-Marcheville.** Préhistoire indéterminée.

MAINE-et-LOIRE

Angers — *2, place Louis-Imbach* • **Musée de Géologie d'Angers.** Préhistoire locale indéterminée, Néolithique.

Beaufort-en-Vallée — *5, place de l'Église* • **Musée Joseph-Denais.** Préhistoire mondiale indéterminée, Néolithique.

MANCHE

Cherbourg — *Parc Emmanuel-Liais* • **Musée d'histoire naturelle, d'Ethnographie et d'Archéologie.** Préhistoire indéterminée.

MAYENNE

Ernée — *Place de l'Hôtel-de-Ville* • **Musée archéologique.** Préhistoire indéterminée.

MORBIHAN

Carnac — *Place de la Chapelle* • **Musée de Préhistoire James-Miln-Zacharie-Le Rouzic.** Préhistoire (Paléolithique ancien), Mésolithique, Néolithique, Protohistoire.

Vannes — *Château Gaillard, 2, rue Noé* • **Musée de Préhistoire.** Néolithique.

ORNE

Flers — *Château de Flers* • **Musée du Bocage normand.** Préhistoire indéterminée.

Villebadin — *Manoir d'Argentelles* • **Musée d'Argentelles.** Préhistoire indéterminée.

SARTHE

Le Mans — *2, avenue de Paderborn* • **Musée de Tessé.** Préhistoire indéterminée.

VENDÉE

La Roche-sur-Yon • **Musée municipal d'Art et d'Archéologie.** Préhistoire indéterminée.

Les-Sables-d'Olonne — *Rue de Verdun* • **Musée de l'abbaye Sainte-Croix.** Préhistoire locale indéteminée.

Montaigu — *Place de la Mairie* • **Musée du nord de la Vendée.** Préhistoire indéterminée, Protohistoire.

Glossaire

A

Abri-sous-roche : n.m. Cavité naturelle peu profonde, largement ouverte, dans un escarpement rocheux, assez fréquente en domaine calcaire, dont le creusement est en partie dû à la gélifraction de la paroi.

Acheuléen : n.m. et adj. (de Saint-Acheul, Somme). Ensemble culturel préhistorique dont l'outillage est caractérisé par des bifaces et des hachereaux, accompagnés d'outils sur éclats : racloirs, grattoirs et objets encochés.

Aurignacien : n.m. (de Aurignac, Haute-Garonne). Ensemble culturel du Paléolithique supérieur caractérisé par un débitage laminaire du silex et des outils taillés dont les bords portent parfois une retouche forte et écailleuse (lames, grattoirs), par des pointes de sagaie en os et l'apparition de manifestations artistiques. Connu entre 35 000 et 20 000 ans avant notre ère.

Australopithèques : n.m. (du latin *australis* , « austral », et du grec *pithêkos*, « singe »). Hominidés. Les premiers ont été trouvés en Afrique australe. Faible capacité crânienne (450 à 600 cm^3). Les plus anciens datent de 4,5 millions d'années.

B

Biface : n.m. Outil de pierre taillé par percussion sur ses deux faces et possédant un tranchant sur toute sa périphérie ou localisé seulement à une extrémité. Caractérise principalement l'Acheuléen et le Moustérien.

C

Cairn : tumulus constitué de pierres.

Calotte glaciaire : masse de glace qui recouvrait pendant les périodes glaciaires les sommets montagneux des basses latitudes et, plus au nord, formait une masse très étendue dont le résidu actuel constitue l'inlandsis polaire.

Campaniforme (du latin *campana*, cloche) : type de gobelet dont la forme évoque une cloche renversée, utilisé au Néolithique final. Le terme désigne également les populations et la culture des principaux utilisateurs de ces vases.

Capitelles : habitation traditionnelle en forme de hutte dont l'appareil est entièrement en pierre sèche empilée. Sa répartition concerne l'Europe méridionale et circum-méditerranéenne.

Castello (ou *castellu*, pl. *castelli*) : monument fortifié de l'Âge du Bronze corse, comportant une enceinte bâtie en appareil cyclopéen.

Caverne : n.f. Cavité souterraine naturelle de grande dimension creusée dans un massif rocheux et dont le développement est proche de l'horizontale (voir grotte).

Chancelade (Homme de) : squelette humain trouvé dans l'abri de Raymonden en 1888 par Féaux et Hardy, près du village de ce nom en Dordogne, et dont on a fait un type humain du Paléolithique supérieur. Il datait d'environ 12 000 ans avant notre ère, et était associé à une industrie magdalénienne ; il mesurait environ 1,65 m.

Chevet : dalle formant la paroi de fond d'un dolmen.

Chopper : terme d'origine anglaise désignant un outil sur galet, taillé sur une seule face.

Chopping tool : terme d'origine anglaise désignant un outil sur galet taillé sur les deux faces opposées. Ces outils sont généralement l'œuvre d'hominidés et désignent alors des formes élémentaires d'industrie lithique.

Chronostratigraphie : n.f. Chronologie fondée sur des divisions de la stratigraphie.

Ciste : coffre de pierre ne contenant qu'un seul corps.

Cro-Magnon (Homme de): type humain du Paléolithique supérieur caractérisé par cinq squelettes trouvés dans l'abri-sous-roche de Cro-Magnon, Les Eyzies (Dordogne), par Lartet et Christy. Connu en Europe de 30 000 à 10 000 ans environ avant notre ère. Son apparition est antérieure à celle de l'Homme de Chancelade.

Culture de Horgen: culture du Néolithique final dont les vestiges ont été identifiés près de la ville de Horgen, sur le lac de Zurich. Il s'agissait d'un important habitat lacustre qui a livré de grandes quantités de matériaux lithiques, osseux, animaux et végétaux.

D

Datation: n.f. Action de déterminer l'âge d'une couche, d'un fossile, d'une structure. Pour dater les couches, on peut utiliser les méthodes de la géochronologie (voir *Stratigraphie*), mais aussi celles de la radiochronologie:
- méthode du carbone 14,
- méthode du potassium-argon,
- méthode de l'uranium-thorium,
- thermoluminescence.

Dentalles, turitelles: coquillages fréquemment utilisés comme ornements par les Préhistoriques qui les trouvaient dans les rivages marins ou dans d'anciens dépôts marins fossiles (faluns du Bassin aquitain, du Bassin parisien).

Diaclase: n.f. Fracture dans un massif rocheux sans déplacement des parties séparées. La formation de diaclase est un des facteurs de creusement des grottes et cavernes.

E

Encorbellement: se dit d'un système de couverture par montage de dallettes qui se superposent en se débordant légèrement pour former une fausse coupole.
Un monument dont la chambre est surmontée d'une telle couverture est parfois improprement appelé «tholos».

Épipaléolithique: n.m. Cultures matérielles qui succèdent au Paléolithique supérieur en gardant une économie de chasseurs collecteurs, par opposition au Mésolithique qui, tout en étant contemporain, s'orientait déjà vers une économie de producteurs.

Éponyme: adj. Qui donne son nom à quelqu'un ou à quelque chose. Ex.: l'abri du Moustier, en Dordogne, est le site éponyme du Moustérien.

Ère: n.f. Une des plus grandes divisions géochronologiques:
- l'ère primaire: 570 à 235 millions d'années,
- l'ère secondaire: 230 à 65 millions d'années,
- l'ère tertiaire: 65 à 2 millions d'années,
- l'ère quaternaire: environ 2 millions d'années à nos jours.

Estampé: décor céramique obtenu en imprimant une matrice dans la pâte fraîche.

Excisé: décor céramique obtenu en enlevant de la pâte fraîche avec un instrument tranchant.

F

Faciès: n.m. Catégorie dans laquelle on peut ranger un objet et qui est déterminée par un ensemble de caractères. Ex.: un faciès typologique (industrie lithique), un faciès culturel.

Fouille: n.f. Opération destinée à mettre au jour les vestiges archéologiques enfouis dans le sol. C'est une recherche scientifique qui engage la responsabilité de l'archéologue et qui, pour ce faire, doit être conduite par une équipe pluridisciplinaire pour effectuer le plus grand nombre possible d'observations et assurer leur enregistrement le plus complet possible. En France, les fouilles archéologiques sont soumises à une autorisation de l'État.

G

Gélifraction: n.f. Fragmentation d'une roche sous l'effet du gel. Ce phénomène est à l'origine du creusement des abris-sous-roche (syn.: cryoclastie).

Géochronologie: n.f. Ensemble des méthodes permettant de donner un âge aux roches et aux minéraux. La géochronologie absolue est fondée sur les méthodes radiométriques et la géochronologie relative sur les principes de la stratigraphie et de la répartition des fossiles.

Gisement: n.m. En archéologie, lieu où l'on rencontre des vestiges de l'activité humaine (syn.: site archéologique).

Glaciation: n.f. Période de refroidissement climatique durant laquelle la quantité de glace stockée à la surface de la terre augmente considérablement. Au Quaternaire, on a pu distinguer six phases glaciaires dont Günz, Mindel, Riss et Würm.

Groupe de Kerugou : groupe culturel de la fin du IVe millénaire et du début du IIIe avant notre ère, réparti sur tout le littoral méridional de la Bretagne.

Günz : n.m. (du nom d'un affluent du Danube). Glaciation du Quaternaire définie dans la région alpine. De 1,2 million d'années à 700 000 ans environ.

H

Hominidés : n.m. pl. (du latin *homo*, « homme »). Groupe comprenant les Australopithèques et les Hommes fossiles et actuels. On y distingue cinq ensembles, du plus archaïque au plus moderne :
1. les Australopithèques ;
2. *Homo habilis*, connu vers 2 millions d'années en Afrique ;
3. les Archanthropiens (*Homo erectus*), de 1,8 million d'années à 300 000 env. ;
4. les Néandertaliens ou Paléanthropiens (*Homo sapiens neanderthalensis*), de 400000 à 350000 B.P. ;
5. les Néanthropiens (*Homo sapiens sapiens*) à partir de 350000 B.P.

I

Interglaciaire : n.m. Période comprise entre deux périodes glaciaires. Par ex. : l'interglaciaire Riss-Würm.

L

Loups étrusques *(canis etruscus)* : canidé fossile d'âge antérieur au Pléistocène, qui était un animal de forêt absent des milieux steppiques ; il est à l'origine du loup actuel.

M

Magdalénien : n.m. (de l'abri de La Madeleine, en Dordogne). Ensemble culturel du Paléolithique supérieur comportant des silex taillés (burins, grattoirs ou microlithes, etc.) et de nombreux outils en os et bois de renne (sagaies, harpons à un ou deux rangs de barbelures). On lui rapporte de nombreux témoignages artistiques. De 18 000 ans à 9 000 ans environ avant J.-C. Certains auteurs considèrent le Badegoulien comme un Magdalénien initial.

Mégacéros : cervidé fossile, aux bois énormes, dont l'envergure pouvait atteindre 3 m. Cette espèce s'est éteinte au post-glaciaire ; elle a été représentée par les artistes du Paléolithique supérieur.

Mésolithique : voir *Épipaléolithique*

Méthode du carbone 14 : peut s'appliquer à de nombreuses matières organiques découvertes au cours des fouilles (os, bois carbonisé, coquillages, etc.). Consiste à mesurer la radioactivité résiduelle du carbone 14, la période ou demi-vie de cet isotope radioactif du carbone 12 étant de 5 730 ans. La mesure de la radioactivité résiduelle du carbone 14 devient difficile pour les périodes antérieures à 40 000 ans avant notre ère. Cette méthode est bien adaptée au Paléolithique supérieur et jusqu'aux temps protohistoriques. Les dates données en B.P. (before present) indiquent, par corrélation, un type calculé à partir de l'année 1950.
Les dates données en B.C. (before Christ) indiquent un âge par rapport à l'an 0.

Méthode de l'uranium-thorium : méthode de datation des formations stalagmitiques qui permet de remonter aux environs de 300 000 ans en mesurant le rapport uranium 235/thorium 230 qu'elles contiennent.

Méthode du potassium-argon : ne donne des résultats vraiment fiables qu'au-delà de 500 000 ans (le potassium 40 a une « période » de l'ordre de 1,4 milliard d'années). Elles est surtout utilisée pour dater les roches volcaniques.

Méthode par thermoluminescence : consiste à libérer par chauffage (300 à 500 °C) des électrons « piégés » dans la structure cristalline de certains minéraux (quartz, feldspath, carbonates). La luminescence qui résulte de cette libération d'électrons permet de calculer la dose de l'irradiation captée par le minéral daté. Ce rayonnement est en effet proportionnel à la radioactivité ambiante et aux temps écoulés depuis la formation du minéral ou son dernier chauffage. Cette méthode est utilisée pour des périodes récentes et permet de dater les poteries, mais aussi, pour les périodes anciennes, les silex et les quartz chauffés.

Mindel : n.m. (du nom d'un affluent du Danube). Glaciation du Quaternaire dans la région alpine ; de 650 000 à 350 000 ans avant J.-C.

Mobilier (art) : n.m. Œuvres transportables gravées, sculptées, plus rarement peintes et modelées, exécutées sur des roches, de l'os ou du bois de cervidé.

Monoxyle : se dit d'un objet, ustensile, élaboré dans une seule pièce de bois ou tronc : une embarcation monoxyle.

N

Nucléus: n.m. (du latin *nucleus*, «noyau»). Bloc de roche (silex en général) d'où les hommes préhistoriques ont tiré des éclats destinés à la fabrication d'outils.

O

Orthostate: pilier soutenant la dalle de couverture d'un monument mégalithique (syn.: support).

P

Palafittes: villages construits au bord des lacs, dans des zones marécageuses, voire au-dessus des eaux des lacs sur des pieux fichés dans le sol.

Paléoclimatologie: n.f. Science dont l'objet est la reconstitution des climats du passé.

Paléoenvironnement: n.m. Ensemble des caractères physico-chimiques et biologiques (climat, flore, faune) d'une époque du passé.

Paléontologie: n.f. Étude des êtres fossiles humains, animaux (paléozoologie), végétaux (paléobotanique), essentiellement connus par leurs restes ou les traces de leurs activités.

Palynologie: n.f. Science qui étudie les pollens actuels ou fossiles. En préhistoire, cette science permet de déterminer l'environnement végétal contemporain des différentes couches qui les contiennent.

Panneaux en pile d'assiettes: se dit de murets édifiés en colonnes de pierres sèches empilées les unes sur les autres sans autre liant.

Parement: montage en pierre sèche limitant une masse de terre ou de pierres désordonnées. On dira qu'un mur en pierre a deux parements: un de chaque côté.

Pariétal (art): ensemble des témoignages peints, gravés, sculptés ou modelés exécutés sur les parois des grottes et des abris.

Pebble culture: n.f. (de l'anglais *pebble*, «galet») Industrie archaïque constituée essentiellement de galets aménagés. Voir *chopper* et *chopping tool*.

Pédologie: n.f. Science qui étudie les sols.

Période: n.f.
1. Division géochronologique utilisée en stratigraphie.
2. Pour un élément radioactif, laps de temps pendant lequel il perd la moitié de sa radioactivité (demi-vie).

Proboscidiens: mammifères pourvus d'une trompe dont les formes fossiles quaternaires sont les mastodontes, les mammouths et les éléphants. Ce sont d'excellents fossiles pour dater les terrains.

Propulseur: instrument destiné au lancement des armes de jet. Il se constitue d'un manche pourvu d'un crochet sur lequel s'appuie le javelot à lancer. Le propulseur à crochet apparaît au Paléolithique supérieur et permet de lancer avec force et précision les projectiles de chasse.

Protomé: représentation de la partie antérieure du corps d'un être vivant, animal ou humain. Le protomé forme la totalité ou une partie d'un objet.

Puissance: n.f. Épaisseur d'une couche ou d'une série de couches mesurée perpendiculairement à la stratification.

R

Radiochronologie: n.f. Ensemble des méthodes de datation de certains vestiges archéologiques fondées sur le dosage de leurs éléments radioactifs et de leurs produits de désintégration. On utilise, selon les cas: l'uranium et le thorium, le potassium, l'argon et le carbone. Les âges obtenus sont appelés âges radiométriques et plus souvent «âges absolus».

Retouche: n.f. Opération ayant pour but d'aménager ou de donner une forme déterminée à un objet de pierre taillée (le support); c'est aussi le résultat de cette opération. La retouche s'effectue par percussion ou par pression. Divers types de retouche existent selon leur disposition, leur incidence, leur étendue ou leur aspect. Ex.: retouche Quina, retouche aurignacienne et retouche solutréenne.

Riss: n.m. (d'un affluent du Danube). Avant-dernière glaciation du Quaternaire définie dans la région alpine: de 300 000 à 120 000 ans environ avant J.-C.

S

Sédimentologie: n.f. Étude de la composition, de la structure et de la texture des sédiments associés aux vestiges archéologiques afin de déterminer les conditions climatiques de leur dépôt.

Série : n.f. Ensemble de couches sédimentaires considérées dans leur succession chronologique (syn. : séquence).

Stratigraphie : n.f. Science qui étudie la succession des dépôts sédimentaires, généralement disposés en couches, ou strates, ou niveaux. Elle permet d'établir une *chronologie relative*, notamment par l'utilisation raisonnée de deux principes : le *principe de continuité* (une même couche a le même âge sur toute son étendue) et le *principe de superposition* : de deux couches superposées non perturbées ni renversées, la plus basse est la plus ancienne (cela n'est pas vrai dans les filons sédimentaires). De plus, le contenu des couches permet d'effectuer des corrélations stratigraphiques entre sites à l'aide de vestiges caractéristiques.

T

Tectiformes : désigne certains signes évoquant la charpente d'un toit qui se rencontrent dans l'art pariétal paléolithique.

Thermoluminescence : voir *Datation*.

Tholos : voir *Encorbellement*.

Torre : monument de l'Âge du Bronze corse construit en appareil cyclopéen, en forme de tour.

Tumulus : tertre artificiel recouvrant généralement une ou plusieurs sépultures.

W

Würm : n.m. (du nom d'un affluent du Danube). Dernière glaciation du Quaternaire définie dans la région alpine. De 80 000 ans à 9 800 ans avant J.-C.

Z

Zone de brèche : concrétion carbonatée formée en période d'humidité sous l'effet d'infiltration d'eau qui durcit et bréchifie les sédiments.

Bibliographie

BATT, M., GIOT, P.-R., LECERF, Y., LECORNEC, J., LE ROUX, C.T.: **Mégalithes au pays de Carnac,** Jos, Chateaulin, 1980.

BLANCHET, J.-C.: **Les premiers métallurgistes en Picardie et dans le nord de la France,** Société Préhistorique Française, Paris, 1984, *Mémoires*; 17.

BORDES, Fr.: **Typologie du Paléolithique inférieur et moyen,** C.N.R.S., Paris, 1979.

BORDES, Fr.: **Leçons sur le Paléolithique. T. II: Le Paléolithique en Europe,** C.N.R.S., Paris, 1984.

BREUIL, Abbé H.: **Quatre cents siècles d'art pariétal: les cavernes de l'Âge du Renne,** Éd. Max Fourny Art et Industrie, Paris, 1974.

BREZILLON, M.: **Dictionnaire de la Préhistoire,** Larousse, Paris, 1969.

BREZILLON, M.: **«La dénomination des objets de pierre taillée»,** *Matériaux pour un vocabulaire des préhistoriens de langue française,* 2e éd, C.N.R.S., Paris, 1971.

BRIARD, J.: **Les dépôts bretons et l'Âge du Bronze atlantique,** Rennes, 1965.

BRIARD, J.: **L'Âge du Bronze en Europe/2 000 — 800 av. J.-C.,** Errance, Paris, 1985., Coll. des Hespérides.

BRIARD, J.: **Mythes et symboles de l'Europe préceltique: les religions à l'Âge du Bronze,** Errance, Paris, 1987., Coll des Hespérides.

BURL, A.: **Guide des dolmens et des menhirs bretons,** Errance, Paris, 1987.

COFFYN, A.: **Le Bronze final et les début du premier âge du Fer autour de l'estuaire girondin,** Bordeaux, Université de Bordeaux III, 1972, thèse dactylographiée.

COMBIER, J.: **Le Paléolithique de l'Ardèche dans son cadre paléoclimatique,** Delmas, Bordeaux, 1967.

COPPENS, Y.: **Le singe, l'Afrique et l'homme,** Fayard, Paris, 1983.

COURAUD, Cl.: **L'art azilien: origine-survivance,** C.N.R.S., Paris, 1985.

DELPECH, Fr.: **Les faunes du Paléolithique supérieur dans le sud-ouest de la France,** C.N.R.S., Paris, 1983.

DEMOULE, J.-P., et GUILAINE, J. (Dir.): **Le Néolithique de la France,** Picard, Paris, 1986.

FRANCE. Sous-direction de l'Archéologie: **L'art des cavernes: atlas des grottes ornées paléolithiques françaises,** ministère de la Culture, Imprimerie nationale, Paris, 1984.

GALLAY, A.: **L'archéologie demain,** Belfond, Paris, 1986.

GAUCHER, G.: **Peuples du Bronze: Anthropologie de la France à l'Âge du Bronze,** Hachette, Paris, 1988.

GIOT, P.-R., L'HELGOUACH, J., et MONNIER, J.-L.: **Préhistoire de la Bretagne,** Ouest-France Université, Rennes, 1979.

GOMEZ, J.: **Les cultures de l'Âge du Bronze dans le bassin de la Charente,** Fanlac, Périgueux, 1980.

GUILAINE, J.: **«L'Âge du Bronze en Languedoc occidental. Roussillon, Ariège»,** Klincksieck, Paris, 1972, *Mémoires* S.P.F., 9.

GUILAINE, J.: **La France d'avant la France,** Hachette, Paris, 1981.

GUILAINE, J. (Dir.): **La Préhistoire d'un continent à l'autre,** Larousse, Paris, 1986.

JOUSSAUME, R.: **Des dolmens pour les morts: les mégalithismes à travers le monde,** Hachette, Paris, 1985.

JULIEN, M.: **Les harpons magdaléniens,** C.N.R.S., Paris, 1982.

LEROI-GOURHAN, A.: **Le geste et la parole. I, Technique et langage,** Albin Michel, Paris, 1964.

LEROI-GOURHAN, A.: **Le geste et la parole. II, La mémoire et les rythmes,** Albin Michel, Paris, 1965.

LEROI-GOURHAN, A.: **Préhistoire de l'Art occidental,** Mazenod, Paris, 1965.

LEROI-GOURHAN, A.: **Pincevent: campement magdalénien de chasseurs de rennes,** ministère de la Culture, Imprimerie nationale, Paris, 1964.

LEROI-GOURHAN, A. (Dir.): **Dictionnaire de la Préhistoire,** P.U.F., Paris, 1988.

LEROI-GOURHAN, A., BREZILLON, M.: **Fouilles de Pincevent: essai d'analyse ethnographique d'un habitat magdalénien (Section 36),** C.N.R.S., Paris, 1972.

LICHARDUS, J. et M.: **La Protohistoire de l'Europe,** P.U.F., Paris, 1985. Nouvelle Clio.

MILLOTTE, J.-P.: **Le Jura et les plaines de la Saône aux Âges des Métaux,** Les Belles Lettres, Paris, 1963.

MILLOTTE, J.-P.: **Carte archéologique de la Lorraine,** Les Belles Lettres, Paris, 1965.

MONNIER, J.-L.: **Le Paléolithique de la Bretagne dans son cadre géologique,** Université de Rennes, Rennes, 1980.

OTTE, M. (Éd.): **«L'Homme de Néandertal»,** *Actes du Colloque International,* Liège, décembre 1986. Liège: Service de Préhistoire, Université de Liège, 1988.

PERLES, C.: **Préhistoire du feu,** Masson, Paris, 1977.

PAUTREAU, J.-P.: **Le Chalcolithique et l'Âge du Bronze en Poitou,** Musée de Poitiers, Poitiers, 1979.

PETREQUIN, A.-M. et P.: **Le Néolithique des lacs,** Errance, Paris, 1988.

ROUDIL, J.-L.: **«L'Âge du Bronze en Languedoc oriental»,** Klincksieck, Paris, 1972, *Mémoires,* S.P.F., X.

SCARRE, Ch.: **Ancient France (6000 — 2000 B.C.),** The University Press, Edinburgh, 1985.

SCHMIDER, B.: **Les industries lithiques du Paléolithique supérieur,** C.N.R.S., Paris, 1984.

SMITH, P.E.: **Le Solutréen en France,** Impr. Delmas, Bordeaux, 1966.

SONNEVILLE-BORDES, D. de (Dir.): **«La fin des temps glaciaires en Europe: chronostratigraphie et écologie des cultures du Paléolithique final»,** *Colloques internationaux du C.N.R.S.,* n° 271, Talence 24-28 mai, 1977. Paris: C.N.R.S., 1979.

STORDEUR-YEDID, D.: **Les aiguilles à chas au Paléolithique,** C.N.R.S., Paris, 1979.

TIXIER, J., INIZAN, M.-L., ROCHE, H.: **Préhistoire de la pierre taillée. 1. Terminologie et technologie,** C.R.E.P., Antibes, 1980.

TUFFREAU, A., SOMME, J. (Org.). AFEQ: **«Chronostratigraphie et faciès culturels du Paléolithique inférieur et moyen dans l'Europe du Nord-Ouest»,** actes du colloque international organisé à l'Université des Sciences et Techniques de Lille dans le cadre du 22e Congrès Préhistorique de France (Lille-Mons, 2-7 septembre 1984), Suppl. au *Bull. Assoc. fr. Et. Quaternaire,* 1986.

VIALOU, D.: **Guide des grottes ornées paléolithiques ouvertes au public,** Masson, Paris, 1976.

VIALOU, D.: **«L'art des grottes en Ariège magdalénienne»,** C.N.R.S., Paris, 1986, *Suppl. Gallia Préhistoire,* XXII.

Index

A

B

C

Crédits photographiques

p. 15 ph. © J.-Ph. Rigaud; ph. © M. Girard. *p. 18* ph. N. Aujoulat © Centre National de Préhistoire *p. 22* ph. © B. Bréart. *p. 23* ph. N. Aujoulat © Centre National de Préhistoire. *p. 26* (2 photos) M. Olive © D.A.P.A. *p. 27* (2 photos) S. Brimberg © N.G.S. *p. 31* ph. © J.-L. Monnier; ph. © R. Martial. *p. 35* ph. © A. Colomer. *p. 39* ph. © F. Rouzaud. *p. 42* ph. © Centre de Documentation de la Préhistoire alpine. *p. 54* ph. © Centre archéologique de Pincevent. *p. 55* ph. © B. Bréart. *p. 59* ph. © R.M.N. *p. 63* ph. © A. Tuffreau. *p. 66* ph. © J.-F. Piningre. *p. 67* ph. © Musées de Strasbourg. *p. 70* ph. © J. Vertut. *p. 75* ph. © J.-P. Nicolardot. *p. 78* ph. © J. Combier. *p. 83* ph. © Musée de la Civilisation gallo-romaine, Lyon. *p. 86* ph. © J. Combier. *p. 87* ph. © J. Combier. *p. 91* ph. © G. Camps. *p. 94* ph. © R. Joussaume. *p. 95* ph. © R. Joussaume. *p. 98* (2 photos) © Laboratoire de Préhistoire du musée de l'Homme, Paris. *p. 99* ph. © G. Camps. *p. 102* ph. © J. Abélanet. *p. 103* ph. © J. Abélanet. *p. 110* ph. © M. Lorblanchet. *p. 111* ph. © F. Rouzaud. *p. 115* ph. © B. Pajot. *p. 123* ph. Norbert Aujoulat © Centre National de Préhistoire. *p. 127* ph. Sisse Brimberg © National Geographic Society. *p. 130* ph. Norbert Aujoulat © Centre National de Préhistoire. *p. 131* ph. © Laboratoire de Préhistoire du musée de l'Homme, Paris. *p. 135* ph. © R. Joussaume. *p. 139* ph. © R. Joussaume. *p. 143* ph. © J. Gomez de Soto. *p. 147* ph. Sisse Brimberg © National Geographic Society; ph. Norbert Aujoulat © Centre National de Préhistoire. *p. 148* Dessin Jean-Paul Lhomme, D.A.P.A. *p. 149* ph. © R. Martial/C.D.D.P. *p. 150* ph. Norbert Aujoulat © Centre National de Préhistoire. *p. 151* ph. © Muséum national d'Histoire naturelle, Paris. *p. 153* Dessin Jean-Paul Lhomme, D.A.P.A. *p. 155* ph. Norbert Aujoulat © Centre National de Préhistoire. *p. 157* Dessin Jean-Paul Lhomme, D.A.P.A., d'après A. Roussot. *p. 158* ph. Sisse Brimberg © National Geographic Society. *p. 159* ph. Norbert Aujoulat © Centre National de Préhistoire. *p. 161* ph. Norbert Aujoulat © Centre National de Préhistoire. *p. 162* ph. Alain Roussot © Musée d'Aquitaine. *p. 166* Dessins Jean-Paul Lhomme, D.A.P.A. *p. 167* ph. F. Lévêque. *p. 170* Dessins Jean-Paul Lhomme, D.A.P.A. *p. 171* ph. © R.M.N. *p. 179* (2 photos) © P. Birocheau. *p. 182, 183, 186* ph. © P. Birocheau. *p. 187* ph. © R. Joussaume. *p. 190, 194* ph. © R. Joussaume. *p. 202* ph. © M. Marsac. *p. 203, 206* ph. © J. Briard. *p. 207* ph. © J.-L. Monnier. *p. 210* ph. © R. Joussaume. *p. 211* ph. © D. Joncheray et D. Lequouestre. *p. 214* ph. © C.T. Le Roux. *p. 215* ph. © R. Joussaume.

p. 10-11 Les Eyzies. Falaises dominant la vallée de la Vézère.
Ph. © Bernard Beaujard.
p. 50-51 La grotte de Lascaux.
Ph. Norbert Aujoulat © Centre National de Préhistoire.
p. 218-219 Les alignements de Lagat-Jar.
Ph. © G. Dagli Orti.